Rad Mane

Andere Länder, andere Straßen

Mit dem Rad erlebst du andere Länder intensiver

novum pro

www.novumverlag.com

© 2021 novum Verlag

ISBN 978-3-99107-989-7
Lektorat: Susanne Schilp
Umschlagfotos: Rad Mane;
Ben Goode, Mingabr500,
Michael Biehler | Dreamstime.com
Umschlaggestaltung, Layout & Satz:
novum Verlag
Innenabbildungen: Rad Mane

Die vom Autor zur Verfügung gestellten Abbildungen wurden in der bestmöglichen Qualität gedruckt.

Gedruckt in der Europäischen Union auf umweltfreundlichem, chlor- und säurefrei gebleichtem Papier.

www.novumverlag.com

Bibliografische Information der Deutschen Nationalbibliothek:

Die Deutsche Nationalbibliothek verzeichnet diese Publikation in der Deutschen Nationalbibliografie. Detaillierte bibliografische Daten sind im Internet über http://www.d-nb.de abrufbar.

VORWORT

Liebe Leser, das nachfolgend aufs Papier Gebrachte beschreibt eine wundervolle, harte, traumhafte, extreme, lange und im Nachhinein kurzweilige, unglaubliche Reise. Alle in diesem Buch auftretenden Meinungen und Beschreibungen beruhen auf meinen Erlebnissen und darauf, wie ich die Situationen empfand. Möglicherweise ergeben sich Unterschiede zu anderen Leuten, die vielleicht etwas Ähnliches erlebt haben oder eventuell in den einzelnen von mir bereisten Ländern schon einmal im Urlaub waren. Bedenken Sie dabei, dass sehr vieles die Meinung beeinflusst, wie z. B. die Jahreszeit, die Gegend, die Religion und auch die eigene Tagesverfassung. Ich habe in diesem Buch versucht, so objektiv wie möglich zu berichten, nichts zu beschönigen, aber auch nichts Angenehmes und Unangenehmes wegzulassen. Es ist eine Geschichte, wie ich sie erlebte und überstand.

Wenn du einen außergewöhnlichen Wunsch oder Traum hast, musst du die Kraft und den Mut haben, ihn auch umzusetzen.

Diese Kraft und dieser Mut wachsen in einem starken Willen.

Wenn du diesen starken Willen nicht hast, wird es für immer ein Traum bleiben.

KAPITEL 1

WIE KOMMT MAN AUF DIE IDEE, MIT DEM RAD EINMAL UM UNSEREN PLANETEN ZU FAHREN?

Der Traum hat sich über viele Jahre langsam entwickelt.

Ich war jung und voller Energie, als sich aus einem kleinen Desaster ein sportlicher Ehrgeiz entwickelte. Das Desaster, das ich meine, fand an einem Sonntagmorgen nach einem langen Spiele-Abend mit meinen Brüdern statt. Es war die Zeit, als wir dem Brettspiel „Risiko" total verfallen waren. Diese Abende waren stets begleitet von Tabak- und Alkoholkonsum, was die Kondition eines Menschen bekanntlich nicht gerade fördert. Meine Brüder Klaus und Uwe kamen auf die Idee, am Sonntagmorgen etwas zu joggen. Überzeugt von meiner sportlichen Leistungsfähigkeit verabredete ich mich mit ihnen auf Sonntagmorgen, zehn Uhr. Die beiden waren damals immer wieder mal auf der Strecke gelaufen und hatten somit einen kleinen Trainingsvorsprung. Schon gleich nach dem Start stellte sich heraus, dass ich wegen meiner Kondition nicht mithalten konnte.

Als ich die kleine Runde von fünf km hinter mich gebracht hatte, saßen meine Brüder bereits eine Weile auf dem Balkon und streckten ihre Beine über dem Balkongeländer aus. Ich war sehr deprimiert, da ich mich eigentlich den beiden gegenüber für unschlagbar gehalten hatte. Ich bot ihnen an, die Angelegenheit in zwei Wochen zu wiederholen, um meine Ehre wiederherzustellen. Ich war mir dabei absolut im Klaren, dass ich das aber nur schaffen könnte, wenn ich in diesen 14 Tagen auch etwas tun würde. So begann ich gleich am Montag mit einem leichten Lauftraining, und man glaubt es kaum, ich hörte an diesem Tag auf zu rauchen.

Leider fand der Vergleichslauf nach zwei Wochen nicht statt, aus Termingründen, auch in den nächsten Wochen und Monaten nicht. Dessen ungeachtet trainierte ich aber weiter und fand immer mehr Spaß am Laufsport, auch weil ich schon nach wenigen Wochen eine sehr große Leistungssteigerung verspürte. Da ich von Haus aus ein Typ bin, der immer ein Ziel braucht, stand ich bereits vier Monate später am Start des München-Marathons und lief ihn in drei Stunden und zehn Minuten. Dieser Erfolg beflügelte mich, weiter zu trainieren und an Wettkämpfen teilzunehmen.

In den darauf folgenden Jahren lief ich einige Marathons und sogar zweimal den Ultramarathon in der Schweiz. Irgendwann war ich dann an einem Punkt angelangt, wo ich nicht mehr weiterkam. Meine Ziele, den Marathon unter drei Stunden und den 100-km-Lauf in Biel unter zehn Stunden zu laufen, hatte ich erreicht, und mehr war nicht drin. Wahrscheinlich auch deshalb, weil ich mein Ziel erreicht hatte und mir kein höheres stecken wollte.

In dieser Zeit entwickelte sich der Gedanke, irgendwann einmal um die Welt zu laufen. Doch dafür bräuchte ich Zeit. Nicht während meines Berufslebens als selbstständiger Fliesenleger, nein, das sollte ohne Druck stattfinden, ohne Druck, nach so einer Reise wieder normal arbeiten zu müssen. Ich kannte Geschichten über Menschen, die so etwas auch schon gemacht hatten, oder über Aussteiger auf Zeit, die sich hinterher sehr schwertaten, wieder ins normale Leben zurückzukehren. Wenn ich das anging, dann sollte es so sein, dass ich ohne Stress und Druck losliefe, um die Zeit genießen zu können, wenngleich auch der sportliche Gedanke, die Welt zu umrunden, im Vordergrund stand. Ich nahm mir nicht vor, so viele Länder und Menschen kennenzulernen wie möglich oder gar an besonders schönen oder interessanten Orten für längere Zeit zu bleiben. Für mich war tatsächlich am wichtigsten, dass ich einmal die Erde umrunde. Was alles in dieser Zeit passieren und ich erleben würde, war für mich nur ein Teil, der unweigerlich dazugehörte, aber es sollte ein wichtiger Teil werden, wie wir in den weiteren Kapiteln erfahren werden. Dieser Traum entstand also lange vor meinem Start, um genauer zu sein, fast 30 Jahre zuvor.

Jedoch ergab sich in dieser Zeit auch eine gravierende Änderung meines Traums. Da ich berufsbedingt immer größere Schwierigkeiten mit meinen Knien bekam, zwischenzeitlich auch eine Tomographie der Kniegelenke durchlief, stellte sich heraus, dass ich an beiden Knien keinerlei Knorpel mehr hatte. Der untersuchende Arzt riet mir damals davon ab, mit diesen Symptomen zu joggen oder gar längere Wanderungen zu unternehmen. Er gab mir allerdings den Tipp, dass Radfahren und Schwimmen für mich durchaus gute Alternativen seien. Also freundete ich mich nach und nach mit dem Gedanken an, meinen Traum mit dem Fahrrad zu verwirklichen. Mit viel Arbeit und auch privaten Veränderungen zogen die Jahre an mir vorbei, und schließlich setzte ich mir wieder einmal ein Ziel in meinem Leben, nämlich das Datum, an dem es losgehen sollte. Es war der 1. 4. 2019.

KAPITEL 2

DIE VORBEREITUNG

Wie geht man so ein Vorhaben an? Diese Frage beschäftigte mich lange, doch aus meinem Berufsleben kannte ich natürlich solche Überlegungen. Da hatte ich oft Situationen, in denen ich gelernt hatte, einen Punkteplan zu erstellen und einen Punkt nach dem anderen abzuarbeiten. Bei meinem Vorhaben ergaben sich folgende: Fahrrad, Strecke, Gepäck bzw. Ausrüstung, Gesundheit, Impfungen und Informationen über die Länder, die auf meiner Strecke lagen. So begann ich ca. 1,5 Jahre vorher, mich intensiv mit meinem Traum zu beschäftigen und zu planen. Zuerst informierte ich mich über das Rad, da dies einer der wichtigsten Punkte war. Wie sich herausstellte, kann man hier viel richtig, aber auch viel falsch machen. Ich war nicht unbedingt ein großer Radfahrer und hatte auch keine Ahnung, welche Unterschiede es bei den Rädern gab.

Ich ging zu einem nahegelegenen Fahrradfachhandel und lernte Gerhard kennen, wirklich ein Mann vom Fach, der auch schon längere Touren gefahren war. Nach mehreren Überlegungen stellten wir schließlich ein Rad zusammen, das nicht nur den extremen Strapazen einer solchen Reise standhalten konnte, sondern auch einen soliden und wenig anfälligen Standard bot. So verzichtete ich bewusst auf eine Federung an Hinter- und Vorderrad, auf Scheibenbremsen und Kettenantrieb, allesamt Komponenten, die auf einer Strecke von ca. 25000 km durchaus Probleme machen könnten, und das in Ländern, wo ich unter Umständen extreme Schwierigkeiten mit der Ersatzteilbeschaffung haben würde. Am Schluss stand auf dem Bestellschein ein Trekkingrad der Firma Campus mit Nabendynamo im Vorderrad für die Stromversorgung der Beleuchtung sowie einer USB-Schnittstelle für das Laden von Handy, Tacho, iPad und Lautsprecherbox. Das Hinterrad wurde nicht mit einer Kette getrieben, ich entschied mich für einen Riemenantrieb, der natürlich nur mit einer Nabengetriebeschaltung funktioniert. Für den Riemen gab der Hersteller auf 25000 km Garantie. Er sollte diese Reise problemlos und ohne Wartung überstehen. Vorne und hinten noch stabile Gepäckträger zur Aufnahme meiner Satteltaschen, und schon stand fest, womit ich das Projekt „Weltumrundung" angehen würde. Ich ließ mir das Fahrrad im April 2018 liefern, um noch einen Sommer lang täglich die 15 km in meinen Betrieb zu radeln und um nicht vollkommen untrainiert auf die Strecke zu gehen. Ansonsten machte ich nichts Spezielles. Ich sah meine Strecke als Training an und wollte vorher nicht zum Radprofi werden.

Nebenbei beschäftigte ich mich immer intensiver mit der Route, die ich fahren wollte, mit der Ausrüstung, Kleidung und den Packtaschen. Parallel dazu erstellte mir meine Hausärztin einen Impfplan und verabreichte mir zu gegebener Zeit die verschiedenen Spritzen gegen unterschiedlichste Fieber und Infektionskrankheiten. In meinem Betrieb richtete ich mir eine schöne Wand ein, die ich mit einer großen Weltkarte tapezierte. Darauf steckte ich nach und nach meine vorgesehene Strecke mit Nadeln und Faden ab. Ich kam auf eine ungefähre Tourenlänge von ca. 23500 km.

Im Sommer 2018 war ich dann mit den groben Vorbereitungen so weit fertig, dass es bald losgehen konnte. Meine Nervosität stieg von Tag zu Tag. Nun arbeitete ich auf den Abschluss meines Berufslebens hin, den ich mir Ende Dezember 2018, also mit 60 Jahren, gesetzt hatte. Ein schlechtes Gewissen hatte ich deshalb nicht. Schließlich hatte ich in den letzten 45 Jahren so viel gearbeitet, dass ich mir diesen Ausflug finanziell und auch als Frühaussteiger locker leisten konnte. Familiär sah die Sache jedoch etwas anders aus, was nach und nach in den nächsten Kapiteln ersichtlich wird.

KAPITEL 3

DIE LETZTEN WOCHEN VOR DEM START

Mein Vorhaben hatte sich natürlich im Laufe der Zeit in meinem ziemlich großen Bekanntenkreis herumgesprochen. So kamen die unterschiedlichsten Feedbacks. Viele sahen darin eine sagenhafte, wenn auch schwierige Reise. Andere meinten, das Vorhaben sei nicht realisierbar, und wieder andere bezeichneten mich als verrückt. Manche aus dem engeren Bekanntenkreis prognostizierten eine totale Veränderung meiner Person und meiner Familie. Eine so lange Reise würde nicht spurlos an einem vorübergehen. Realitätsverlust, Schwierigkeiten beim Wiedereintritt ins normale Leben und Heimweh, alles wurde diskutiert und kritisiert. Es wurde sogar darüber gesprochen, dass mir meine geliebte Arbeit und mein Geschäft fehlen würden, da ich im Bekanntenkreis als Workaholic galt. Allgemein wurde die Geschichte aber so betrachtet, dass man abwarten müsse. Vielleicht waren das auch nur alles Sprüche von mir, die sich noch legen würden, und die Sache verliefe im Sand. Nur meine Frau wusste: Wenn ich etwas sage, dann meine und mache ich das auch. Sinnloses, träumerisches Geschwätz war nie mein Ding. Trotz aller Skepsis waren dann aber die Geschenke, die ich zu meinem 60. Geburtstag erhielt, also 4 Monate vor meinem Start, alle auf die Fahrradtour abgestimmt. Vom Flickzeug bis zum alten Ledersattel, der später noch eine wichtige Rolle spielen sollte, war alles dabei.

Die Zeit danach verging wie im Flug. Weihnachten, Neujahr und die „Fasnet", die bei uns im Elztal streng gefeiert wird, gingen an mir vorbei, als hätte jemand der Zeit ein Doping verpasst. Oft dachte ich, dass ich nicht mehr alles gerichtet bekomme. Fahrradkleidung für jedes Wetter kaufen, Medikamente und Verbandszeug besorgen, Werkzeug richten, Ersatzteile zum Mitnehmen festlegen, letzte Impfungen, großer Gesundheitscheck, Camping- und Kochausstattung und ein Minimum an normaler Kleidung aussuchen, all das stand auf meiner Checkliste. Als ich alles zusammen hatte, konnte ich dann Mitte März zum ersten Mal probeweise packen. Nach häufigem Ein- und Auspacken hatte ich schließlich in einer bestimmten Reihenfolge alles so in meinen zwei vorderen, zwei hinteren Satteltaschen und einer Gepäckrolle verstaut, dass ich jeden Gegenstand mühelos finden konnte.

Da stand es dann, mein Rad, aufgesattelt und beladen mit 35 kg Gepäck. Nur mit dem Nötigsten, aber allem, was ich für die Dauer meiner Reise brauchte, machte ich am 29. 3. 2019 eine erste kurze Testfahrt, um zu sehen, wie sich mein Gefährt im bepackten Zustand fahren ließ. In meiner Euphorie, die ich zu dem Zeitpunkt verspürte, fühlte sich die Sache gut an.

Blieb nur noch eines zu tun. Das Richten meiner wichtigsten Tasche, der Lenkertasche, in der ich alles ganz Wichtige verstaute: mein Bordbuch, eine in Leder gebundene Mappe, die ich von meinem Sohn Bastian und seiner Frau zum Geburtstag bekommen hatte, mit Fächern für Ausweise, Bargeld, Bankkarten und einem Notizblock, in dem ich jeden Kilometer meiner Reise dokumentieren wollte, außerdem ein Taschenmesser, ein Geschenk von meinem Stammtisch zum Abschied, eine Nacht- und eine Sonnenbrille, Pfefferspray für alle Arten von Angriffen und sonstiges Kleingerödel, was man so braucht. Zur Navigation hatte ich für die erste Zeit eine große Europakarte, mein Handy und mein iPad eingepackt.

Dann war es so weit. Das letzte Wochenende brach an. Ich verabschiedete mich am Freitagabend bei meinem engsten Freundeskreis mit einem kleinen Umtrunk im Bistro meines ältesten Bruders Werner. Am Samstag und Sonntag plagten mich selbst die Gedanken und Bedenken meiner Freunde, die letzten, die einsahen, dass es mir ernst und die Reise nicht mehr zu stoppen war. Susi z. B. brachte die gefährlichen Länder ins Spiel, während mir die meisten die lange Strecke und die von mir angesetzte Zeit nicht zutrauten.

Zu Hause herrschte eine komische Stimmung, die von mir und meiner Frau jedoch unausgesprochen blieb und unterdrückt wurde. Die beiden großen Kinder meiner Frau aus erster Ehe, Denise und Robin, kamen klar mit dem Gedanken, dass ich nun eine Weile nicht da war. Denise, die selbst kurz zuvor nach dem Abi ihre Auszeit in Neuseeland, Australien und Thailand genossen hatte, sah darin natürlich in ihrer Reiselust etwas Großes. Während meine erwachsenen Söhne Bastian und Fabian schon längst mit meiner Reise einverstanden waren, machte sich mein Sohn Nico (damals 14 Jahre alt) andere Gedanken. Er wusste, dass ich seinen nächsten Geburtstag nicht mit ihm feiern konnte und auch an Weihnachten und eventuell bei seiner Schulentlassung nicht da sein würde. Auch die Möglichkeiten, dass ich nicht zurückkehren könnte oder einen geliebten Menschen nie wieder sehen würde, wurden von mir in einem hinteren Winkel des Gehirns bearbeitet.

Alles Dinge, die mir im Vorfeld klar waren, die mich aber nach und nach immer mehr belasteten, je näher ich dem 1. 4. 2019 kam. Alles war mit Sicherheit anders, als wenn ein junger Kerl, ohne Verpflichtungen und nur mit den berechtigten Sorgen seiner Mutter und seines Vaters, sich auf so eine Reise begeben würde. Aber es gab kein Zurück mehr. Die Zeit der monatelangen Vorbereitung und zahllosen Nächte, in denen ich über Strecke, Schwierigkeiten, andere Menschen und Kulturen, Heimweh und vieles mehr nachgedacht hatte, waren nun vorbei. Die Reise ging los.

KAPITEL 4

ES GEHT LOS …

DER ERSTE TAG UND DIE REISE DURCHS
HEIMATLAND DEUTSCHLAND

Pünktlich um 6 Uhr am Morgen des 1. 4. 2019 schlug der Wecker Alarm. Er überraschte mich aber nicht und noch weniger riss er mich aus einem Tiefschlaf. Die Nacht war alles andere als erholsam gewesen. Unruhe, Nervosität und die Tatsache, dass ich nun mein eigenes geliebtes Bett für lange Zeit nicht haben würde, dass ich ab jetzt nicht mehr selbstverständlich neben meiner Frau einschlief und aufwachte, sorgten dafür, dass es eher ein leichtes Duseln als ein Schlafen gewesen war. Also raus aus den Federn und die restlichen Dinge einpacken. Noch eine Tasse Tee, und schon war die letzte Stunde in den eigenen vier Wänden verflogen. Punkt 7 Uhr standen mein Bruder Uwe und mein Freund Bernd mit ihren Rädern hinterm Haus. Mein Bruder begleitete mich bis zur Wilhelmshöhe, was von uns aus gesehen nach 20 km die erste kleine Passhöhe war, aber auch gleichzeitig der erste Test, wie ich mit meinem Gepäck und Rad am Berg zurechtkam. Bernd, mein alter Motorradkumpel, begleitete mich bis Mittwochmorgen und hatte hierfür leichtes Gepäck aufgeschnallt.

Als ich die Wohnung verließ und mein vorgepacktes Rad aus dem Fahrradraum holte, hatte sich zu meiner Freude bereits eine kleine Versammlung aus Freunden, Nachbarn und Geschwistern gebildet. Dann ging alles sehr schnell. Ich bin nicht unbedingt ein Freund von langen Abschieden. Ich klickte meine Lenkertasche ein, begrüßte die zum Spalier Angetretenen und verabschiedete mich gleichzeitig bei ihnen. Meine Schwester Gisela machte noch ein paar Bilder und Videos. Zum Schluss kam der schwierigste Teil, auf Wiedersehen und eine letzte Umarmung für meine Kinder und meine Frau. Tschüss und ab! Es war schwer. Auf der einen Seite gab ich alles für lange Zeit auf, was mein Leben ausmachte, Familie, Freunde, Hobbys und vieles mehr. Keiner, der so etwas startet, darf glauben, dass das so spurlos an einem vorbeigeht. Auf der anderen Seite stand eine Reise mit Abenteuern und vielen ungesehenen Orten.

Der erste Berg war geschafft. Abschied von meinem Bruder links.

Mit diesen Gedanken fuhr ich die ersten Kilometer, ohne um mich herum etwas wahrzunehmen. In das Gespräch meiner beiden Begleiter Uwe und Bernd konnte ich mich nicht einklinken, da mir viel zu viel durch den Kopf ging. Doch schon bald begann im Oberprechtal die erste Steigung. Da ich noch keine besonders gute Kondition hatte, von den Muskeln in den Beinen auch keine Übermensch-Leistung zu erwarten war und meine Auflagefläche auf dem Sattel nun bald zu schmerzen begann, wurden die ersten 20 km gleich zur Prüfung. Nach zwei Stunden war der erste Berg aber Geschichte und der zweite Abschied an diesem

Tag stand an. Auf der Wilhelmshöhe machten wir noch ein paar Fotos. Schweren Herzens sah ich meinen Bruder nur noch von hinten, bis er in der nächsten Kurve für lange Zeit aus meinem Blick verschwand. Ihm fiel der Abschied auch nicht gerade leicht, da er als Extremsportler selbst ein kleiner Weltenbummler ist.

Also gut, aufsitzen und weiterfahren war die Devise, weil ich mir vorgenommen hatte, am ersten Tag ein ordentliches Stück weit zu kommen. 60 km waren das Minimum, das ich mir auferlegt hatte, und das auch im Schwarzwald, wo die Strecke eher ein steiles Auf und Ab war als eine lockere Ausfahrt in einer ebenen Landschaft. Zusätzlich belasteten mein Rad auch noch die gut 40 kg Gepäck und mich meine 20 kg Übergewicht. Aber wir kamen gut voran.

Am Abend fanden wir eine Pension in einem kleinen Ort hinter Tuttlingen, in der wir nach einem guten badischen Abendessen eine erholsame Nacht mit schweren Beinen verbrachten. Auch Bernd, der gut 20 Jahre jünger und etwas fahrraderfahrener als ich war, hatte seine Probleme mit den steilen Anstiegen gehabt. Immerhin hatten wir 93 km mit 1288 Höhenmetern geschafft. Am nächsten Morgen starteten wir früh, gleich nach dem Frühstück, um 7.30 Uhr saßen wir bereits wieder auf den gepackten Rädern. Das Tagesziel hieß Memmingen, von unserem Startpunkt aus gesehen 115 km entfernt. Die Strecke durch die südschwäbische Landschaft war sehr schön, aber auch sehr hügelig. In Erwartung eines besonderen Ereignisses, das nicht eintrat, flogen die Kilometer an uns vorbei. Das Einzige, das sich bei mir einstellte, war ein Unwohlsein in meinem Magen, das ich auf den Balkanspieß, den ich am Tag zuvor an einer Imbissbude verdrückt hatte, zurückführte. *Das geht ja gut los*, dachte ich mir und machte mir gleich zu Beginn schon meine Gedanken über meinen eher empfindlichen Magen. Wie würde das wohl in den Ländern werden, in denen sehr scharf gekocht und auf die Sauberkeit kein großer Wert gelegt wurde?

Am Abend quartierten wir uns im Zentrum des kleinen Städtchens Memmingen ein. Wieder hatten wir einen riesigen Hunger und aßen gut. Um die „Läuse" in meinem Bauch zu vertreiben, nahm ich ein altbewährtes Hausmittel zu mir, das eigentlich bei solchen Symptomen immer half. Es ist ein Hirsch auf der Flasche, ist braun, und man trinkt es aus kleinen Gläsern. Wenn man zu viel davon schluckt, stellen sich am nächsten Morgen leichte Nebenwirkungen wie Kopfweh und Schlafbedarf ein. Da es aber unser letzter Abend für lange Zeit sein sollte, tranken wir ungeachtet der Nebenwirkungen eine ordentliche Menge davon, auch um sicherzugehen, dass der Magen wieder zur Ruhe kam.

Es war ein schöner Abend, für eine lange Zeit der letzte, den ich mit einem Freund und einem bekannten Gesicht verbringen sollte.

Am Morgen hatten sich die Beschwerden in meinem Magen verzogen, dafür machten sich aber die beschriebenen Nebenwirkungen in meinem Kopf bemerkbar. Schlimmer waren aber die Gedanken daran, dass um 11 Uhr der Bus, mit dem Bernd zurück nach Hause fahren sollte, pünktlich am Busbahnhof stehen würde.

Nach einem kleinen Frühstück standen auch wir dort und wechselten die letzten Worte. Ich wartete nicht, bis der Bus abfuhr, um mir den Anblick zu ersparen, wie er mit meinem Kumpel um die Ecke bog. Eine letzte herzliche Umarmung, ein beherzter Schwung auf mein Rad und, schwupp, war ich mit feuchten Augen und einem mordsmäßigen Stein im Bauch unterwegs Richtung Osten.

Jetzt war es endgültig vorbei mit Bekannten und Heimat. Ab jetzt war die Reise so, wie ich mir das vorgestellt hatte. Alleine, nichts Vertrautes mehr für lange Zeit, dafür aber frei. Keine geschäftlichen und privaten Verpflichtungen mehr. Nur der Himmel, die Straße, mein Fahrrad und ich. Gedanken über die lange Strecke, die vor mir lag, machte ich mir keine. Das neue Leben, das von nun an begann, galt es zu genießen und zu erleben.

Das Wetter machte es mir einfach. Es war beginnendes Frühjahr, und ich fuhr einer vom Westen her kommenden Schlechtwetterfront voraus. Während es bei mir zu Hause noch ein letztes Mal zu schneien begann, radelte ich bei angenehmer Temperatur und blauem Himmel in Richtung österreichischer Grenze durch Bayern. Eigentlich hatte ich mir für diesen Tag keine lange Strecke vorgenommen, da ich ja ziemlich spät loskam, aber das Wetter war so schön, und es lief erstaunlich gut. In der Hoffnung, gegen Spätnachmittag eine passende Unterkunft zu finden, radelte ich einfach so vor mich hin. Leider waren die Übernachtungsmöglichkeiten in der Gegend sehr dürftig. So kam es, dass es schon dunkel war, als ich ca. 5 km vor dem Ammersee im Tannenhof bei Dießen eine Unterkunft fand. Aus den geplanten 30 bis 40 km waren am Tagesende wieder 86 km geworden. Auf die Frage der Wirtin, wo ich denn mit meinem Rad hinfahre, antwortete ich nicht gerne ehrlich, da es sich nach drei Tagen unterwegs noch sehr großspurig anhörte, einmal um die Welt fahren zu wollen.

Ich hatte zwar schon ein ordentliches Stück geschafft, kam mir aber sehr blöde vor, wenn ich über mein Vorhaben reden musste. Ich war schließlich noch nicht einmal im Ausland.

Am Morgen packte ich wieder mein Fahrrad, das ich zum ersten Mal mit in mein Zimmer nehmen durfte. Dies war mir eigentlich am liebsten, da ich mir dann um mein wichtigstes Utensil keine Sorgen zu machen brauchte.

An diesem Morgen überraschte mich das Wetter mit sehr feuchtem Nebel. Die Tagesroute führte mich vorbei am Ammer- und Starnberger See, die ich aber leider wegen des Nebels nur schemenhaft zu Gesicht bekam. Insgesamt war es ein unangenehmer Tag, der sich durch Kälte und Feuchtigkeit auszeichnete. Als Tagesziel hatte ich Rosenheim vor Augen, das ich nach 113 km auch erreichte.

Läuft gut, dachte ich, und bereits nach 4 Tagen war ich fähig einzuschätzen, was ich mir pro Tag zumuten konnte. Ich hatte zu Beginn meiner Reise ja keine Ahnung gehabt, wie weit ich im bergigen Gebiet kommen würde. Mit der Komponente „Gegenwind" hatte ich noch gar nie gerechnet, was aber im Verlauf meiner Reise ein nicht unwichtiger Faktor wurde. An diesem Tag konnte ich auch gleich einen ersten Geschwindigkeitsrekord aufstellen. Noch weit vor Rosenheim bot mir meine Straße ein Gefälle von 18 % an, was ich nach längerem Bergauffahren gerne annahm, und ich erreichte eine Spitzengeschwindigkeit von 75,72 km/h. *Nicht ungefährlich*, dachte ich mir, aber meine Angst vor Geschwindigkeit hält sich in Grenzen. Am nächsten Tag stand dann schon der erste Grenzübertritt auf dem Programm, von Rosenheim nach Salzburg, vorbei am Chiemsee, wobei ich den schneebedeckten Gipfeln der Alpen immer näher kam. Die Landschaft war herrlich. Ich lag der mir folgenden Schlechtwetterfront immer noch einen Tag voraus. Auf einer steilen Abfahrt ca. 20 km vor Salzburg erreichte ich mit meinem vollbepackten Fahrrad wieder eine Spitzengeschwindigkeit von 70,5 km/h. So kam ich bereits am frühen Nachmittag in Salzburg an. Ja, das war's mit Deutschland. Ich befand mich in Österreich, und in mir kam langsam das Gefühl auf, dass ich nun echt unterwegs war. Tschüss, Deutschland für lange Zeit, was mir an dieser Stelle aber nicht bewusst war, genauso wenig wie die vor mir liegenden Länder und Ereignisse. Lass es auf dich zukommen, war täglich meine Parole.

KAPITEL 5

HERRLICHES ÖSTERREICH

Beim Grenzübertritt bei Salzburg gab es natürlich keine Schwierigkeiten. So nahm ich mir die Zeit, Salzburg anzusehen. Ich fuhr kreuz und quer durch die City und trank noch gemütlich in einem Straßencafé einen Cappuccino. Langsam wurde es Zeit, mir für die Nacht ein Lager zu suchen. Von meinem Vorhaben, so oft wie möglich zu zelten, war ich bereits nicht mehr so überzeugt. An den Luxus, am Abend eine Dusche zu haben und meine elektronischen Geräte an einer Steckdose zu laden, hatte ich mich sehr schnell gewöhnt. In der Stadt selbst wollte ich nicht übernachten. Deshalb fuhr ich hinaus ins schöne Salzkammergut.

Allerdings hatte ich die Rechnung nicht mit den Bergen gemacht. Gleich nach Salzburg ging es steil bergauf, für den Spätnachmittag noch einmal eine gute Trainingseinheit, es war mir ja bewusst, dass ich mich am Rande der Voralpen befand. Wieder wurde es spät, doch ich bekam nach drei Fehlversuchen ein schönes, aber teures Zimmer im kleinen Ort in Hof bei Salzburg. Das Essen, das ich in der gemütlichen Gaststube zu mir nahm, war, wie ich es von Österreich her kannte, besonders gut. Ich saß an einem Tisch neben dem Stammtisch, der gut und gerne 20 Einheimischen Platz bot, die mich mit ihrem österreichischen Dialekt als einzigen weiteren Gast und Beobachter gut unterhielten. Nach dem Essen gesellte sich noch der Wirt zu mir an den Tisch. Natürlich hatte er mitbekommen, dass ich mit dem Rad unterwegs war und platzte fast vor Neugier. Da ich ja nun immerhin schon ein Ausländer war, konnte ich etwas entspannter über meine Reise berichten. Allmählich merkte ich auch, dass mir ein respektvollerer und weniger ungläubiger Blick entgegenkam, wenn ich davon sprach.

Dann wurde es aber auch schon wieder Zeit für mich, meine Tagesberichte zu schreiben, meine Daten vom GPS-Tacho auszulesen und in mein Bordbuch einzutragen. Schließlich wollte ich meine Reise nicht nur erleben, sondern auch dokumentieren. Außerdem hatte ich vor meiner Abfahrt eine WhatsApp-Gruppe angelegt, an die ich jede Woche am Freitag einen Reisebericht senden wollte. Anfangs waren 70 Leute Mitglied. Das steigerte sich im Laufe meiner Reise auf 145. Der erste Bericht fiel jedoch nicht so umfangreich aus, da ich anfangs noch alles auf dem Handy schrieb und auch noch nicht viel zu erzählen wusste.

Später legte ich mich zufrieden in meinem Zimmer, das viel zu groß für mich alleine war, nieder und freute mich auf den nächsten Tag, da meine Strecke an einigen bekannten Seen vorbeiführen sollte.

Der erste Blick aus meinem Fenster früh am Morgen fiel auf Weiß. Am Abend zuvor hatte sich mir noch ein herrliches Bild über die Alpenlandschaft geboten. Dichter Nebel hatte sich in der Nacht über die Wiesen und Wälder gelegt. Also packte ich mein Fahrrad bei frischen 4 Grad in der Hoffnung, dass sich der Nebel verzog. Einzelne hartnäckige Schneefelder lagen noch in Schattenlöchern und kühlten die Luft im dichten Nebel spürbar ab.

Nicht lange nach meiner Abfahrt konnte ich jedoch die Früchte meiner vorabendlichen Bergfahrt ernten, denn die Straße hinunter zum Fuschlsee war ein angenehmer Abschnitt. Zudem lichtete sich der dichte Nebel, und ein stahlblauer Himmel ließ die Landschaft erstrahlen. Meine Handschuhe verschwanden in der Lenkertasche, und hochmotiviert ging es Richtung Wolfgangsee. Es war wunderschön und auch gewissensberuhigend, durch diese Landschaft mit dem Rad CO_2-neutral unterwegs zu sein. Schon bald war ich am Wolfgangsee vorbei, der zu dieser Jahreszeit noch vom Massentourismus verschont blieb. Weiter ging es talauswärts über den schönen Ort Bad Ischl, der wie eingebettet zwischen den hohen Bergen am gleichnamigen Fluss

Ischl liegt. Am Ende des Tals trifft die Ischl auf die Traun, wobei ein ordentlicher Fluss entsteht. Relativ entspannt fuhr ich an ihnen entlang, da es ja immer leicht bergab ging.

Am Nachmittag kam ich dann zum Traunsee, der mir zum ersten Mal fast den Atem raubte. Ein kristallklarer Bergsee mit wunderschönen Orten, die zum Urlaubmachen einladen. Leider war es noch zu früh am Tag, um das Lager aufzuschlagen, obwohl ich mir das ruhig hätte gönnen können. Ich lag bereits zwei Tage vor meinem gesteckten Zeitplan. Am Abend fand ich dann in einem kleinen Ort Unterkunft in einem Brauereigasthof, der den schönen Namen „Bierhotel" hatte. Wieder aß ich hervorragend und genehmigte mir zwei Glas vom brauereieigenen Gerstensaft. Überhaupt hatte ich mir mittlerweile angewöhnt, mir am Ende eines anstrengenden Tages ein Feierabendbier zu genehmigen und das als Nicht-Biertrinker, was im Laufe der Reise jedoch noch einige Schwierigkeiten mit sich bringen sollte. Am Abend ergab sich noch ein interessantes Gespräch mit dem Wirt, der ursprünglich aus der Slowakei stammte und mit seiner Frau zusammen diese Gaststätte seit vielen Jahren betrieb. Er beklagte sich über die hohe Steuerlast und die sinkende Nachfrage, das unzuverlässige Personal und die steigende Anzahl der unzufriedenen Gäste. Letzteres konnte ich gar nicht nachvollziehen, da die Gaststube ein unglaublich gemütliches Flair hatte, das Essen urtypisch und gut und die Zimmer nagelneu renoviert waren. Trotzdem kamen mir die Sorgen irgendwie vertraut vor.

Am nächsten Tag fuhr ich dann ein schönes Stück entlang der Traun, bis sie sich in der Nähe von Linz mit der Donau vereinigt, wobei ein gewaltiger Strom entsteht. Von hier an war es dann für lange Zeit vorbei mit steilen Steigungen, denn ich radelte überwiegend flussabwärts am Donauufer entlang. Der Uferweg, der ja bekanntlich bis zum Schwarzen Meer an der Donau entlangführt und oft als schön und romantisch beschrieben wird, konnte von mir lediglich die Note 3 von 6 bekommen. Lange Strecken führen über angelegte Dämme, die schnurgerade an der von Menschenhand begradigten Donau verlaufen. Nur selten kamen Waldwege oder Engstellen vor, wo sich die Wassermassen ihren

Weg durch die hüglige Landschaft zum Schwarzen Meer suchen müssen. Kam aber so ein Abschnitt, dann war es ein Traum, bei angenehmen Temperaturen durch diese Gegend zu radeln, in der, wie schon die ganze Strecke bis hierher, das Frühjahr die Landschaft in einen blühenden Großgarten verwandelte. Nur wenn ich über 600 bis 700 Höhenmeter kam, bemerkte ich, dass das Jahr noch nicht sehr alt war. Die Fahrt an der Donau entlang blieb dennoch unspektakulär, da hier in der Gegend Radreisende nicht selten sind. So fuhr ich locker, ohne mich großartig anstrengen zu müssen, am Flussufer bis nach Wien. An einem Tag schaffte ich sogar einmal 142 km und hatte somit einen ersten Streckenrekord, der lange Zeit Bestand hatte. Am 9. Tag kam ich bereits am Mittag in Wien an. Die Innenstadt mit dem Rad zu erkunden, ließ ich ausfallen, da ich schon mehrere Male dort gewesen war. Zudem hatte ich immer noch einen ordentlichen Respekt, mit meinem vollbepackten Rad eine Großstadt zu durchqueren. Deshalb blieb ich am Donauufer. Leider fand ich hier nur Industrie und Lastkähne vor. Vom Wiener Charme war nicht viel zu sehen. Nach einer kleinen Mittagspause fuhr ich dann raus aus der Stadt in Richtung ungarischer Grenze. Die Landschaft war relativ flach, und ich hatte ausnahmsweise keinen starken Gegenwind. Gedankenversunken und angetan von der Weite dieser Gegend, die allerdings durch unzählige Überlandleitungen und noch mehr Windräder gestört war, bemerkte ich, dass ich an diesem Tag noch die Grenze zu Ungarn erreichen konnte. Ich legte einen Gang zu und trat, was das Zeug hielt. Selbst überrascht von meiner guten Kondition erreichte ich dann abends um 18 Uhr die Grenze zu Ungarn. Der Grenzübertritt war auch hier noch kein Problem. Es galt auch das Zahlungsmittel, das ich gewohnt war. Ganz schnell wurde mir klar, dass ich hier jedoch mit 10 Euro weiter als in Deutschland kam. Das Zimmer, das ich 5 km nach der Grenze fand, kostete 18 Euro und war in einem gepflegten Haus. Drumherum war weit und breit nichts, nur dieses Haus, und so verbrachte ich den Abend im Garten alleine, da ich der einzige Gast war. Nun lagen zwischen mir und meiner Heimat schon ein Land und 960 km.

KAPITEL 6

UNGARN, KLEIN, ABER WEIT

Ich befand mich nun also in Ungarn. Von hier an war es vorbei mit der deutschen Sprache. Das führte allerdings nicht dazu, dass ich mir wirklich wie ein Ausländer vorkam. Die Leute waren ähnlich reserviert wie in Deutschland und Österreich, so dass es zu sehr wenigen Kontakten kam. Bis nach Budapest, mein nächstes größeres Ziel, waren es noch 185 km. Für eine Etappe zu viel, aber für eine ordentliche und eine kurze Schlussetappe gerade richtig. Ich beschloss, ziemlich weit zu radeln, um am nächsten Tag stressfrei nach Budapest zu kommen, damit ich genügend Zeit hatte, eine geeignete Unterkunft in der City zu finden. In Budapest wollte ich schließlich einen ganzen Tag Pause einlegen.

Aber zuvor stellte sich noch ein besonders nettes Ereignis ein. Ich fuhr also am Morgen des 10. 4. 2019 ohne besonderes Ziel los, nur mit dem Gedanken, so weit wie möglich an Budapest ranzukommen. Der Weg führte mich über endlose Ebenen mit nur leichten Steigungen, die ich mittlerweile annähernd schmerzfrei und entspannt fuhr. Es lief gut, und das Einzige, das es nach wie vor zu bemängeln gab, war das unschöne Bild der unzähligen Überlandleitungen und Windräder. Ich fand die gleiche Landschaft vor, wie ich sie inzwischen schon gewohnt war. Endlose, ebene Felder, und es winkten mir nicht, wie im Film Sissi, die Bäuerinnen in ihren weißen Schürzen und weißen Häubchen zu, sondern die riesigen Flügel der Windräder, die die Landschaft billigend duldete.

Es lief wieder einwandfrei. In meiner Gutgläubigkeit, noch spät ein Zimmer zu finden, fuhr und fuhr ich dahin. Ein Blick auf mein Navi zeigte mir dann an, dass nun lange nichts mehr kommen würde. Das machte mich leicht nervös. Es war mittlerweile 19.30 Uhr, als ich in einem Dorf mitten im Gelände und abseits der Hauptroute, wo es auch wieder hügelig wurde, in dem kleinen Dorf Obarok ankam. Entkräftet sprach ich zwei junge Männer am Ortseingang an, ob es hier irgendwo ein Zimmer gebe. Ich merkte gleich, dass ich hier wirklich in der Pampa war. Ich stellte mich schon aufs Zelten ein, doch die Jungs telefonierten 2 bis 3 Mal, und dann kam eine Frau. Es war die Sekretärin des Bürgermeisters, die mich mitnahm.

Nun, dieses Dorf hatte keinen Laden, keine Kirche, keine Post, gar nichts, aber ein kleines Museum, in dem ein Zimmer integriert war, für den Fall, dass einmal ein Fremder auftauchte. Dieses Zimmer gab es schon seit 2010 und seither war noch nie jemand dagewesen. Ich war der Erste, der diese Übernachtungsmöglichkeit nutzte. Die Frauen und Männer, deren Zahl mittlerweile auf 6 angestiegen war, waren sichtlich begeistert, mich aufzunehmen. Das Ganze kostete 10 Euro. Ich erfuhr noch einiges über deutsch-ungarische Dörfer in dieser Gegend. Eine kleine Museumsbesichtigung war inklusive. Als sich alle verabschiedet hatten, machte ich mich über meine Essensvorräte her und kochte mir einen ordentlichen Teller Nudeln mit brauner Soße.

Gerade wollte ich mit meinem Festmahl beginnen, da klopfte es an der Tür. Die beiden Jungs, die mir das Zimmer vermittelt hatten, standen vor der Tür. Sie brachten mir ein warmes Abendessen vorbei, Kartoffeln mit Speck in Kraut. Sie erklärten mir noch, dass dies hier ein typisches Gericht sei und verabschiedeten sich ganz freundlich. Überrascht und angetan von dieser netten Geste machte ich mich über diese Gabe her und konnte feststellen, dass es hervorragend schmeckte.

Die Nacht war dagegen nicht ganz so gut, da es sehr kalt in dem kleinen Zimmer wurde. Der Gasheizung, die hin und wieder eine Stichflamme aus dem Gebläse stieß, traute ich nicht wirklich und ließ diese lieber ungenutzt.

Morgens um 8 Uhr stand die Sekretärin wie abgemacht pünktlich zur Schlüsselübergabe vor der Tür. Das Dorf war im 18 Jahrhundert von deutschen Siedlern gegründet worden, und daher sprach die Sekretärin des Bürgermeisters, die gleichzeitig auch die Deutschlehrerin der Dorfschule war, gut Deutsch. Leider wurden die deutschstämmigen Siedler nach dem 2. Weltkrieg allesamt vertrieben, doch die deutsche Kultur und Tradition wurden hier weiter gelebt und gepflegt. Es war ein schönes Erlebnis, und ich dachte mir: *So kann es weitergehen.*

Also machte ich mich am Donnerstagmorgen um 8 Uhr bei leichtem Nieselregen an die letzten 50 km nach Budapest. Sie fielen mir sehr schwer. Viele Steigungen, schlechter Fahrbahnbelag und leichte Schlappheit machten mir zu schaffen. Aber ich wusste ja, dass ein Tag Auszeit vor mir lag. Das trieb mich förmlich in die ungarische Metropole, die so ganz anders war als die Welt am Abend zuvor. Das Dorf Obarok war klein und ländlich arm, während es in Budapest wieder alles gab, was das Herz begehrt. 11 Tage und bereits 1160 km lagen hinter mir. Ich war weit vor meinem Plan, denn ich hatte ja ursprünglich nur mit einem Schnitt um die 60 km pro Tag gerechnet. Meine Muskulatur machte gut mit, und an Gewicht hatte ich auch schon einiges verloren.

Ich überprüfte das aber nicht, wichtiger war mir, dass sich mein Hinterteil so langsam an den Sattel gewöhnt hatte und die ersten wunden Stellen bereits am Heilen waren. Ich fand ein schönes Zimmer, nicht weit vom Zentrum. So konnte ich die Stadt am nächsten Morgen zu Fuß erkunden. Mir war klar, dass ich möglicherweise für lange Zeit eine meiner Leibspeisen, das Gulasch, nicht mehr bekommen würde. Also gab es für mich nichts anderes, als in einem urgemütlichen ungarischen Lokal ein ungarisches Gulasch zu essen. Mmm, das war gut! Dazu ließ ich den Abend mit einem Feierabendbier ausklingen und machte mich in meinem Zimmer an die Routenplanung für den nächsten Tag.

Langsam freundete ich mich mit meiner Navi-App an, die viel mehr zu bieten hatte, als nur die Straßen anzuzeigen. Ich lernte jeden Tag dazu und fühlte mich nicht mehr so als Fahrrad-Greenhorn. Am 13. 4. 2019 fuhr ich also weiter in Richtung Osten, von wo auch der Wind wehte. Eigentlich konnte man nicht von Wind sprechen, da es bei schönem Wetter den ganzen Tag sturmartig blies.

Des Öfteren schrie ich gegen den Himmel und fragte unseren Schöpfer, warum er mir das antat. Oft musste ich im ersten Gang fahren oder gar absteigen und einige Meter schieben, da ich nicht gegen den Wind ankam.

Ich kämpfte mich so weiter über Hatvan nach Miskolc in Richtung slowakischer Grenze bei Kosice. Wider besseres Wissens hoffte ich, dass, auch wenn ich nichts mehr kannte, im Hinterland von Ungarn vielleicht doch noch was Interessantes käme. Dem war nicht so. Die Landschaft war weit und endlos zu überblicken. Highlights, Fehlanzeige. Die Felder waren gut und frisch bestellt, die Dörfer ärmlich und klein und die Leute desinteressiert bis unfreundlich. Wer sich allerdings an riesigen Feldern, aufgeteilt in Mais, Raps und Weizen, erfreuen kann, der sollte eine Reise nach Ungarn einplanen. Einziges „Highlight" in Ungarn war, dass ich gleich von Samstag auf Sonntag keine Herberge fand, um zu übernachten.

Also musste in freier Wildbahn mein Zelt zum ersten Mal herhalten. Ich stellte es etwas abseits der Strecke hinter Hecken auf. Es war sehr kalt in dieser Nacht. Deshalb stand ich um 6 Uhr auf, kochte mir mit meinem letzten Wasser einen Tee und packte zusammen. So saß ich am Sonntag bereits um 6.55 Uhr wieder auf meinem Rad und fuhr. Dann nahm der Wind erneut zu, natürlich von vorne. Wie wild ging ich gegen den kalten Nordostwind an. Am späten Abend saß ich in einer Ortschaft an einer Bushaltestelle und machte mir Gedanken, wo ich übernachten sollte, da wieder weit und breit nichts in Sicht war. Ich beschloss, noch ein paar Kilometer zu fahren, bis es richtig dunkel wurde, um mich dann mit meinem Schlafsack unter irgendein Dächlein zu legen. Zum Zeltaufbauen hatte ich echt keinen Bock mehr.

Nach wenigen Metern um die nächste Kurve jedoch leuchtete so ein Blinkwerbeschild, wie man es aus amerikanischen

Filmen kennt, rot in die Nacht: „Hotel“. Tatsächlich kam ich unter. Lustig an diesem Hotel war, dass der recht junge Besitzer erst in seinem Buchungsbuch nachschauen musste, ob noch ein Zimmer frei war. Ein Blick von mir über die Theke in sein Buch reichte, um zu erkennen, dass keine Zimmer belegt waren. Auch hingen alle Schlüssel im Schlüsselschrank. Er wollte sich ein bisschen wichtigmachen, und ich spielte das Spiel natürlich dankbar mit.

Am nächsten Morgen ging es weiter in Richtung slowakischer Grenze, wo die Grenzstadt Kostice liegt. So wie mich der Wind schon gestern den ganzen Tag bestraft hatte, so bestrafte ich ihn heute mit Missachtung und trat meist nur im 3. Gang meiner 14-Gangschaltung in die Pedale. Ich kämpfte mich Richtung Kostice. Um ca. 13 Uhr fuhr ich über die Grenze. So langweilig wie mich Ungarn entließ, so langweilig empfing mich die Slowakei. Ein weiterer Abschnitt war geschafft, und ich befand mich im 4. Land meiner Reise.

KAPITEL 7

KURZER AUFTRITT IN DER SLOWAKEI

Mein Kurzbesuch in der Slowakei dauerte nur zwei Tage mit einer einzigen Übernachtung. Da ich recht früh am Tag die Grenze passierte, kam ich noch ein ordentliches Stück weit. Die Landschaft war eben, so wie ich es von Ungarn her kannte. Bis zur Stadt Kosice hatte ich noch starken Gegenwind, dem ich aber nach Kosice meine linke Seite zeigte. Ich fuhr nämlich nach rechts Richtung Osten. Allerdings ging es dann in die Berge, aber ohne Gegenwind war das fast kein Problem. Eine ordentliche Steigung schlängelte sich durch eine schöne Wald-und Wiesenlandschaft, die mich bis zum Abend begleitete. Auf dem Gipfel angekommen wurde es Zeit für mich, ein Nachtlager zu suchen.

Ich hatte Glück. Gerade als ich im ordentlichen Schuss den Berg runterfuhr, tauchte auf der rechten Seite an der Straße ein Restaurant mit Übernachtungsmöglichkeit auf. Probleme mit der Währung kannte ich immer noch nicht, da auch hier mit Euro bezahlt wurde, nur die Verständigung gestaltete sich von jetzt an immer schwieriger. Mit Englisch, was auch nicht unbedingt meine Stärke ist, das sei an dieser Stelle vorab schon mal erwähnt, kam ich nicht sehr weit. Ich bilde mir aber ein, dass ich ein Verständigungsgenie mit Armen, Beinen und Mimik bin. So kam ich auch hier in der Slowakei zurecht.

Ich hatte schon fast die Hälfte meiner Strecke zur ukrainischen Grenze, die für mich mit deutschem Reisepass visumfrei war, geschafft. Am nächsten Morgen erwartete mich herrliches Wetter und zu meiner Freude eine ca. 20 km lange leichte Abfahrt. Es lief sehr gut, und ich dachte mir: *Wenn das so weitergeht, kom-*

me ich heute noch ein schönes Stück in der Ukraine voran. Der Wind war mir auch wohlgesinnt und blies leicht schräg von hinten. Alles passte gut, und ich näherte mich recht früh dem Grenzübergang bei Uschhorod.

Dann kam die große Ernüchterung. Schon von weitem konnte ich eine riesige Schlange von wartenden Pkw und Lkw sehen. Als Radreisender hast du hier aber einen großen Vorteil. Dran vorbei und immer schön lächeln und grüßen. So fuhr ich vor bis zum Ersten in der Schlange und stellte mich frech dazwischen. Ein Soldat, der mich sah, kam mit finsterer Miene auf mich zu und erklärte mir mit ein paar wenigen deutschen Worten, die er kannte, dass an diesem Grenzübergang keine Fahrräder abgefertigt würden, nur Maschinen. Er meinte damit motorisierte Fahrzeuge. Ich wollte ihm noch erklären, dass ich auch so eine Art Maschine sei, ließ es aber bleiben, da er nicht besonders spaßig wirkte.

Ich fragte ihn aber noch, wo ich denn einreisen könne, und er zeigte mir auf meiner Karte den Grenzübergang bei Ubl'a. *Wunderbar*, dachte ich, der befand sich ca. 50 km nordöstlich von meinem Standort. Um dort hinzukommen, musste ich wieder ca. 15 km auf selber Strecke zurück und dann über einen Berg zur Grenze.

Nutzte nichts, ich fuhr los und hatte natürlich den Wind, den ich vorher im Rücken gehabt hatte, nun im Gesicht. Was so schön am Morgen begonnen hatte, entwickelte sich im Tagesverlauf wieder zu einer harten Tour. Der Berg, den ich überfahren musste, schien nicht aufzuhören. Je näher ich der Grenze kam, umso schlechter wurde das Wetter. Dicke, schwarze Wolken zogen sich am Himmel zusammen und verbreiteten in mir Unruhe. Die Grenze war noch nicht geschafft, und eine Übernachtungsmöglichkeit hatte ich auch noch nicht ausgemacht. Gegen 18 Uhr erreichte ich dann endlich den kleinen Grenzübergang bei Ubl'a, der mitten im Wald lag. Eine ordentliche Schlange von wartenden Autos überholte ich abermals und reihte mich ganz vorne ein. Eine Grenzbeamtin, die sich nach ca. 10 Minuten endlich aus ihrem Häuschen bequemte, nachdem sie mit einem Schwätzchen mit ihrem Kollegen fertig war, ging zu einem anderen Häuschen, um mir eine Nummer zu holen. Mit dieser Nummer sollte ich mich wieder in einem anderen Gebäude melden.

Als ich dort reinkam, schlief der Zivilist tief und fest. Geschützt durch eine dicke Glasscheibe hörte er auch mein vorgetäuschtes Husten nicht. Um ihn nicht zu erschrecken und ihn damit vielleicht zu erzürnen, ging ich wieder raus und machte mich bei den beiden bewaffneten Soldaten, die auf dem Parkplatz patrouillierten, bemerkbar. Einer von beiden kam auf mich zu. Ich machte mit ein paar Handzeichen verständlich, dass der Kollege da drin einen totenähnlichen Schlaf abhielt. Er ging mit mir rein und klopfte mit dem Kolben seiner Maschinenpistole ordentlich gegen die Glasscheibe. Ich dachte, dass der Mann jetzt gleich unglaublich erschrecken würde. Dieser wachte aber schön langsam, sozusagen in Zeitlupe, auf und hatte in der nächsten Sekunde seine Finger auf der Tastatur seines PCs, der mindestens aus dem vorigen Jahrhundert war. Er begann, etwas einzugeben, als hätte er nie geschlafen. Dann tippte er ein paar Daten meines Ausweises ein und schon 5 Minuten später bemerkte er, dass ich bei ihm falsch war. Prima! Am richtigen Häuschen standen dann schon drei an, und bei jedem dauerte es gut und gerne 10 Minuten. Als ich endlich dran war, musste ich eine Gebühr von 20 Euro bezahlen.

Ich bekam einen kleinen Zettel mit einer Nummer drauf, die wohl dann der geschwätzigen Grenzbeamtin anzeigte, dass ich die Einreisegebühr bezahlt hatte. Sie drückte mir mit einem unglaublich unmotivierten Gesichtsausdruck den Stempel in den Ausweis und ließ mich passieren. Das Ganze hatte ca. eine Stunde gedauert, was mich ärgerte, da der Himmel aussah, als würde er mir nun gleich auf den Kopf fallen. Andererseits war ich aber auch froh, dass ich diese erste Bammelgrenze noch an diesem Tag geschafft hatte und trat wieder in die Pedale. Nach dem Schlagbaum lernte ich dann gleich die ukrainischen Straßenverhältnisse kennen. Ein besserer Feldweg führte zum nächsten

Städtchen Welykyj. Hier endete auch schon meine Geschichte über die Slowakei. Ich befand mich in der Ukraine, und da begann mein Abenteuer nun richtig.

Schöne und endlose Radwege in Ungarn.

Erste Übernachtung unter freiem Himmel in der Slowakei.

KAPITEL 8

ABENTEUER UKRAINE

Bei der Einfahrt in das Städtchen Welykyj wurde mir sehr schnell bewusst, dass mich nun ein ordentliches Stück von meiner Heimat trennte. Nicht nur Sprache, Geld und Menschen hatten sich gravierend verändert, sondern auch das Leben. Eine lausige Straße führte mich hinein in das Zentrum der Stadt, die eine Unzahl von Kleingeschäften beherbergte, die sich mit Haushaltsartikeln und Gemüse über Wasser halten wollten. Die übrigen Häuser am Straßenrand machten den ersten Gesamteindruck nicht besser. Alt und heruntergekommen wäre der richtige Ausdruck für diese unwirkliche Welt, in die ich da eingefahren war. Dabei war ich noch nicht einmal überrascht, da ich eigentlich damit gerechnet hatte, dass die Zeit, durch eine heile Welt zu radeln, nun vorbei war.

Während ich durch die Stadt fuhr und mir die Gegebenheiten anschaute, schweifte mein Blick natürlich an den Häuserreihen entlang, in der Hoffnung, Übernachtungsmöglichkeiten auszumachen. Doch diese waren hier offensichtlich dünn gesät.

Etwas ratlos hielt ich am Straßenrand an und versuchte, auf meinem Handy etwas zu finden. Da sprach mich von hinten ein Mann an und fragte, ob ich ein Bett suche. Seine Kleidung war sagenhaft dreckig und passte sehr gut zu der vor mir liegenden Straße. *Den hat mir der Himmel geschickt,* dachte ich und machte ihm klar, dass ich seine Hilfe gerne annehmen würde. Schon nach ein paar wenigen Metern bog er mit mir in eine Toreinfahrt. Ich stand vor einem Hotel, das weder ein Werbeschild hatte, noch den Eindruck machte, dass es hier eine Übernachtungsmöglichkeit gab. Alleine hätte ich das nie gefunden. Überraschenderweise verbarg sich hinter der Eingangstür ein recht ordentliches Restaurant. Der Besitzer und eine Bedienung schauten mir hinter der Theke freundlich entgegen. Die Frage nach einem freien Zimmer war schnell geklärt. Mittlerweile dachte ich, dass ich der einzige Reisende auf dieser Welt sein musste, da ich bis hierher oft der einzige Gast gewesen war. Das Zimmer war recht ordentlich, was von diesem Punkt an eigentlich immer bedeutet: egal wie, Hauptsache ein Bett, Strom, Dusche und ein dichtes Dach über dem Kopf. Soll heißen, dass meine Ansprüche auf Luxus eine Nebenrolle spielten.

Am nächsten Morgen überraschte mich das Wetter nicht, da es am Abend zuvor noch wie aus Eimern gegossen hatte. Anscheinend war Petrus in der Nacht mit seiner Arbeit nicht ganz fertig geworden, er hatte für mich zum Start aber nur noch leichten Nieselregen parat. Ärgerlicher waren dafür jedoch die eh schon schlechten Straßen, die nun zu allem Übel auch noch aufgeweicht und schlammig waren. Das Schlimmste daran war, dass man die mit Wasser gefüllten Löcher in der Straße nicht einschätzen konnte. Drum Herumfahren war ein absolutes Muss, da man nie wusste, wie tief die Löcher waren. Die rund ausgefahrenen waren dabei nicht die schlimmen, sondern die mit scharfen Kanten, die meinen Felgen und Reifen doch sehr gefährlich werden konnten. Die Stadtausfahrt wurde dadurch unter den Augen zahlloser, schaulustiger und neugieriger Menschen zu einer halbgefährlichen Off-road-Slalom-Fahrt.

Das änderte sich auf den folgenden 60 km auch nicht, außer dass mir der Wind wieder böse ins Gesicht blies und die Straße langsam, aber stetig steiler wurde. Die kleinen Dörfer, die ich dabei durchfuhr, verleiteten mich zu der Vermutung, dass ich einen Zeitsprung ins Mittelalter gemacht hatte. Leben auf unterstem Niveau begleitete mich fortan in vielen Dörfern. Die Straße wurde steiler, und ich spürte die Ausläufer der Karpaten in meinen Beinen.

Langsam verabschiedeten sich die blühenden Bäume und wurden durch kahle ersetzt, was mir aufzeigte, dass ich mich wieder in großer Höhe befand. Die einzelnen Schneeflecken, die sich am Straßenrand eisern hielten, zwangen mich dazu, meine warme Jacke mit einem dicken Sweatshirt zu unterstützen. Oben auf der Passhöhe kam ich dann zu einer stationären Militärkontrolle, die mich aber anstandslos passieren ließ. Hier musste wohl eine Art Landkreis-Grenze gewesen sein, denn nun lag eine nagelneue Straße mit steilen Steigungen und schnellen Abfahrten vor mir. Gegen Spätnachmittag näherte ich mich dem Städtchen, in dem ich eigentlich die Nacht verbringen wollte. Nass und durchgefroren machte ich mich auf die Suche nach einem Zimmer. Leider bekam ich in allen drei auf meiner App angegebenen Hotels keins. Zwei davon waren schon seit längerem geschlossen, und beim dritten war der Besitzer nicht aufzutreiben. Also fuhr ich weiter, ohne Plan, wo ich die Nacht verbringen würde.

Nach weiteren 20 km musste ich mich entscheiden, ob ich geradeaus fahren oder rechts abbiegen sollte, der Straße nach, die dem Fluss Stryi folgte. Ich entschied mich, dem Fluss zu folgen und kam dadurch wieder auf eine Straße, die nach wenigen Kilometern nicht mehr als solche bezeichnet werden konnte. Mittlerweile regnete es wieder so stark, dass ich mein Handy zum Navigieren nur noch rausholen konnte, wenn ich ein kleines Dach fand, unter dem ich kurz dem Regen entkam. Die Dunkelheit löste den schmuddligen Tag ab. Oft konnte ich nur noch zu Fuß der steinigen Straße, die wechselseitig auf der linken und rechten Seite des Flusses Stryi verlief, folgen. Dazu musste ich über einige Brücken laufen oder fahren, die in Deutschland kein Mensch mehr betreten hätte. Vereinzelt tauchten in der Dunkelheit Häuser auf, die bei weitem nicht alle von elektrischem Licht erhellt wurden. In so mancher Hütte flackerte das Licht einer Kerze, und mich beschlich der Gedanke, dass ich in einer Gegend angekommen war, die der liebe Gott schon seit längerer Zeit vergessen hatte.

Versunken in den Gedanken, dass ich wohl die Nacht durchfahren müsste, machte ich Meter um Meter in dieser unwirklichen Gegend.

Gegen 22 Uhr sah ich weit vor mir im Tal, wie sich der Himmel immer mehr erhellte, so als ob ich auf ein mit Flutlicht erhelltes Stadion zufuhr. Ich schaute noch einmal auf meinem Handy nach, aber es war weit und breit keine Stadt und kein Dorf angezeigt. Die nächste Siedlung, die aufgeführt wurde, war ca. 50 km entfernt. So weit konnte man bei dem Wetter auf keinen Fall sehen.

Gespannt und in der Hoffnung, doch noch ein trockenes Nachtlager zu finden, fuhr ich weiter und erreichte schließlich vollkommen durchnässt und kaputt das Pförtnerhäuschen einer Ferienanlage.

Ein in Armeekleidung gesteckter Pförtner kam heraus und sprach mich auf Ukrainisch an. Ich antwortete ihm mit ein paar deutschen Worten und Gesten und siehe da, ich hatte mal wieder Glück. Der Pförtner hatte Verwandte in Deutschland und konnte daher sehr gut Deutsch sprechen. Ich fragte ihn nach einem Zimmer, und er gab mir zu verstehen, dass das wohl eine Ferienanlage für wohlhabende Ukrainer sei, die man aber nur gebucht beziehen könne. Die Nacht, der Regen und mein erschöpftes Gesicht erregten bei ihm aber wohl großes Mitleid. Er sagte mir in leichtem Befehlston, dass ich warten solle. Er ging zur Rezeption hinüber und organisierte mir ein Zimmer für die Nacht. Ich war ihm unendlich dankbar und konnte auf dem Weg zum Zimmer erkennen, was ich gerade wieder für einen Dusel hatte. Selbst das wenige, das ich in der Nacht noch von dieser Anlage sah, hatte nichts mit dem zu tun, was mir in den letzten 24 Stunden unter die Augen gekommen war. Das Zimmer hatte westlichen Standard, lediglich die Heizung ging nicht, aber ich konnte meine wichtigsten Kleidungsstücke mit dem Haartrockner, den ich für mein schütteres Haar nicht brauchte, trocknen.

Am Morgen fand ich in einem gepflegten Frühstücksraum eine Mahlzeit vor, an die ich noch während der gesamten Reise durch die Ukraine dachte. Danach packte ich zusammen und wollte weiterziehen. An der Pforte winkte mir der Pförtner zu, der in der Nacht schon Dienst gehabt hatte. Natürlich hatte er noch viele Fragen, die ich aber gerne mit ihm besprach. Es konnte mir nichts Besseres passieren, als mich mit jemandem zu unterhalten, der mir etwas über Land und Leute auf Deutsch erzählen konnte. Erst um 10.30 Uhr kam ich von Nicolai, dem Wachmann, los. War mir aber egal, da ich dank der langen Tour am Vortag ja schon ein ordentliches Stück weit in der Ukraine war. Ob es auf der Straße wie am Abend zuvor so weiterging, interessierte mich mehr.

Das war allerdings zu meiner Erleichterung nicht so. Schon nach 15 km änderte sich alles wieder schlagartig. Die Straßen waren überwiegend okay, obwohl ich diesbezüglich auch schon große Abstriche gemacht hatte. Die Städtchen und Dörfer wurden wieder ansehnlicher, und man hatte den Eindruck, dass hier ein anderer Teil der Ukraine begonnen hatte. Auffallend war aber schon seit Überschreiten der Grenze, dass ich sehr viele Männer schon tagsüber betrunken durch die Gegend taumeln sah, ein Problem in dem Land, das mir auch während der letzten Etappe vor Kiew von einer Bekannten bestätigt wurde.

Nun führte mich mein Weg wieder ziemlich geradlinig in Richtung Osten, denn mein nächstes, größeres Etappenziel hieß Kiew. Mein Plan war eigentlich, am Schwarzen Meer entlang, über die Krim, nach Sotschi und dann nach Georgien zu fahren. Da die politische Lage auf der Krim zu dem Zeitpunkt aber sehr unsicher war, wollte ich zuerst nach Kiew, um mir dort auf der deutschen Botschaft Informationen zu holen, ob die Durchfahrt über die Krim überhaupt möglich war. Außerdem hatte ich eh vor, die Hauptstädte der einzelnen Länder, die ich durchfuhr, zu besuchen.

Diese Entscheidung war richtig, wie sich im Kapitel Georgien herausstellen sollte.

Nachdem ich die Karpaten, die im Norden langsam auslaufen, überquert hatte, wurde die Strecke wieder etwas ebener. Lange und breite Felder lagen vor mir, die ebenso lange, gerade Straßen durchquerten. Die riesigen Felder, die die unsrigen in Deutschland wie Kleingärten erscheinen lassen, waren alle gut bestellt. Da das Frühjahr erst begann, war die „Schwarzerde", die als die fruchtbarste Erde der Welt bezeichnet wird, auf weiten Flächen gut zu erkennen. Landmaschinen mit riesigen Auslegern düngten und säten. Das Wetter war mir hold, und so fuhr ich durch eine herrliche Landschaft meine Tagestouren um die 100 km.

Die Übernachtungsmöglichkeiten machten mir abends öfter zu schaffen, es gab sehr wenige. Nur in größeren Städten fand ich mühelos Unterkunft. Zunehmend hatte ich jetzt auch Kontakt zu Ukrainern, da diese Gegend offensichtlich nicht unbedingt ein Touristenziel war und ich mit meinem bepackten Rad doch die Neugier der Menschen weckte. Die Verständigung war natürlich ein Problem, und ich schätzte das Bildungsniveau auf dem Land als nicht sehr hoch ein.

Hin und wieder begegnete ich aber auch Leuten, die mich überraschten. An einem Tag traf ich auf drei junge, sportlich gekleidete Ukrainer, die ebenfalls mit dem Rad unterwegs in die nächste Stadt waren. Die junge Frau, die dabei war, studierte tatsächlich Deutsch und hatte sichtlich Spaß daran, es anzuwenden. Ich hatte Zeit und nahm mir diese gerne bei solchen Begegnungen. Auch abends war es nicht immer uninteressant. An einem Abend fand ich spät noch ein Zimmer, weit ab von meiner Route, in einem wirklich sehr kleinen Dorf. Eine Straße dorthin gab es nicht, nur einen sehr ausgefahrenen Feldweg, der mit Schotter, alten Dachziegeln und Backsteinen ausgebessert war. Das Dorf bestand aus ca. 15 kleineren Landwirtschaftsgebäuden und Häusern. Eines davon beherbergte einen Arzt, der eine kleine Praxis unterhielt, die er mir auch stolz präsentierte. Sein Spezialgebiet war, Menschen von Suchtproblemen aller Art zu heilen, hauptsächlich aber vom Alkohol, und er setzte dabei auf die Therapie der Darmspülung.

Ich versicherte ihm sehr schnell, dass ich null Probleme mit irgendeiner Art von Sucht habe. So kam ich um eine angebotene Anwendung herum.

Die Zimmer, die er zur Aufbesserung seines Lebensstandards vermietete, waren selbstgebastelt im Dachspitz des Hauses. Die Feuchtigkeit, die darin herrschte, war vermutlich der Grund für den modrigen Geruch, der mich auch veranlasste, einen sehr langen, ausgedehnten Spaziergang durch und um das Dorf zu machen. Dabei konnte ich einen ordentlichen Einblick in das einfache, schon fast primitive Leben der ukrainischen Landbevölkerung erlangen. Oft kopfschüttelnd und auch nachdenklich nahm ich zur Kenntnis, mit was sich diese Leute zufrieden geben und geben müssen, im Gegensatz zu unserer Welt, in der oft das Beste nicht mehr gut genug ist.

Spät abends legte ich mich in mein übel riechendes Bett und schlief ein. Mein letzter Gedanke war, was hier wohl zum Frühstück gereicht werden würde, das im Zimmerpreis von umgerechnet 8 Euro inbegriffen war.

Am Morgen machte mir die Frau des Hauses ein Frühstück, das aus einem süßlichen Brei, zwei Scheiben Brot und einer undefinierbaren, gelben Marmelade bestand. Den Doktor traf ich an dem Morgen nicht mehr, da er bereits seinen ersten Patienten versorgte. Bei dieser Zeremonie wollte ich ihn keinesfalls stören, ich schwang mich wieder auf mein Rad und strampelte in Richtung Schytomyr, wo ich bei einer Bekannten den ersten Besuch auf meiner Strecke machen wollte. Bekannte ist vielleicht etwas übertrieben, sie ist die Schwester einer Bekannten, die ich aus Deutschland kenne. Inna ist in Deutschland bei ihren ukrainischen Eltern aufgewachsen und zog, nachdem sie 18 geworden war, wieder zurück in die Ukraine. Inna ist bewundernswert, schon alleine deshalb, weil sie ein relativ sorgenfreies Leben in Deutschland aufgegeben hatte, um sich jetzt für einen sehr kleinen Lohn in einer sozialen Organisation, die von Spendengeldern lebt, um Familien zu kümmern, in denen der Vater dem Alkohol verfallen ist.

Schytomyr liegt etwa 140 km vor Kiew und ist eine beachtliche Stadt. Hier machte ich einen Treffpunkt bei einem amerikani-

schen Fast-Food-Restaurant mit Inna klar, weil ich dort auch
WLAN hatte, sollte irgendetwas dazwischenkommen.

Ich war pünktlich am Treffpunkt, und Inna kam mit etwas Verspätung an. Nachdem sie mich in ihr Zimmer in der Mission gefahren hatte, das sie vor zwei Tagen noch selbst bewohnt hatte, machten wir uns gleich auf den Weg ins Zentrum. Die Stadt
hatte einiges zu bieten, und ich war froh, eine so gute deutsch-
sprachige Fremdenführerin zu haben. Ich erfuhr einiges über
Land und Leute, über Verdienst, Miete und sonstige Kosten, die
im täglichen Leben auf diese Leute zukommen, während wir zu
Fuß ein Kloster, den Campus und eine Einkaufsmeile besuch-
ten. Aus Inna sprudelte es wie aus einem Wasserfall, und ich
hatte meine Mühe, so viel Input in meinem Kopf zu speichern.

Alles machte auf mich einen recht ordentlichen Eindruck, wenngleich es für mich unverständlich ist, wieso Inna dieses bescheidene Leben dem in Deutschland vorzog. Sie erklärte mir, dass
sie diesem Land wie verfallen sei und ihre Arbeit als Sozialar-
beiterin liebe. Das war für mich sehr beeindruckend. Das Leben
in der Ukraine erschien mir alles andere als leicht, und Inna ist
mit sehr viel weniger zufrieden als alle, die ich kenne.

Schließlich war es dunkel und auch Zeit zu essen. Meinem Wunsch
entsprechend gingen wir in ein Restaurant, wo ausschließlich
ukrainische Spezialitäten serviert wurden. Dies musste ich Inna
nicht zweimal sagen, da sie natürlich so gerne ukrainisch isst,
wie sie ihr Land liebt.

Die Speisen, die von Inna als Kennerin bestellt und aufgefahren wurden, kannte ich alle allesamt nicht, sie schmeckten aber
hervorragend. Die Rechnung übernahm ich, für Inna viel Geld,
mich dagegen brachte sie eher zum Schmunzeln. Nicht weil ich
reich bin oder nicht aufs Geld schauen musste, nein, es war der
kleine Betrag, den ich für erstklassiges Essen und Service bezahlen musste.

Ja und dann war es schon wieder so weit. Inna fuhr mich noch zu meinem Zimmer, und wir verabschiedeten uns. Ich hatte am nächsten Tag eine lange Strecke vor mir, da ich Kiew erreichen wollte.

Am Morgen erwartete mich herrliches Wetter mit leichtem Gegenwind. Die Strecke hatte nicht sehr viele Höhenmeter, aber dennoch lagen 140 km vor mir. Die Straße war sehr gut, glich eigentlich einer Autobahn, und auf dem breiten Seitenstreifen kam ich relativ gefahrlos gut voran. Am Spätnachmittag tauchte dann Kiew auf, das ich schon von weitem sehen konnte. Leider kam ich aber in den Feierabendverkehr, der stadtein- und stadtauswärts gleich stark war. Baustellen und Sperrungen machten die Durchfahrt zu einem kleinen Kunststück, doch die Autofahrer nahmen sehr viel Rücksicht auf mich und mein Gefährt. Meine Unterkunft, die ich gebucht hatte, lag vom Ortsschild noch ein ganz schönes Stück entfernt, und so zeigte mein Tacho 155 km, als ich die Satteltaschen abschnallte. Stolz und müde bezog ich mein Zimmer für drei Nächte in Kiew, nach mittlerweile 2364 gefahrenen Kilometern. Diese Pause konnte ich mir jetzt wirklich gönnen, da ich einen Tagesschnitt von 100 km hatte und eigentlich von 60 km ausgegangen war.

Allerdings war es bis hierher grenztechnisch noch sehr moderat abgegangen. Sorgen machte mir dagegen der nächste Grenzübergang. Ich befand mich immerhin in einem Land, in dem gerade Krieg herrschte. Dieser Gedanke begleitete mich schon einige Tage, spätestens seit dem Tag, als mich auf einer parallel zur Straße verlaufenden Bahnlinie ein sehr langer Zug, beladen mit Panzern und sonstigen Armeefahrzeugen, in Richtung Osten überholte. Ich war keine 700 km vom Krisengebiet Donezk und der Krim entfernt.

Der nächste Tag sollte etwas mehr Licht ins Dunkel bringen. Bei Sonnenschein und angenehmen Temperaturen lief ich die 5 km ins Zentrum der Stadt, um mir bei der deutschen Botschaft Informationen zu holen. Dort sprach ich mit einem deutschen Angestellten vor der Tür über mein Vorhaben, über die Krim zu reisen. Hinein durfte ich in das schwer bewachte und überwachte Gebäude nicht. Der Beamte erklärte mir nach einem Telefonat mit einem Bekannten, der in der Nähe der Krim Dienst tat, dass es sich so verhalte: Ich könne es probieren, über die Krim nach Sotschi zu fahren. Zu 50 % würde es klappen. Da die Krim aber von Russen besetzt sei, wäre es möglich, dass diese mich stoppten und nicht durchließen. Wenn ich dann zurückfahren müsse, würden die Ukrainer mir einen illegalen Ausreise- oder Einreiseversuch unterstellen. Dies würde mit Gefängnis oder Ausweisung bestraft werden.

Mit dieser Information, die sehr wachsweich war, stand ich nun da. *Mach ich es, oder mach ich es nicht?* Meine Entscheidung hatte noch ein paar Tage Zeit. Für mich war es aber belastend, da ich nicht gerne planlos unterwegs bin.

Sicher war, dass ich von Kiew aus noch drei Tagestouren in Richtung Odessa hatte, dann musste die Entscheidung fallen. Plan B war, geradeaus nach Odessa zu fahren, um von dort aus mit der Fähre nach Georgien überzusetzen. *Also,* dachte ich, *genieß jetzt die zwei freien Tage und schau dir die Stadt Kiew genauer an,* und das war gut.

Kiew hatte gar nichts mit dem Leben auf dem Land zu tun. Es gab schöne Plätze, Kirchen und feine Gastronomie. Am zentral gelegenen Platz der Unabhängigkeit pulsierte das Leben, wie in jeder großen Metropole in Europa. Von Entbehrung oder Angst wegen des Kriegs war hier nichts zu spüren.
Der 2. Tag galt der näheren Umgebung meiner Unterkunft, und auch hier in der Vorstadt war alles im grünen Bereich. Der Versuch, in einem Einkaufszentrum eine Sonnencreme für meine geschundene Nase zu bekommen, scheiterte jedoch kläglich. Ich vermutete aber, es lag nicht daran, dass es keine gab, sondern an meinen Sprachschwierigkeiten.

So sattelte ich also am Morgen des 29. 4. 2019 wieder mein Rad und fuhr los in Richtung Odessa. Die nächsten zwei Tage waren nicht besonders anstrengend, da ich wieder weites und relativ ebenes Ackerland vor mir hatte. Das bescherte mir bei schönem Wetter eine gute Fernsicht. Immer noch kämpfte ich mit dem Gedanken, über die Krim zu fahren. Spätestens in Uman musste ich mich dann entscheiden. Dort ging die Straße links weg in Richtung Osten. Der Abend und die Nacht in Uman brachte dann Klarheit. Am Morgen fuhr ich geradeaus Richtung Odessa, soll heißen, ich entschied mich für die sichere Variante, was sich in Georgien als richtige Entscheidung herausstellen sollte. Die andere Option wäre ein folgenschwerer Fehler gewesen, den ich im Kapitel „Georgien" noch näher erklären werde.

Auf den letzten Etappen bis Odessa war mir das Wetter dann nicht mehr so hold. Nebel, Regen und Gewitter wechselten sich ab. Unterkünfte waren schwer zu finden, doch über eine ist es wert zu berichten.

Am Tag vor Odessa hatte ich eine lange Tour vor mir. Kräftiger, starker Gegenwind bremste mein Tempo gewaltig und forderte meine Muskulatur sehr. Gegen Abend lag vor mir erneut eine Gewitterfront. Der Himmel war so schwarz, dass er den Tag fast zur Nacht machte, als unerwartet am Straßenrand ein Hinweisschild auf eine Übernachtungsmöglichkeit stand. Allerdings ging es rechts weg in ein kleines Dorf, 5 km ab von meiner Route. Der nächste Ort, den es mir anzeigte, war 20 km entfernt, genau in der Richtung, wo die Gewitterwolken am tiefsten hingen.

Also entschied ich mich für das kleine Dorf rechts neben mir, auch wenn es ein Umweg war. Als ich dort ankam, war die aufgeführte Pension natürlich nicht zu finden. Es gab sie schon lange nicht mehr. Ich fragte trotzdem bei der angegebenen Adresse nach. Die Tochter des Hauses, die ein bisschen Englisch konnte, also genauso viel wie ich, erklärte mir, dass es die Zimmer zwar noch gebe, sie aber schon lange nicht mehr vermietet würden. An meinem enttäuschten Gesicht konnten sie und ihre Mutter aber meine Not ablesen. Sie boten mir ein halbwegs hergerichtetes Zimmer an. Mit Karte konnte ich in dieser einfachen Herberge jedoch nicht bezahlen, und das ukrainische Geld war mir ausgegangen. Die junge Frau machte mir verständlich, dass ich auch mit Euro bezahlen könne. Da mein kleinster Schein aber ein Hunderter war, hatten wir das nächste Problem. Erst als sie mir den Preis, umgerechnet in Euro, auf einen Zettel schrieb, machte sich bei mir Erleichterung breit. Das Zimmer kostete 2,50 Euro, und die hatte ich noch in klein in meiner Lenkertasche. Ich hatte zwar keine Ahnung, ob sie mit dem Kleingeld in der Ukraine jemals etwas anfangen können würde, aber sie war glücklich, und ich war es auch, denn wenig später machte Petrus seine Schleusen auf, und es begann sintflutartig zu regnen. Am nächsten und letzten Tag vor dem Schwarzen Meer war dann wieder Kaiserwetter. Nach einem sehr steilen, langen Anstieg ging es gleichmäßig und stetig leicht den Berg runter, bis ich die Stadt Odessa erreichte. Die Landschaft war sagenhaft. Meine Blicke schweiften über saftige, grüne Wiesen und das Ufer eines Sees, der vor der Stadt lag. Ungeduldig radelte ich durch eine lange Vorstadt und durch das Zentrum, bis ich am Ufer des Schwarzen Meeres stand. Noch bevor ich eine Unterkunft hatte, wollte ich es sehen, und es enttäuschte mich nicht. Ich war so stolz auf meine Leistung, dass es mir zum ersten Mal die Tränen in die Augen drückte. Überwältigt vom Anblick des Meeres stand ich einige Minuten regungslos da und genoss den Moment, bis mich von hinten eine junge Frau ansprach und mich aus meinen Gedanken an zu Hause, aus meinen Emotionen riss.

Sie interessierte sich sehr dafür, wo ich mit meinem bepackten Rad herkam. Nachdem wir uns einige Zeit unterhalten hatten, bat ich sie, noch ein paar Bilder von mir und meinem Rad vor dem Hintergrund des Schwarzen Meers zu machen. Das tat sie gern. Als wir uns verabschiedeten, fragte sie mich, ob sie mich einmal berühren dürfe, da sie in ihrem Leben noch nie einen Menschen kennengelernt habe, der so eine Reise machte. Geschmeichelt sagte ich ja, sie legte ihre Hand auf meine Schulter, und im selben Moment spürte ich selbst, dass ich hier etwas total Verrücktes durchzog. Gleichzeitig hatte ich von nun an aber tatsächlich das Gefühl, dass ich kein Fahrradgreenhorn mehr war, sondern mir mein Reiseplan auch abgenommen wurde, nicht wie zu Beginn, als ich ständig nur ein leichtes Lächeln erntete, wenn ich darüber sprach. Dann zog ich weiter. Die Uferpromenade war perfekt. Ein riesiger Park entlang des Ufers führte mich auf einem guten Radweg schließlich zu einem Hostel, wo ich mich für die nächsten drei Tage einmietete.

Sicher war die Zahl der Übernachtungen nicht, da ich ja noch kein Ticket für die Überfahrt mit der Fähre nach Georgien hatte. Darum kümmerte ich mich gleich am nächsten Tag.

Im Internet schaute ich nach, wo ich das Ticket für die Überfahrt nach Batumi (Georgien) kaufen konnte. Das Büro der Reederei befand sich auf der anderen Seite der Stadt. So konnte ich auch gleich mit meinem Rad die Stadt erkunden. Es war das erste Mal, dass ich ohne Gepäck in einer Stadt unterwegs war, und ich musste feststellen, dass das eine Supersache war. Ich kam schnell und unkompliziert an jeden Ort, den ich sehen wollte, und es kostete mich keinen Cent.

Das Büro der Reederei fand ich sehr schnell mit Hilfe meiner Navi-App, die ich immer besser beherrschte. Problematischer stellte sich der Kauf des Tickets dar, da der Beamte als Zahlungsmittel nur die ukrainische Hrywnja anerkannte, ein Wort, das ich bis zum Tag meiner Ausreise aus der Ukraine nicht einmal fehlerfrei aussprechen konnte. Leider hatte ich nicht mehr so viel und musste zu einer Bank, um umzutauschen. 4350 Hrywnja, ungefähr 140 Euro, kostete mich das Ticket. Bei dieser Aktion hatte ich die größte Angst, dass der gute Mann vielleicht inzwischen Feierabend machen würde, denn es war Freitagmittag, und die Fähre legte am Sonntagmittag ab. Wann die nächste Fähre ging, konnte er mir nicht sagen. Als ich mit dem nötigen Cash ankam, saß er zu meiner Erleichterung noch an seinem Platz und verkaufte mir das begehrte Ticket.

Er erklärte mir das Eincheckprozedere genau und hatte dazu Bilder auf seinem PC gespeichert, von den einzelnen Häusern, wo ich mich melden sollte und die ich alle mit meinem Handy fotografieren musste. Zuerst fand ich es etwas lächerlich, es stellte sich aber am Sonntag als recht hilfreich heraus. Überglücklich, mit dem Ticket in der Hand, verließ ich das Gebäude und ging erst mal etwas Richtiges essen.

Den Nachmittag verbrachte ich in der Stadt, die zwei Gesichter hat. Zum einen ist die Altstadt mit ihren uralten und restaurierten Gebäuden wunderschön, im Zentrum befindet sich der prächtige Bahnhof mit umliegenden historischen Gebäuden, und fast an jeder Ecke gibt es groß angelegte Parks oder Grünanlagen mit tollen Abenteuerspielplätzen für Kinder. Zum anderen ist an der Uferpromenade eine Partymeile, die in mir den Verdacht weckte, ich sei am Ballermann. Los war aber um diese Jahreszeit noch nichts. Ich sah viele Männer und Frauen, die sich mit Putzen und Streichen auf die anstehende Saison vorbereiteten. In den Kneipen, die schon offen hatten, saßen vereinzelt ein paar Leute, bei denen sich die Stimmung noch in Grenzen hielt.

Den Abend ließ ich an einem Badestrand ausklingen. Ich hatte den Gedanken, Sotschi zu sehen, immer noch nicht ganz aufgegeben. Immerhin hatte ich ja ein russisches Visum in meinem Pass, das ich nur ungern verfallen lassen wollte. So verging die Zeit in der sehenswerten Stadt recht schnell. Sonntagmorgen war es so weit. Ich packte meine Sachen zusammen, die ich während meiner Zeit in Odessa gereinigt und zum Teil repariert hatte, verabschiedete mich von der Frau und dem Mann, die das Hostel leiteten, und erntete noch nebenbei von der Frau den Titel „Verrückter".

Ich fuhr die 5 km bis zum Fährhafen gemütlich, da ich jede Menge Zeit hatte. Ich wollte es nicht stressig haben, zumal ich die Ukrainer bis dahin in ihrer Vorgehensweise als etwas kompliziert empfunden hatte. Tatsächlich kam ich vor dem Fährhafen an die Kurve, die ich zuvor fotografieren musste, und auch das erste Gebäude, wo ich mich melden musste, tauchte nach wenigen Metern auf. Hier war der erste Check des Tickets und gleichzeitig Sammelpunkt für Passagiere, die ohne motorisiertes Fahrzeug auf die Fähre gingen. Als der Kleinbus für den Transfer kam, musste ich mich erst mal ordentlich wehren, weil der Fahrer mich und mein Rad auch noch in dieses kleine Vehikel reinquetschen wollte.

Die nächsten 500 m fuhr ich gerne und kam danach zur nächsten Kontrollstelle. Ticket, Pass und Gepäckkontrolle fanden in einem Gebäude statt, das man von außen eher als Lagerschuppen eingeschätzt hätte. Mein Gepäck wurde durchleuchtet und danach von einem Schäferhund beschnuppert. Alles klar, ich konnte durch einen schmalen Gang den Schuppen wieder verlassen und stand auf einem riesigen Vorplatz, auf dem sich ein Lkw an den anderen reihte.

Noch als ich daran dachte, ob ich jetzt wohl so einfach ohne Anweisung und Aufforderung zur Fähre fahren konnte, kam ein riesiger Schaufellader mit einer noch riesigeren, alten, rostigen Schaufel dran. Der Fahrer gab mir durch Handzeichen zu verstehen, dass ich mein Rad mitsamt dem Gepäck in die Schaufel legen sollte. Normalerweise hätte ich ihm den Vogel gezeigt, was in diesem Fall natürlich nicht angebracht war.

Ich wiederum machte ihm mit Gestik klar, dass ich das auf keinen Fall machen würde. So einigten wir uns darauf, dass er vor mir herfuhr und ich ihm folgte. Er brachte mich bis kurz vors Schiff, wo ich nun zwischen den Riesen der Landstraße stand und auf ein Zeichen der Schiffsbesatzung wartete, dass ich einfahren konnte.

Es dauerte nicht lange und einer der Fährleute winkte mir hektisch zu, was wohl heißen sollte: „Gib Gas mit deinem Rad, wir haben noch andere, die aufs Schiff wollen." Ich schob mein Rad über die ausgefahrenen, aber stabilen Dielen, die Spalten hatten, durch die mein Fahrrad fast fallen konnte, ins Schiff. Einer wies mir einen Platz in der Nähe des Aufzugs zu und machte mir klar, dass ich mein Gefährt gut festzurren solle. Ich bezog meine Kabine, die ich als einer der Ersten auf dem Schiff noch leer vorfand.

Als ich von einem ersten Bordrundgang zurück zur Kabine kam, hatte sich jedoch noch ein sehr dicker georgischer Trucker in der Kabine einquartiert. Er gab mir freundlich zu verstehen, dass er mit seiner Figur auf gar keinen Fall in den 2. Stock des Etagenbettes komme, was ich auch anstandslos akzeptierte. Er war ansonsten nicht sehr gesprächig, und das waren auch so ziemlich die einzigen Worte, die wir auf der zweitägigen Überfahrt miteinander redeten.

Das Schiff verfügte nicht über sehr viele Ablenkungsmöglichkeiten. So fand ich mich in der kleinen Bar wieder, die sich am Rande des Raumes lag, wo die Mahlzeiten zu genau festgelegten Zeiten eingenommen wurden.

An dieser Bar deckten sich auch die ganzen Trucker, die nach und nach eintrudelten, mit sehr viel und starkem Alkohol ein, den sie aber überwiegend in ihren Kabinen konsumierten. Unter allen Passagieren, mindestens 97 % von ihnen Lkw-Fahrer, waren aber auch ein paar Weltenbummler, die sich nach und nach ebenfalls an der Theke der Bar einfanden.

Ein guter Zeitpunkt, um sich kennenzulernen, und ich musste feststellen, dass nicht nur ich einen verrückten Traum lebte. Da war zum einen eine junge Frau, die sich irgendwo in Sibirien ein Pferd mieten oder kaufen wollte, um damit um einen großen See zu reiten, zwei junge Kerls, die schon seit Jahren ihren Urlaub damit verbrachten, in großen Städten im Osten die Fußballstadien zu besichtigen, ein älteres Ehepaar aus Kanada, das drei Monate im Jahr in der Weltgeschichte rumreiste und last, but not least ein weiteres älteres Ehepaar, das mit dem Wohnmobil wohl schon den ganzen Osten einschließlich Orient bereist hatte. Also, für Gesprächsstoff war gesorgt, und so bemerkten wir gar nicht, wie die Leinen gelöst wurden und sich das Schiff langsam vom Festland in die mittlerweile dunkle Nacht hinaus ins Schwarze Meer schob.

Ukraine ade, Georgien, ich komme …

Dorfleben in der Ukraine.

Angekommen in Kiew.

Endlos lange Straßen mit ordentlichen Steigungen.

Geschafft. Ankunft in Odessa am Schwarzen Meer.

Auffahrt zur Fähre nach Batumi (Georgien).

KAPITEL 9

WUNDERSCHÖNES GEORGIEN

Das Schiff, auf dem ich das Schwarze Meer überquerte, hatte den sehr deutschen Namen „Greifswald", was mich wunderte. Deshalb stellte ich Recherchen an.

Die Greifswald wurde in Rostock 1988 gebaut und war zunächst als Eisenbahnfähre zwischen der ehemaligen DDR und der Sowjetunion in der Ostsee eingesetzt. 1994 wurde die Fährverbindung eingestellt, da es die DDR nicht mehr gab. So wurde das Schiff umgebaut und ans Schwarze Meer verlegt, was mir zugutekam, da auf dem Schiff alles in Deutsch angeschrieben stand. Die Überfahrt war ruhig und entspannend, es gab ja mit den anderen Weltenbummlern genügend zu besprechen. An Bord ging es eher etwas militärisch zu, zumindest was die Essenszeiten betraf, die lautstark über alle Bordlautsprecher durchgegeben wurden.

Ein Zuspätkommen hatte zur Folge, dass dieses Essen an dir vorüberging, da nichts nachgereicht wurde. Das machte mir aber nichts aus, weil ich ja eh nichts anderes zu tun hatte. Meine Reiseberichte und Tageseintragungen waren auf dem Laufenden, und WLAN gab es an Bord nicht. Während der Zeit auf der Fähre hatte ich also keine Verbindung nach Hause.

Das Schiff fuhr am ersten Morgen ziemlich dicht an der Halbinsel Krim vorbei, und in mir wurden wieder die Gedanken wach, wie es wohl wäre, wenn ich jetzt über die Krim radeln würde.

Wenn, wenn wenn, ich befand mich jetzt aber auf der Fähre nach Batumi (Georgien) mit ca. 100 Lkw-Fahrern, die gerne ein Gläschen zu sich nahmen, einem Haufen Eisenbahnwaggons und 2 Händen voll Weltenbummlern. So verging der 2. Abend an Bord eigentlich auch recht schnell. Mit meinem Zimmerkollegen hatte ich ebenfalls keine Probleme, und ich schaute gespannt der Ankunft in Georgien entgegen.

Am Mittag des 2. Tages standen so ziemlich alle Reisenden an Deck und hielten Ausschau nach Delfinen, die sich von Zeit zu Zeit mit einem kräftigen Sprung aus dem Wasser zeigten. Gleichzeitig suchte aber auch jeder ungeduldig den Horizont nach den ersten Umrissen von Georgien ab. Von weitem müsste man es eigentlich sehen können, dachten wir, da rechts in Fahrtrichtung der kleine und links der große Kaukasus mit seinen über 5500 m hohen Bergen lag.

Am Spätnachmittag war es dann so weit. Nach ca. 40 Stunden auf dem Schwarzen Meer wurden die ersten Umrisse der Berge sichtbar und wenig später die ersten hohen Gebäude der Stadt Batumi. Als wir der Stadt und dem Hafen immer näher kamen, war ich doch etwas irritiert. Eine solche Skyline hatte ich hier nicht erwartet. Sehr viele Hochhäuser prägten den Anblick dieser Stadt, und wer vermutet, dass es sich um normale Wohnsilos handelte, der liegt falsch. Architektonische Leckerbissen machten unter den Augen der Erstbesucher dieser Stadt ihre Aufwartung. Erst später bekam ich mit, dass diese Stadt auch den Beinamen „Dubai des Schwarzen Meeres“ trägt. Die Einfahrt in den Hafen dauerte eine kleine Ewigkeit, oder es kam mir nur so vor. Es wurde langsam Abend, und ich hatte noch keine Unterkunft, keine Ahnung also, wo ich heute Nacht schlafen würde.

Als das Schiff endlich festgemacht hatte, begann das übliche Prozedere. Die Zollbeamten kamen an Bord und hatten in der Messe ihre Laptops aufgebaut. Die Lkw-Fahrer versuchten sich vorzudrängeln, doch der Zoll nahm zu meiner Freude zunächst alle anderen Passagiere dran. Ebenfalls zu meiner Freude gab es keine Gepäckkontrolle, ein kurzes Gespräch über Sinn und Zweck des Aufenthaltes, und schon war der Stempel von Georgien in meinem Pass, gefolgt von dem freundlichen Spruch der Grenzbeamtin: „Welcome to Georgia."

Ich fuhr mit dem Aufzug runter zur Transportebene und erschrak erstmal. Als ich in Odessa mein Rad an eine dicke Leitung gebunden hatte, war die Ladeebene noch vollkommen leer gewesen.

Nun war der ganze Platz voll mit Eisenbahnwaggons, die nur einen minimalen Abstand zur Außenwand hatten. Fahrrad bepacken und rausfahren oder schieben, das ging nicht. Also alles einzeln vortragen. Die Laderampe war jedoch noch nicht runtergefahren, und so packte ich schon mal alles auf mein Rad und wartete, bis sich etwas bewegte. Es tat sich aber nichts, und mich und das Festland trennten ca. 80 cm Höhenunterschied und ein Schritt. Also nahm ich es selbst in die Hand, stellte mich auf die Rampe und zog mein vollbepacktes Rad alleine über dieses letzte Hindernis. Die daneben stehenden Hafenarbeiter machten nicht den Anschein, als wollten sie mir helfen. Schweißgebadet hatte ich es geschafft und fuhr immer noch etwas verunsichert aus dem Hafengelände. War es das wirklich, ganz ohne Gepäckkontrolle und ohne weitere Grenzkontrolle? Es war so und mittlerweile bereits 22 Uhr.

Ideale Zeit, um in einer großen, fremden Stadt ein Zimmer zu suchen.

Die Hafengegend stellte sich nicht gerade freundlich und einladend dar. Dunkle Gestalten standen auf der Straße herum, und an den Häusern nagte schon schwer der Zahn der Zeit. Dieses Bild passte so gar nicht zu dem Anblick der Skyline, den ich vom Schiff aus gehabt hatte. Schließlich kam ich dann aber doch an ein ordentlich aussehendes, kleines Hotel und mietete mich für die nächsten 3 Tage ein.

Der folgende Morgen warf ein besseres Bild auf diese Stadt und auf das neue Land, in dem ich mich befand. Ich zog zu Fuß los, um mir die Stadt anzusehen, die vom Schiff aus so viel versprochen hatte. Ich war angenehm davon überrascht, was ich vorfand. Schöne Gebäude, eine unwahrscheinlich lange und breite, sehr schön angelegte Uferpromenade, die jede Art von Freizeitsport möglich machte. Die Restaurants boten sehr gute, deftige, georgische Speisen an, und das Leben schien in diesem Land nicht viel von dem unseren abzuweichen. Den Plan, doch noch nach Sotschi zu kommen, hatte ich noch immer im Hinterkopf. Deshalb ging ich in eines der Tourist-Info-Büros, die es hier in reichlicher Zahl gab, und genau hier und an diesem Morgen erfuhr ich, warum meine Entscheidung in der Ukraine, nicht über die Krim zu fahren, richtig gewesen war.

Hier in Batumi gab es 3 Möglichkeiten, nach Sotschi zu kommen.

1. Ich konnte mit der Schnellfähre von Batumi nach Sotschi fahren. Das wäre auch recht günstig und schnell gewesen. Dieser Fährbetrieb war aber schon vor einiger Zeit wegen politischer Spannungen mit Russland eingestellt worden. Das Schiff liege aufgebockt im Hafen, wurde mir erklärt, was ich später noch sehen konnte.
2. Ich konnte nach Sotschi fliegen. Um darüber Infos zu bekommen, fuhr ich mit dem Rad extra raus zum Flughafen und musste erfahren, dass es keinen Direktflug gab und dass der Flug ins ca. 300 km entfernte Sotschi mich 650 Euro gekostet hätte. Dies war es mir nicht wert, und so blieb nur noch die letzte Möglichkeit.
3. Ich konnte mit dem Rad an der Küste entlangfahren.

Von hier an begann dann die große, politische Aufklärungsstunde. Die nette Dame erklärte mir, dass zwischen Batumi und Sotschi der kleine Staat Abchasien liegt, der eigentlich zu Georgien gehört, aber lieber autonom sein möchte. Völkerrechtlich wird Abchasien von nicht vielen Ländern dieser

Erde als eigener Staat anerkannt. Wie auch immer, für mich
war die Sache aber so, dass, wenn ich über diesen Landstrei-
fen gefahren wäre, ob jetzt von Batumi aus oder von der Krim
kommend, mir Georgien bei meiner Rückkehr die Einreise
verweigert hätte. Also, alles richtig gemacht. Georgien war
mir wichtig, da ich ja Ende des Monats meinen Freund Peter
in Tiflis treffen wollte, und das wäre anderenfalls gründlich
in die Hose gegangen.

Nun hatte ich Hausaufgaben zu erledigen. Ich war nur runde 400 km von Tiflis entfernt und hatte noch fast 4 Wochen
Zeit, bis Peter kam. Das war schon lange vor meiner Abfahrt
so besprochen und gebucht. Peter hatte gute Bekannte in Tiflis, die ihm versichert hatten: Wenn dein Kollege mit dem Rad
nach Tiflis kommt, dann gibt es ein großes georgisches Fest.
Aber was sollte ich so lange machen? Für die 400 km hätte ich
trotz der Berge maximal 5 Tage gebraucht. Es musste also eine
Ausweichroute her. In die benachbarte Türkei wollte ich nicht
fahren, und in den im Osten liegenden großen Kaukasus zog
es mich auch nicht wirklich. Also blieb nur Armenien übrig,
wofür ich mich dann auch entschied. Mein neues Ziel für die
nächsten drei Wochen war geboren. Von Batumi durch den
kleinen Kaukasus nach Jerewan in Armenien, von dort aus
an den Sevansee, der am Rande von Bergkarabach liegt, und
schließlich wieder zurück nach Georgien in die Hauptstadt
Tiflis. Nachdem dies feststand, verbrachte ich noch ein paar
erholsame Stunden in der interessanten Stadt Batumi, in der
es viel zu sehen gab.

Am Morgen des 10. 5. machte ich mich dann also bei herrlichem Wetter wieder auf den Weg, der mich durch ein stetig an-
steigendes Tal in Richtung Goderdzi-Pass führte. Ich genoss die
wunderschöne Landschaft, die hier schon kräftig im Frühjahrs-
modus war. Die Bäume blühten herrlich, und die Wiesen waren
saftiggrün. Die ländliche Gegend war erwartungsgemäß nicht
ganz so fortschrittlich wie Batumi, und je näher ich dem Pass
kam, desto ärmlicher wurde es.

Noch am Fuß des Passes kam ich durch ein kleines Dorf, in dem ich drei alte Männer auf der Dorfbank vor dem Rathaus antraf. Sie baten mich, bei ihnen zu rasten, und ich hatte wieder einmal Glück. Einer von ihnen hatte früher über 20 Jahre in Deutschland gearbeitet und sprach sehr gut Deutsch. Sie waren sehr freundlich und interessiert an meiner Reise. Ich unterhielt mich gut eine halbe Stunde mit den dreien, von denen einer christlichen und zwei muslimischen Glaubens waren. Mir wurde aber versichert, dass das in dieser Gegend hervorragend klappe, worin sich alle einig waren. Worin sie sich nicht einig waren, war die Entfernung zur Passhöhe. Während die Muslime meinten, dass es noch 15 km so steil den Berg hoch gehe, glaubte der Christ an 14 km.

Eine Aussage, die mich nicht glücklicher machte, da ich bis zu diesem Ort mein Fahrrad eher schob, weil die Steigung ein Fahren nicht immer möglich machte. Außerdem konnte man die Straße von nun an auch nicht mehr als Straße bezeichnen. Die harten Winter in dieser Gegend hatten den ehemals asphaltierten Belag zerfressen und aufgesprengt. Vom Asphalt war nur noch schemenhaft etwas zu sehen.

Weiter ging es nach dieser schönen Begegnung mit Einheimischen, und der Weg wurde immer steiler. Schließlich kam ich an einem Skigebiet vorbei, wo gerade für überwiegend reiche, russische Gäste ein komplett neues Dorf mit Liftanlagen und allem Drum und Dran aus dem Boden gestampft wurde. Ich erzählte dies später einem Georgier und glaubte nicht, dass reiche Russen auf dieser Straße zu dem Skigebiet fahren würden. Er erklärte mir, dass die alle mit dem Hubschrauber kämen, was natürlich wiederum Sinn machte.

Ab hier gab es dann auch kein ordentliches Flussbett mehr. Das Schmelzwasser, das in Strömen den Berg runterkam, suchte sich seinen Weg selbst, und das war oft der Weg, auf dem ich mein Fahrrad schob. An zwei Stellen war es so steil, dass ich mein Gepäck abschnallen musste, hochtragen und dann das Fahrrad holen. Endlich war es geschafft. Inmitten von schnell abtauenden Schneemengen stand ich am Gipfelwegweiser und konnte lesen, dass ich mich von 0 auf 2025 m Höhe gekämpft hatte. Ein Schrei der Erleichterung, aber auch ausgelöst von anderen Emotionen, ging durch meine Kehle. Bei herrlichem Wetter und sagenhafter Weitsicht genoss ich den Blick, den ich bis zum großen Kaukasus hatte.

Dann die Abfahrt, den Lohn für den stundenlangen Anstieg abholen! Leider war die Straße auf der Seite des Berges nicht wirklich besser, und ein vorsichtiges und konzentriertes Abfahren war angesagt. Auf der anderen Seite traf ich ein Pärchen, das mit dem Motorrad von Deutschland aus hier war. Die beiden bereiteten mich auf zwei Bachüberquerungen vor. Die hatte ich mir allerdings nicht so vorgestellt, wie ich sie dann wenig später vorfand. Das Schmelzwasser kam links vom Berg runter, überquerte den Weg in einer Höhe von ca. 30 cm und stürzte neben dem Weg ins Tal. Keine Chance, diese Stellen trockenen Fußes zu überqueren. Also, Zähne zusammenbeißen, mit dem Fahrrad durchrennen und aufpassen, dass ich nicht im losen Kies stecken blieb.

Es funktionierte, auch wenn diese halbe Minute, die es dauerte, ausreichte, um meine Füße fast taub zu machen. Das Wasser war derartig kalt, dass ich die nächste Stunde meine Füße nicht mehr spürte. Bevor ich am Abend bei Leuten in einem Städtchen privat unterkam, traf ich noch einen Thailänder, der mit seinem Fahrrad unterwegs zum Nordkap war. Er konnte schon 5 Monate Reisezeit vorweisen. Schade, dass es noch zu früh war zum Übernachten. Er wollte noch mindestens hoch zum Pass, sonst hätten wir an Ort und Stelle zusammen gecampt.

Auf meiner weiteren Route sah ich dann die Schmelzwasserbäche zu einem enormen Fluss anwachsen, Wasser, auf das ich auf meiner weiteren Strecke immer wieder einmal traf, bis es als Fluss Kura ins Kaspische Meer floss. Weiter ging die Reise durch die georgischen Städte Aspindza und Ninotsminda. Das waren auch gleichzeitig die letzten vor Armenien.

Ninotsminda lag bereits wieder auf 1930 m Höhe und war mit ordentlichem Gegenwind im Hochland eine weitere sportliche Herausforderung. Oft musste ich lange nach einem halbwegs windstillen Platz suchen, um mir mein Mittagessen mit meinem Gaskocher zuzubereiten. Zudem war der Wind auch wieder etwas frischer geworden. Die Bäume wurden mittlerweile mein Höhenmesser. An ihnen konnte ich jetzt erkennen, auf was für einer ungefähren Höhe ich mich befand. Das Leben hier oben war von Armut geprägt, doch die Leute machten mit dem, was sie hatten, einen recht zufriedenen Eindruck.

Der letzte Morgen, den ich noch zum Teil in Georgien hatte, brachte mich aber dann doch auf den Gedanken, dass ich nun am Ende der Welt angelangt war. Eine Straße, wie ich sie noch nicht erlebt hatte, führte zur höchstgelegenen Grenze meiner bisherigen Reise. Auf dieser Straße, die Löcher und Mulden hatte, in denen ganze Autos verschwanden, quälten sich schwer beladene Sattelzüge, die beim Durchfahren der Löcher auseinanderzubrechen drohten. Es war unglaublich, das mit anzusehen, und meine Hoffnung bestand darin, dass es nach der Grenze wieder besser weitergehen würde. Das Grenzgebäude war in dieser Hochebene von weitem zu sehen und machte im Gegensatz zu den Häusern der Umgebung einen recht ordentlichen Eindruck. Der Grenzer blickte mich in seinem Häuschen erstaunt an, als er mich mit meinem Rad kommen sah. Nach den üblichen Fragen ließ er mich aber anstandslos passieren, da ich nach Armenien visumfrei einreisen durfte. Ich befand mich auf über 2000 m Höhe und in meinem 7. Land.

Ankunft in Batumi (Georgien).

Passhöhe Goderdzi.

Die Landschaft in Georgien ist fast unschlagbar.

Nicht weit von der Grenze zu Armenien (aber auch zur Türkei).

KAPITEL 10

ARMENIEN, KLEIN UND STOLZ

Armenien ist nicht besonders groß und ich denke, auch nicht besonders reich. Das machte sich gleich nach der hochgelegenen Grenzstation bemerkbar. Die Straßen waren zwar etwas besser, sie als gut zu beschreiben, wäre aber übertrieben. Mein Weg führte mich über die Stadt Gyumri nach Jerewan, die Hauptstadt von Armenien. Gyumri war die erste Stadt, die ich nach der Grenze erreichte, und ich war sehr begeistert vom Stadtkern. Schöne Plätze, Einkaufsmeilen und Kneipen luden mich ein, hier nach den anstrengenden Bergetappen einen Tag Pause zu machen. Mit der Zeit hatte ich kein Problem, ich lag meinem Zeitplan bereits wieder voraus. Das Wetter war schön, und ich fand ein gutes Bett mitten im Zentrum.

Diesen Tag genoss ich sehr, und obwohl ich eigentlich nicht unbedingt ein Museumsfan bin, schaute ich mir ein Museum über Geschichte und Brauchtum der Armenier an. Es war sehr interessant, zumal weit ab von meiner Heimat sogar eine Singer-Nähmaschine ausgestellt war.

Die Fahrt nach Jerewan war dann eigentlich eher eine Abfahrt. Ein paar kleinere Anstiege und schon ging es zügig voran in die Hauptstadt. Da es noch recht früh am Tag war, als ich mitten im Zentrum stand, gab ich mir nur eine halbe Stunde Mittagspause und fuhr danach noch einige Kilometer in Richtung Sevansee, um schon ein paar Höhenmeter hinter mir zu haben. Jerewan liegt etwa 1000 m tiefer als der Sevansee. Nach weiteren 15 km steil bergauf war die Luft raus, und ich nahm mir in einer Pension ein Zimmer. Schließlich wollte ich mir am nächsten Tag die Hauptstadt ansehen und musste das Ganze ja zurückfahren. Die Besichtigungsfahrt mit dem Rad war dann eher wieder ein Trainingstag. Zwar ging es in die Stadt nur bergab, dafür bestand das Stadtgebiet aus mehreren Schluchten und Hügeln.

Einen ebenen Fleck gab es nur im Regierungsviertel, wo man auch die schönsten Plätze und Gebäude besichtigen konnte. Auffallend war, dass die Geschäfte und die Gastronomie hier am Morgen sehr schleppend in die Gänge kamen. Es war bereits 11 Uhr, bis sich die Stadt langsam zu füllen anfing. Da war ich schon fast fertig mit meiner Besichtigung. Am Mittag traf ich dann noch eine schwäbische Reisegruppe, die mir fast nicht glauben wollte, dass ich mit dem Rad hier war.

Zurück in meiner Unterkunft verpflegte ich mich mit einem Vesper auf meinem Zimmer und verfolgte per WhatsApp, wie Bayern zum wiederholten Male Deutscher Meister wurde.

Dann ging es weiter an den Sevansee. Es hatte in der Stadt einen ersten heißen Tag mit 30 Grad gegeben, und diese Wärme spürte man immer noch.

Je höher ich aber kam, desto kühler wurde es, und das Wetter schlug um. Als ich am Mittag den Sevanseee erreichte, war es noch schön, obwohl vom Westen her dicke Wolken heranflogen.

Die Suche nach einem Zimmer verlief schnell. Die meisten Hotels am See hatten noch geschlossen, da um diese Jahreszeit noch nicht viel los war. Also musste ich nehmen, was ich bekam. Eigentlich kein Problem, aber die Unterkunft war mitten in der Pampa, und meine Vorräte waren aufgebraucht. Als ich mir etwas besorgen gehen wollte, begann es zu regnen, wie ich es lange nicht gesehen hatte. Daher war Zimmerparty angesagt, mit einem kleinen Pack Nudeln, einer kleinen Dose Soßenkonzentrat und drei Bier, die ich an der Rezeption ergattern konnte.

Nach dem Essen versorgte ich noch meine Schürfwunden, die ich mir bei einem leichten Sturz beim Überqueren einer Fahrbahn zugezogen hatte, ein blöder Sturz, den ich mir leicht hätte ersparen können. Ich wollte schnell über eine zwei- spurige, vielbefahrene Straße kommen, schob mein Rad kräftig an und wollte dann elegant aufs Rad springen. Dabei blieb ich mit meinem rechten Bein an meiner Gepäckrolle hängen und fiel nach links auf die Straße. Das muss lustig ausgesehen haben, mir tat es aber sehr weh. Die vorbeifahrenden Autos nahmen von mir wenig Notiz, als ich da, bedeckt mit meinem eigenen Rad, mitten auf der rechten Fahrbahn lag.

Nun, Gott sei Dank war nicht mehr passiert, und mit den paar Schürfwunden, die ich an Knie, Oberschenkel und Ellenbogen hatte, konnte ich gut leben.

Am nächsten Morgen war dringend Geldwechseln angesagt. Leider schüttete es immer noch wie aus Eimern, und zum ersten Mal zog ich meine komplette Regenkleidung an, um halbwegs trocken ins 5 km entfernte Städtchen Sevan zu kommen. Dort betrat ich eine Bank, in der ca. 50 Leute vor den Schaltern warteten. Als ich eintrat, war es, als ob in den Wildwest-Filmen ein Fremder einen Saloon betritt. Auf einmal war alles still, und unzählige Augen wurden auf mich gerichtet.

Wow, dachte ich, *das kann ja hier eine Zeit lang dauern*. Doch als sich die Leute wieder ihren Tagesgesprächen widmeten, sprach mich ein Mann an, ob ich Geld wechseln wolle. Ah, ich hatte einen kleinen Hellseher getroffen. Er erklärte mir, dass sich der Schalter zum Geldwechseln ganz hinten befinde. Das war ein hilfreicher Hinweis, und so war mein Problem mit dem Geld schnell gelöst, da ich der Einzige war, der Geld wechseln wollte.

Das Problem mit dem Regen war jedoch noch nicht gelöst. Aber ich dachte mir, dass mich so ein Regentag auf keinen Fall aus dem Gleichgewicht bringen konnte, und radelte weiter in der

Hoffnung auf Wetterbesserung. Ich hatte mir vorgenommen, in drei Etappen um den See zu fahren. 220 km lagen vor mir, die geprägt von Regen, starkem Gegenwind und wenig Sonnenschein waren. Der See und die Landschaft drumherum standen unter Naturschutz, und ich vermutete ein sauberes Ufer und Umland. Leider war das nicht der Fall. Was die Armenier unter Naturschutz verstehen, bleibt für mich ein Geheimnis. Nur zu oft kam ich an Uferstellen vorbei, an denen Unmengen von Treibgut und abgeladenem Müll, bestehend aus Plastikflaschen und sonstigem Unrat, zu sehen war. Die kleinen Ortschaften rund um den See machten einen ärmlichen Eindruck. Die einzige Einnahmequelle schien hier der Tourismus zu sein, der aber, bedingt durch die hohe Lage des Sees, nur einen kurzen Zeitraum im Jahreskalender stattfinden kann.

Nach einer erstklassigen und einer furchtbaren Übernachtung kam ich am 3. Tag der Umrundung mit gemischten Gefühlen wieder in Sevan an. Es ist eigentlich ein sehr schöner See, der wirklich sehenswert ist. Jedoch könnte hier viel mehr gemacht werden, wenn man wollte. Vor allem müsste die Vermüllung unter Strafe gestellt werden, um dieses Naturschutzgebiet attraktiv zu halten.

Am Morgen des 23. 5. 2019 trat ich dann wieder in die Pedale und nahm die letzten 270 km durch die Berge des kleinen Kaukasus nach Tiflis in Angriff. Eine steinige, unbewaldete Berglandschaft war auf dieser Höhe mein Begleiter, doch alles andere als uninteressant.

Das Wetter besserte sich, und nur abends, wenn ich meine Tagesziele erreicht hatte, begann es meist zu regnen. An Wasser konnte hier kein Mangel sein. Aus allen Ritzen der Berge sprudelten Quellen und Bäche. Die Strecke war sehr schön, und die Leute waren nett. Einzige negative Erfahrung, die ich machte, waren zwei Tunnels mit einer Länge von ca. 2 km, die ich durchfahren musste. Beide Tunnels waren unbeleuchtet und hatten keinen Zentimeter Platz zwischen Fahrbahn und Tunnelwand. An der Einfahrt standen zwei Tunnelwächter, die penibel meine Beleuchtung kontrollierten. Die zwei hätte ich eigentlich nicht gebraucht, denn unbeleuchtet wäre ich niemals durch diese Tunnels gefahren. Stattdessen hätte ich so lange gewartet, bis mich ein Lkw mitgenommen hätte. Es war auch mit meiner Beleuchtung ein Himmelfahrtskommando, das ich mit Angstschweiß gottlob gut überstanden habe. Zum Glück ging es in beiden Tunnels leicht bergab, und so konnte ich den hinter mir fahrenden, uralten Lkw gut vorausfahren.

Am letzten Abend in Armenien übernachtete ich nochmals in einem kleinen Dorf unweit der Grenze zu Georgien bei einer netten Familie. Der Sohn des Hauses hatte aus sämtlichen Materialien, die es gab, zumeist Schrott, verschiedene Zimmer auf dem riesigen Grundstück, das er sein Eigen nannte, gebastelt. Ich war begeistert von seinen Ideen und seiner Kreativität, wenn auch alles noch nicht fertig war. Eigentlich war es ein Chaos, das noch sehr viel Arbeit brauchte. Zudem unterhielt er einen kleinen Streichelzoo mit unzähligen Tieren, was von den Einheimischen an den Wochenenden gerne angenommen wurde.

Der Abend war eine Bereicherung für mich, da ich den Stolz dieser Menschen auf ihr Land kennenlernen konnte. Aus nichts etwas machen, darin liegt unter anderem ihre Stärke. Ich unterhielt mich noch sehr lange mit Hovik, mit dem ich auch heute noch per WhatsApp in Kontakt stehe.

Der nächste Tag brachte mich dann wieder zurück nach Georgien. Auf einer wunderschönen, neuen Straße fuhr ich bis zur Grenze, die ich am 25. 5. 2019 gegen 11 Uhr überquerte. Mein Endziel hieß Bolnisi, die letzte Station vor Tiflis.

Danke, Armenien, für ein paar wunderbare Tage in diesem kleinen, aber schönen Land.

*In der Hochebene zwischen Georgien und Armenien
bist du mit dem Pferd oft besser dran.*

KAPITEL 11

ZURÜCK IN GEORGIEN

Während ich auf der armenischen Seite noch eine wunderbare Straße gehabt hatte, bekam ich auf der georgischen Seite eine Straße unter die Räder, die unter aller Sau war. Das ging 15 km so.

Für mich war es äußerst anstrengend. Mein Rad tat mir wieder einmal leid, und ich konnte es nicht fassen, dass ich mir auf diesen Straßen noch keinen Platten geholt hatte. Auch sonst spielten die Technik und das Material gut mit. Jetzt hatte ich nur noch das Problem, dass der Himmel hinter mir immer schwärzer wurde und ich mich sputen musste, um mein Ziel noch einigermaßen trocken zu erreichen. Kurz vor Bolnisi erwischte mich das Gewitter dann doch noch, und ich musste unter ein paar Bäumen Schutz suchen. Bis ich aber meine Regenkleidung anhatte, war das meiste schon wieder vorbei, und ich kam relativ trocken ans Ortsschild. Doch was war das? Unter dem Ortsnamen stand der Name „Katharinenfeld", kurz zuvor hatte ich auf einem Schild „Wein Route" gelesen, und das Hotel, das ich zum Übernachten fand, hieß „Deutsche Mühle". Das kam mir doch alles sehr deutsch vor. Ich fragte im Hotel nach, was es damit auf sich hatte. Der Leiter des Hotels sprach sehr gut Deutsch, da er in Deutschland studiert hatte und nun für seinen Cousin das Hotel managte. Er erklärte mir, dass ich ins Museum solle, dort würde die Leiterin mir alles erklären. Diesen Vorschlag nahm ich gerne an, und ich marschierte zum Museum hoch.

Dort kümmerte sich Nana, die Museumsleiterin, aufopfernd um mich. Sie erklärte mir die ganze Geschichte um die Entstehung von Bolnisi. Ich erfuhr ein 2. Mal von deutschen Auswanderern im Jahr 1818, wie zuvor schon in Ungarn. Sie waren Schwaben und wurden damals als gute Handwerker und Bauern von Katharina der Großen angeworben, um das Land um Tiflis zu besiedeln. Es kamen um die 1700 Menschen und ließen sich nieder. Da sie bald nicht mehr genug Land hatten, um ihre Familien zu ernähren, gründeten sie neue Kolonien, und so entstanden im Umland einige deutsche Siedlung. Sogar das heutige Old Tiflis wurde von Deutschen aufgebaut, damals ein Dorf, das irgendwann in die Hauptstadt hineinwuchs. Unter der Führung von Stalin wurden dann aber alle Deutschstämmigen vertrieben oder als Staatsfeinde nach Sibirien in Arbeitslager deportiert. Ja, das war ein lehrreicher Spätnachmittag, und mit einem guten Abendessen in der „Deutschen Mühle" ließ ich den Abend ausklingen. Da ein heftiges Gewitter das Internet lahmlegte, war an dem Abend für mich Schicht im Schacht. Ich schlief früh ein.

Nur noch wenige Kilometer trennten mich von Tiflis, das erste große Etappenziel, wo ich nach zwei Monaten zum ersten Mal wieder ein bekanntes Gesicht sehen konnte. Für Sie als Leser ist das vielleicht keine Besonderheit, für mich war es ein Großereignis. Nie zuvor in meinem Leben war ich so lange alleine gewesen, und mir kam es auch durch das lange alleine Radeln noch viel länger vor. Ich konnte es kaum erwarten, bis endlich mein Freund Peter aus Deutschland angeflogen kam. Doch zuvor hatte ich noch eine bergige Strecke zwischen Bolnisi und Tiflis zu bewältigen. Ich steckte mitten im kleinen Kaukasus, der täglich neue und schöne Landschaftsbilder lieferte.

Der letzte Anstieg vor Tiflis hatte es noch einmal in sich, aber oben angekommen lag eine lange, steile Abfahrt bis zur Stadtgrenze vor mir. Ein etwa 60 km/h schnelles Moped, das mich noch kurz vor dem Gipfel überholt hatte, überholte nun ich, so dass dem Fahrer sein Grinsen, das er im Gesicht hatte, entgleiste. Um ihn nicht vollständig zu demoralisieren, hielt ich in einer Kurve an, von wo man einen fantastischen Blick auf die Stadt hatte, um ein paar Fotos zu schießen.

Danach stellte sich das Suchen der Unterkunft, die ich schon gebucht hatte, wieder einmal als recht schwierig dar. Ich fuhr kreuz und quer durch den Stadtteil, in dem die Unterkunft sein sollte, fand jedoch nichts. Auch Ortskundige, die ich fragte, kannten das Haus nicht. So brach ich nach eineinhalb Stunden die Suche ab, zumal sich der Himmel wiederum verdunkelte. Es war Zeit für das alltägliche Nachmittagsgewitter, und es konnte jeden Moment zu regnen beginnen.

Etwas weiter in Richtung Stadtzentrum fand ich dann eine günstige Unterkunft in der ich nun 5 Tage verweilen konnte, bis Peter kam.

Als ich geduscht hatte, wütete ein sagenhaftes Gewitter vor der Tür, was einen ersten Stadtbummel ausschloss. Also verbrachte ich den Abend in meinem Zimmer und erlebte meinen ersten großen Tiefpunkt. Nach 3938 gefahrenen Kilometern und 27770 überwundenen Höhenmetern überkam mich das Heimweh. Ich wusste nicht, warum und konnte damit auch noch nicht umgehen. Es ist ein unbeschreibliches Gefühl, eine Mischung aus Trauer, Hoffnungslosigkeit, und dem Vermissen von allem.

Es treibt einem die Tränen in die Augen und ungeachtet des Erreichten ist man gewillt, alles abzubrechen, hinzuschmeißen, um wieder nach Hause zu gehen. In solchen Momenten ist es das Beste, zu schlafen und darauf zu hoffen, dass sich am Morgen die schwarzen Wolken im Kopf verzogen haben.

Tatsächlich war es so. Am nächsten Morgen erwartete mich ein stahlblauer Himmel mit angenehmen Temperaturen, was zur Stadtbesichtigung einlud. In den kommenden Tagen lernte ich wieder einmal, dass ab Ungarn die Hauptstädte der Länder nichts mit dem ärmlichen Landleben zu tun hatten.

Tiflis ist eine sehr, sehr prächtige Stadt mit wunderschönen alten Gebäuden, Plätzen, Parks und atemberaubenden architektonischen Neubauten. Die Gastronomie lässt keine Wünsche offen, und so hatte ich jede Menge zu erkunden. Die Zeit verging wie im Flug. Einen Tag reservierte ich mir noch für einen Besuch im Spaßbad am Tifliser See, außerhalb der Stadt. Dazwischen lag der Stadtteil Olympiaviertel, ein sehenswertes Viertel, das nagelneu aus dem Boden gestampft worden war. Auf der anderen Seite des Hügels, der die Stadt vom See trennte, legte sich ein Bild in meine Augen, das ich bis heute nicht aus meiner Erinnerung bekomme. So manches habe ich mittlerweile wahrscheinlich nicht mehr parat, aber dieses herrliche Bild einer Gegend vergisst du so schnell nicht. eine grüne Landschaft, mittendrin der See und ein Wetter für die Götter. „Traumhaft ist" ist noch untertrieben, und es ist auf jeden Fall die Anstrengung wert, mit dem Rad dort hinauszufahren.

Als ich dann am Spaßbad ankam, stellte sich heraus, dass es gut war, den Tag etwas gemütlicher anzugehen. Das Bad öffnete erst um 12 Uhr, was es mittlerweile auch schon war. Viel los war nicht, und so konnte ich die verschiedenen Becken im Innenbereich sehr gut nutzen. Die Außenbecken einschließlich der ganzen Rutschen waren alle noch geschlossen, und eine Mannschaft aus jungen Leuten war dabei, alles für die bevorstehende Sommersaison zu reinigen und herzurichten.

Da sehr schönes Wetter war, beschloss ich, meine wintergebleichte Haut ein wenig der Frühjahrssonne auszusetzen, zumal ich bis hierher überwiegend mit der kurzen Radlerhose gefahren war. Das zeigte sich nun in einem ganz schönen Unterschied der Hautfarbe zwischen oberem Teil der Schenkel und dem Rest der Beine.

Kurz gesagt, in der Badehose sah das unmöglich aus.

Allerdings hatte ich am Abend dann wieder das, was ich eigentlich jedes Frühjahr mitmache, einen kleinen Sonnenbrand, der ordentlich juckte. Da ich aber generell Sonnencreme ablehne, beziehungsweise eklig finde, nahm ich dies erneut in Kauf. Langsam musste ich mich ja daran gewöhnen. Ich wusste, dass ich von nun an in Richtung des asiatischen Sommers radelte und mit ganz anderen Temperaturen zu rechnen hatte.

Für die Abende alleine in Tiflis hatte ich in der Nachbarschaft ein nettes Restaurant ausfindig gemacht, in dem man hervorragend georgisch essen konnte. Es war ein Traditionsrestaurant, in dem auch jeden Abend Livemusik geboten wurde. Nicht das, was ich aus unseren Breitengraden kannte, nein, richtig georgische Musik, die mit viel Freude und Stolz dargeboten wurde.

Da ich, was die Musikrichtung betrifft, recht offen für vieles bin, hatte ich an dieser sehr taktvollen und lauten Musik auch meinen Gefallen, genauso wie die Georgier, die teilweise ihr Essen unterbrachen, um ein spontanes Tänzchen zwischen den Tischen einzulegen, mit oder ohne Partner.

Die schwarzen Wolken, die ich noch vor vier Tagen im Kopf hatte, hatten sich vollständig verzogen, und es war der Abend angebrochen, an dem die Ankunft von Peter bevorstand.

Peter hatte schon vor meiner Abreise ein Hotel gebucht, in das ich am Vormittag umgezogen war. Standesgemäß hatte er natürlich ein Haus rausgesucht, dessen Annehmlichkeiten sich durchaus sehen lassen konnten. Seit Budapest hatte ich so was nicht mehr von innen gesehen. Fast hätte ich die kleinen Krabbeltiere, an die ich mich mittlerweile schon gewöhnt hatte, vermisst. Auch kam aus der Wasserleitung anstandslos warmes Wasser, was sich für mich beinahe wie eine Neuerfindung anfühlte.

Auf 2 Uhr nachts hatte ich mir ein Taxi bestellt, das mich zum 30 km entfernten Flughafen brachte. Dort las ich auf der Anzeigetafel, dass der Flug eine gute Stunde Verspätung hatte. Zeit genug, um den Flughafen zu erkunden. In einer Kneipe nahe dem Ausgang, wo die Ankommenden herauskamen, machte ich es mir gemütlich und wartete geduldig auf meinen Kumpel.

Kurz nach 4 Uhr war es dann so weit. Peter kam durch den Ausgang und außer seinem kleinen Handgepäck und seinem Verdruss über die Verspätung hatte er einen mächtigen Durst.

Da ich mich schon in der nebenan liegenden Kneipe heimisch fühlte, gingen wir eben wieder da rein. Es gab jede Menge zu besprechen, und der aufmerksame Barmann hatte sehr schnell gelernt, was unser Fingerzeig bedeutete. Um 7.30 Uhr waren wir dann pünktlich im Hotel zum Frühstück und machten danach einen kleinen Schönheitsschlaf.

Am Mittag tauschten wir dann Kleidung aus, die mir Peter von zu Hause mitgebracht hatte. Vor allem freute ich mich aber auf den mitgebrachten Gürtel für meine Jeans. Ich trug sie zwar nicht oft, aber nach zwei Monaten hatte ich bereits einen enormen Gewichtsverlust erfahren. Ich hatte 15 kg abgenommen, und meine Hose hielt nicht mehr ohne Gürtel.

Abends waren wir dann von Peters Freunden zu einem echten, georgischen Abendessen eingeladen. Ich hatte schon viel davon gehört, freute mich darauf und lernte die Gastfreundschaft der Georgier kennen, von der es durchaus zu berichten wert ist.

Wir wurden gegen 17 Uhr abgeholt und fuhren auf einen Berg, wo es ein sehr schönes, großes Restaurant gab. Um unseren reservierten Tisch bemühten sich mehrere Kellner, und um die Speisen und Getränke mussten wir uns keine Gedanken machen. Dafür hatten wir unsere Gastgeber Vacho, Garni und Soso, drei Männer, die in den letzten Jahren ein kleines Imperium mit einer Art Drogeriekette aufgebaut hatten. Also, sie standen nicht auf dem finanziellen Level wie die Georgier, die ich bis jetzt kennenlernen konnte.

Es wurden traditionelle Gerichte aufgefahren, die ich zum Teil schon gesehen hatte, aber noch nie bestellen konnte, da ich nicht wusste, wie sie hießen.

Allesamt geschmacklich sagenhaft und nicht vorgelegt auf einem Teller, sondern in der Mitte des Tisches aufgestellt, damit man holen konnte, was man wollte. Auch die Trinkgewohnheiten waren etwas anders als die, die ich kannte.

Am Anfang des Abends wurde einer der Gastgeber zum Tamada bestimmt. Der Tamada ist an diesem Abend dafür zuständig, die unbedingt notwendigen Trinksprüche zu halten. Hierbei handelt es sich aber nicht wie bei uns in Deutschland um Trinksprüche wie „Zur Mitte zur …“ usw., sondern eher um ganze Geschichten und Danksagungen, die schon mal zwischen 5 und 10 Minuten dauern können. Dabei wird von der Frau, die einem die Kinder geschenkt hat, über die Mutter, die einem erst ermöglicht hat, zusammensitzen zu können, bis hin zum Bruder, der heute Abend leider verhindert war, alles angesprochen, nein, eher verherrlicht.

Dazu wird am Ende des Trinkspruchs immer ein Glas Wein, mindestens ein Achtel, auf ex geleert.

Wenn es sich jedoch um die Liebe handelt, ohne die ja bekanntlich auf der Welt gar nichts geht, dann ist das ein großes Glas wert, also mindestens ein Viertel Liter.

Um es vorwegzunehmen, es waren 12 kleine und 4 große Trinksprüche, die dann gegen 2 Uhr in der Nacht ihre Wirkung an und in mir zeigten. In Anbetracht der liebevollen und sehr dankbaren Tischreden, die gehalten wurden, erscheint eine solches

Trinkgelage jedoch als sehr ehrenhaft. Wir hatten einen wunderschönen Abend, für den ich den drei Georgiern sehr dankbar bin. Nicht weil sie auch die komplette Rechnung übernommen haben, vielmehr für den tiefen Einblick in eine Kultur, die von unserer doch schon sehr weit entfernt ist.

Der nächste Morgen war dagegen wieder sehr ernüchternd. Das hervorragende Rührei, was zum Frühstück serviert wurde, wollte einfach nicht reingehen. Das flaue Gefühl in meinem Magen hielt sich eisern bis spät nachmittags, an dem auch schon wieder die nächste Einladung der Georgier ins Haus flatterte.

Die 3 georgischen Firmenchefs hatten einen Teil ihrer Belegschaft zu einem Grillabend auf dem Land in einer Hütte eingeladen. Wieder wurden wir gegen 17 Uhr abgeholt, und mir schwante Böses.

Als wir dort ankamen, hatten die Mitarbeiter schon kräftig vorbereitet, so dass wir gerade zur rechten Zeit an einen reichlich gedeckten Tisch sitzen konnten. Wieder wurde nach altem Brauch ein Tamada bestimmt, und bald sah ich mich am selben Punkt wie am Abend zuvor. Der Tamada darf aber auch das Wort einem besonderen Gast überlassen, und so erwischte es meinen Kollegen, der als Besucher aus Deutschland als etwas Besonderes galt. „Besonders" heißt in Georgien aber auch immer eine Nummer größer. Daher durfte Peter, der in seiner Dankesrede auf die uns entgegengebrachte Gastfreundschaft und die nette Beziehung, die er schon seit Jahren mit den Georgiern pflegt, einging, ein halben Liter Wein trinken.

Der nächste Brauch kam uns dann sehr entgegen. In Georgien verlassen die Chefs eine solche Feier immer früher, damit die Belegschaft noch in aller Ruhe und unbeobachtet ein solches Fest ausklingen lassen kann. Wie solch eine Feier ausklingt, kann ich nur erahnen.

Den letzten Tag mit meinem Besuch verbrachte ich mit Stadtbesichtigung, aber eher von oben. Die umliegenden Berge ermöglichten einen wundervollen Anblick der Stadt, den wir auch an unserem letzten Abend von einem Bergrestaurant aus genossen. Wir saßen auf der Terrasse, das beleuchtete Häusermeer lag uns zu Füßen, und vor uns wurde noch einmal ein spitzenmäßiges Essen aufgebaut.

Nach einem kleinen Absacker in unserem Hotel verabschiedete ich mich dann von Peter, der in der Nacht um 3 Uhr wieder die Heimreise antrat.

Als ich am Morgen meine Habseligkeiten zusammenpackte, die alle auf meinem Rad Platz fanden, hatte ich wieder eine Verabschiedung für lange Zeit hinter mir. Dass es mir dabei gut ging, kann ich nicht behaupten. Noch am selben Tag stand für mich auch gleich noch eine Grenzüberquerung auf dem Plan. 60 km von Tiflis entfernt befand sich der Grenzübergang nach Aserbaidschan. Mir war klar, dass dies ein weiterer Wendepunkt meiner Reise sein würde, da ich nun die bisher vorwiegend christlich geprägten Länder verließ.

Das Tor nach Asien galt es zu durchfahren, und von da an war ich auf muslimischem Gebiet. Der Islam ist nicht unbedingt mein Favorit unter den Glauben, und ich hatte auch nicht wirklich Erfahrung, da ich keine Muslime kannte. Mein Wissen über diesen Glauben beschränkte sich auf ein Minimum. *Aber was soll's*, dachte ich mir. Ich nehme alles so, wie es kommt, war meine Devise. Abschauen und Anpassen ist die beste Art, sich an etwas Neues zu gewöhnen. So fuhr ich am Morgen des 3. 6. 2019 aus der Stadt Tiflis in Richtung Osten, wo mich noch eine Zeit lang die Ausläufer des kleinen Kaukasus begleiteten. Rechts von mir befand sich Bergkarabach, und links von mir machte sich eine trockene, steinige Wüstenlandschaft immer breiter. Während der 60 km bis zur Grenze verlor das Land sein grünes Gesicht. Die saftigen, grünen Wälder und Wiesen verschwanden auf einen Schlag und wichen einer trockenen, steinigen und baumlosen Landschaft.

Blick auf den Tifliser See.

Gemütlicher Abend mit den Georgiern.

KAPITEL 12

ASERBAIDSCHAN, ANGEKOMMEN IN ASIEN!

Ich hatte mir an diesem Tag vorgenommen, noch ca. 30 bis 40 km in das Land reinzufahren, was eigentlich auch kein Problem gewesen wäre. Es war gerade mal 13 Uhr, als ich die Grenze zu Aserbaidschan erreichte. Genug Zeit, um gegen Spätnachmittag ein Nachtlager zu suchen. Doch leider wurde meine Planung von den Grenzern zunichtegemacht. Als ich wieder einmal von meinem Fahrradbonus Gebrauch machte und mehrere wartende Autos hinter mir ließ, war ich recht schnell an der Reihe. Ich stand am Fenster des Grenzbeamten, der meinen Reisepass gründlich in Augenschein nahm. Zwischendurch musterte er mein Rad und fragte mich nach einer Weile der Prüfung nach meinem Visum. Treffer, da hatte er mich auf dem linken Fuß erwischt, da ich kein Visum vorweisen konnte und auch geglaubt hatte, ich bräuchte keines. Da half auch das Bitten und Flehen von mir nichts, auch nicht mein unschuldiges Gesicht und mein ehrenhaftes Ansinnen, nur mit dem Rad durch dieses Land zu fahren. Ja, da hatte ich ein ernsthaftes Problem an der Backe. Der Grenzer erklärte mir, dass ich ein Visum in Tiflis holen könne. Tiflis lag bereits 60 km in meiner Vergangenheit und zum Zurückradeln hatte ich wenig Lust.

Geknickt drehte ich mein Rad herum und schob es mit angespanntem Gesicht aus dem Kontrollbereich. Nicht im Entferntesten hatte ich daran gedacht, dass ich hier ein Visum brauchte. Ich ärgerte mich über meine Leichtgläubigkeit, außerhalb von Europa einfach so durch die Weltgeschichte radeln zu können. 1000 Gedanken gingen mir durch den Kopf.

Doch noch bevor ich nur einen zu Ende denken konnte, sprach mich einer der vielen Männer an, die sich im Bereich vor der Grenzstation aufhielten und sich mit Geldwechseln und anderen zwielichtigen Geschäften ihren Lebensunterhalt verdienten. „Visum, Visum", sagte er, und ich erwiderte ihm: „Ja, ich brauche ein Visum." Er erklärte mir, dass er mir eines besorgen könne, innerhalb von 5 Stunden. Ich war sehr skeptisch und auch vorsichtig. Die Männer, die sich hier im Grenzbereich aufhielten, machten allesamt nicht gerade einen vertrauenswürdigen Eindruck. Während wir zu seinem Auto liefen, bot mir der Visumhändler an, für umgerechnet 150 Euro ein Visum innerhalb von 5 Stunden zu besorgen. Ich willigte ein, nachdem ich seinen Ausweis und das Kennzeichen seines Autos fotografiert hatte. Ich gab ihm 100 Euro in georgischer Währung, die letzten, die ich hatte, und 50 in Euro. Er fotografierte meinen Reisepass und schickte die Daten an einen Kollegen in Tiflis.

Dann begann das Warten. Warten gehört nicht gerade zu meinen Stärken und schon gar nicht, wenn ich nicht weiß, ob es auch einen Nutzen hat. Nebenan stand eine Hütte, die in miserablem Zustand war, wo man sich etwas zu trinken oder essen kaufen konnte. Leider hatte ich dem Visumhändler mein letztes georgisches Geld gegeben und konnte mir nicht einmal etwas Kaltes leisten. Die Sonne brannte ordentlich vom Himmel. Ich suchte mir ein schattiges Plätzchen neben dem, nennen wir es einmal Kiosk und begann, meine Tagesberichte nachzuschreiben, mit denen ich im Verzug war.

Wenig später setzten sich zwei Georgier zu mir an den Tisch, die auf einen Kumpel aus Aserbaidschan warteten. Wir kamen ins Gespräch, und schon nach kurzer Zeit bemerkten die Jungs, dass ich in einer sehr unglücklichen Lage war. Sie spendierten mir eine kalte Cola und waren sehr an meiner Reise interessiert. Ich hatte Zeit zum Reden, und so verging ein ordentlicher Teil meiner Wartezeit recht schnell.

Nach 4,5 Stunden, also gegen 17.30 Uhr, stand der Visumspezialist bei mir und gab mir ein Blatt Papier, auf dem „Visum" stand. Es sah alles recht ordentlich und echt aus, und dennoch hatte ich einen mächtigen Kloß im Magen. *Echt? Wird sich rausstellen, wenn ich das Papier dem Grenzer gebe*, dachte ich und versuchte mein Glück auf ein Neues. Ich fuhr wieder in den Kontrollbereich, übergab dem Grenzer meine Papiere und hatte dabei einen Puls, als hätte ich gerade einen Marathon hinter mir. Als ich seine Hand zum Stempel greifen sah, verspürte ich eine große Erleichterung. Er stempelte meinen Pass und mein Visum und schickte mich eine Station weiter zur Gepäckkontrolle.

Die zwei Jungs waren aber weniger an meinem Gepäck interessiert. Vielmehr interessierten sie sich für die Technik an meinem Fahrrad. Gleich fiel ihnen mein Zahnriemenantrieb auf, den sie anscheinend noch nie an einem Rad gesehen hatten. Als auch sie nochmals meinen Ausweis kontrolliert hatten, ließen sie mich weiter. Nach ca. 100 m kam ein riesiges Tor, an dem noch einmal zwei schwer bewaffnete Soldaten standen und meinen Pass ein weiteres Mal sehen wollten.

Als ich ihn zu ihnen rüberstreckte, sah der eine gleich, dass ich aus Deutschland kam und begrüßte mich mit einem zackigen „Heil Hitler". Meinen entsetzten Blick verstand er offensichtlich überhaupt nicht. Hitler und Deutschland war hier wohl ein einziger Begriff, und das schien auch kein Grund zu sein, schlecht über einen Deutschen zu denken. Nachdem ich ihm mit Händen und Füßen erklärte hatte, dass man in Deutschland für so einen Spruch eingesperrt werden kann, hatte er einen Ausdruck von völligem Unverständnis im Gesicht. Für mich war die kleine Reise in die dunkle Geschichte Deutschlands aber eher nebensächlich. Wichtig war nur, dass sich das schwere Eisentor, das sich noch in geschlossenem Zustand vor mir befand, öffnete und ich meine Reise fortsetzen konnte.

Wenig später war es dann auch so weit. Gleich nach dem Tor sah es nicht anders aus als auf der georgischen Seite. Ca. 50 Männer liefen auf mich zu und wollten Geld tauschen, was ich auch gerne annahm. Das nächste Städtchen befand sich gut und gerne 35 km von hier entfernt. Im Rücken bauten sich mächtige, schwarze Gewitterwolken auf. Es war bereits 18 Uhr, und ich hatte noch keine Ahnung, wo ich die Nacht verbringen sollte. Ich tauschte das Nötigste, kaufte bei einem Händler noch ein wenig Obst, für den Fall, dass ich in der Prärie übernachten musste, und führte dann mit reichlicher Verspätung meine Reise in meinem 8. Land fort. Nach harten 35 km mit stetig leichter Steigung kam ich dann im Städtchen Candli an und fand im 3. Anlauf eine Übernachtung mit WLAN. Das Gewitter, das hinter mir lag, hatte mich zum Glück noch nicht eingeholt. Erst später musste ich in einem Garten einem kurzen, aber heftigen Schauer ausweichen. Dies war, vorweggenommen, der letzte Regen, den ich bis zum 13. 8. 2019, also während der kommenden 70 Tage, sehen sollte. So endete der 1. Tag in Aserbaidschan, und ca. 500 km trennten mich von meinem nächstgrößeren Etappenziel Baku am Kaspischen Meer.

Früh morgens war ich bereits wieder startklar und machte mich in der nun sehr kargen Landschaft auf den Weg. Tagestemperaturen zwischen 30 und 35 Grad waren von jetzt an Standard, und meine warme Kleidung rutschte in meinen Satteltaschen immer weiter nach unten. Täglich lernte ich nun wildfremde Menschen kennen, die mich auf der Straße anhielten, um mit mir ein Selfie zu machen, oder die mich auf offener Strecke zum Tee einluden, aus einem orientalischen Teekocher, der in Aserbaidschan anscheinend zur Standardausrüstung eines jeden Fahrzeugs gehört. Auch an kleineren Verkaufsständen, die mal häufiger, mal seltener am Straßenrand auftauchten, wurde mir oft das Getränk oder gar eine Kleinigkeit zu essen geschenkt. Das obligatorische Selfie war häufig der Lohn der Händler.

Ansonsten hatte das Land nicht viel an Sehenswürdigkeiten zu bieten. Zahlreiche Überlandleitungen zogen sich durch eine Stein- und Sandlandschaft mit nur wenigen Städten und Dörfern. Auch meine Muskeln wurden hier nach dem Kaukasus nicht mehr übermäßig gefordert, es gab nur einzelne kleine Anstiege, die mir mittlerweile aber eher ein Schmunzeln aufs Gesicht zauberten. Gewöhnungsbedürftig dagegen waren

die steigenden Temperaturen und die trockene Luft, die mich
dazu zwangen, immer ausreichend Wasser in meinen Gepäck-
taschen zu bunkern.

Gesundheitlich ging es mir blendend, bis auf einen Tag. Ich hatte schon am Vortag nichts Nahrhaftes zu essen gefunden. Da
ging mir gegen Mittag gewaltig die Kraft aus. Zittern in den
Oberschenkeln und Schwindelgefühle waren die Symptome,
die sich bei mir einstellten. Weit vor meinem gesetzten Tagesziel musste ich rechts abbiegen und die Route verlassen, um in
einem Städtchen einen Übernachtungsplatz zu finden. Glücklicherweise gab es in diesem Städtchen ein sehr gutes Hotel
mit einer internationalen Küche. In so einer Lage interessiert
es dich dann nicht mehr, ob die Übernachtung ein paar Euro
mehr kostet. Wichtig war, dass ich meinen Körper wieder auf
Vordermann brachte, was mir mit einer Riesenportion Spa-
ghetti Bolognese und einem großen Salat gelang. Eine ruhige
Nacht, ein gutes Frühstück, und schon war ich wieder der Alte.
30 km hatte ich am vergangenen Tag verloren, und die wollte
ich an diesem Tag wieder reinholen. Mit genügend Wasser, den
Kohlenhydraten vom Vortag und einem herrlichen Wetter war
das kein Problem.

Auch taten mir die freundlichen Menschen gut, auf die ich immer
wieder unverhofft traf. An einem sehr warmen Tag begegnete
ich am Straßenrand einem Bus. Aus weiter Entfernung dachte
ich, dass er von einer Panne betroffen sei, was seit der Ukraine
keine Seltenheit war. Mehrere Männer in gelben Warnwesten
befanden sich beim Bus. Als ich näher kam, wurde ich natürlich
freundlich gebeten anzuhalten, was ich auch gerne tat. Einer
der Männer sprach ein paar Worte Deutsch und hatte eine Rie-
senfreude, sie bei mir anzuwenden. Es stellte sich heraus, dass
sie keine Panne hatten, sondern ihrem Bus, der gut und gerne
aus den 60er-Jahren stammte, eine kleine Verschnaufpause in
der Mittagshitze gönnten. Hinter dem Bus, der einen kleinen
Schatten warf, hatten die Männer ihren Teekocher aufgebaut

und boten mir einen frisch angesetzten Tee an. Eigentlich bin ich nicht so der Heißtrinker, aber bei so viel Gastfreundschaft konnte ich nicht ablehnen. Wir hatten eine halbe Stunde lang viel Spaß miteinander. Einer von ihnen wollte unbedingt ein paar Meter mit meinem Rad fahren, und mit den anderen machte ich ein paar lustige Fotos.

Solche netten Ereignisse lenkten mich dann doch häufig vom aufkeimenden Heimweh ab, das mich immer wieder heimsuchte.

Am 7. 6. 2019 erreichte ich dann bei Alat die Küste des Kaspischen Meeres und fand spät abends ein Hotel, das mich samt seinem Besitzer an das Motel von Norman Bates aus Alfred Hitchcocks Film „Psycho" erinnerte. Das Hotel war von einer hohen Mauer umgeben. Es gab keine richtige Straße vor dem geschlossenen Blechtor. Das war so groß, dass Lkw einfahren konnten. Ein von der umgebenden Landschaft kaum zu unterscheidender Sandweg führte auf das Tor zu, neben dem noch eine kleine, geschlossene Tür war. Eine Klingel neben der Tür erweckte bei mir nicht unbedingt den Eindruck, dass sich beim Betätigen irgendetwas ereignen würde. Da es aber das einzige Hotel weit und breit in einer dünn besiedelten Gegend war, musste ich mein Glück versuchen.

Ich klingelte dreimal, wartete dazwischen immer etwas und hatte recht schnell die Hoffnung verloren, hier übernachten zu können. Ich wollte schon auf meinem Handy nachschauen, wie weit es noch bis zum nächsten war, als sich auf einmal das große Eisentor lautstark knarrend öffnete und der Besitzer mir freundlich entgegenblickte. Er war so um die 40 Jahre alt und sah recht schmuddelig aus. Ich schob mein Rad durch das Tor und fand mich in einem geräumigen Innenhof vor einem großen Hotelgebäude wieder. Ohne dass wir nur ein Wort gesprochen hatten, lief er vor mir her und brachte mich unaufgefordert in ein Zimmer, das sich im Erdgeschoss befand. Die Zimmer hatten wohl alle Duschen, jedoch war die Heizung für warmes Wasser für diesen Gebäudekomplex ausgeschaltet. Duschen konnte ich aber in der Hausmeisterwohnung, die sich in einem kleinen Nebengebäude befand. Schnell bemerkte ich, dass ich der einzige Gast in dem Hotel war, das bestimmt um die 70 Zimmer bot. WLAN hatte ich nur neben dem Casino, wie er es nannte, einem weiteren kleineren Gebäude, in dem sich ein Billardtisch und eine kleine, verstaubte Bar befanden.

Nach dem Duschen setzte ich mich auf die Treppe dieses Casinos, um Kontakt mit zu Hause aufzunehmen. Ich stellte mich auf einen mageren Abend ein, da es in diesem Laden weder etwas zu essen noch zu trinken gab. Meine Vorräte waren auch nur noch dürftig, aber das Wissen, dass ich am nächsten Tag Baku erreichte und dort eine 3-tägige Pause genießen konnte, hob meine Stimmung auf ein erträgliches Level.

Ich saß noch keine 5 Minuten, da kam schon der Besitzer, nennen wir ihn Norman. Er hatte gegrillten Fisch dabei und bot mir davon an. Hunger hatte ich wie verrückt, und so nahm ich das Angebot gerne an. Der Fisch war sehr fein, aber auch genauso grätig und klein und stillte nicht annähernd meinen Hunger. Die Kommunikation stellte sich recht schwierig dar, da Norman kein Wort Englisch sprach. Deshalb war es sehr anstrengend, uns zu unterhalten.

Glücklicherweise klingelte es kurze Zeit später am Tor, und tatsächlich kamen zwei weitere Gäste an, die eine Herberge suchten. Es waren Motorradreisende, ein Mann aus Finnland und eine Frau aus Frankreich, die sich vor Jahren auf einer Motorradtour kennengelernt hatten und nun immer wieder mal durch die Weltgeschichte reisten. Der liebe Gott hatte es gut gemeint und mir Beistand geschickt. Als die beiden geduscht hatten, waren wir uns sehr bald einig, dass wir gerne ein Bierchen trinken würden. Da wir uns aber in einem muslimischen Land befanden, gab's das nicht an jeder Ecke.

Das Mädel fuhr mit dem Motorrad zur nächsten Tankstelle, an der es Bier gab, und brachte ein paar mit. Wir redeten bis spät in die Nacht, tauschten Erfahrungen aus, wovon ich viel mehr profitierte als sie. Die zwei waren absolute Profis, was Asien betrifft. Sie kamen gerade aus dem Iran und wollten am nächsten Tag mit der Fähre nach Kasachstan. Das kam mir natürlich gerade recht, da ich ja auch auf dem Weg in den Iran war. Da konnte ich einige nützliche Infos abgreifen.

Am nächsten Morgen traf ich die beiden leider nicht mehr, da ihre Fähre erst spät nachmittags ging und ich schon früh loswollte. Baku lag noch 69 km entfernt, also erwartete mich eine eher lockere Etappe entlang des Kaspischen Meeres, ohne große Höhendifferenzen. Zuerst fuhr ich an vielen Raffinerien vorbei und an kleinen Vororten, die sich nicht viel von dem bisher Gesehenen unterschieden, ärmliche Wohnsiedlungen am Rande der Hauptroute, die ich alle umfahren konnte. Da mich aber das Leben in so einer Siedlung interessierte, fuhr ich in eine rein. Obwohl das Dorf nicht besonders groß war, herrschte eifriges Treiben und an Händlern, die alles anboten, was das Herz begehrt, mangelte es nicht.

Neben einem Friseurladen hielt ich an, um etwas zu trinken, als auch gleich der Chef rauskam. Er bat mich zu sich hinein und bot mir an, mich etwas frisch zu machen. Er hatte im Hinterhof einen großen Wassertrog und einen wunderschönen, blühenden Garten, überhaupt nicht das, was man von der Straße aus erwarten konnte und schon gar nicht in der trockenen Landschaft. Der nette Mann gab mir noch etwas zu trinken, und ich dachte über diese Geste lange nach. Dieser Mann hatte mich noch nie gesehen, ich hatte ihn um nichts gebeten, und doch behandelte er mich wie einen geladenen Gast. Bei uns unvorstellbar!

Unterwegs wollte ich nochmal anhalten, um mir etwas zu kochen. Ich hatte mittlerweile einen Bärenhunger. Leider waren die Rastplätze in diesem Land dünn gesät, keine Bushaltestellen, Häuschen oder irgendwelche anderen Schattenplätzchen. Ich kam an einer Baustelle vorbei und dachte mir: *Da tut sich nichts, genau richtig für mich.* Ich schob mein Rad hinters Haus, packte meine Sachen auf der zum Meer hin gerichteten Terrasse aus und begann zu kochen. Gerade als ich zu essen anfangen wollte, kam der Bauherr des recht großen Einfamilienhauses, das sich noch in der Rohbauphase befand. Zuerst dachte ich, *jetzt gibt es Probleme*, aber der junge Kerl fand es recht lustig, einen Gast zu haben. Nach einem kurzen Gespräch fragte er mich, ob ich Wasser brauche. Ich dachte, er habe irgendwo Wasserflaschen und sagte ihm, dass ich gerne annehmen würde. Er verschwand mit seinem Kumpel, und wenig später zogen sie einen endlosen Wasserschlauch hinter sich her. Aus Dankbarkeit füllte ich 3 Flaschen damit, getrunken habe ich es aber nicht. Wer wusste, wie lange das Wasser schon in dem Schlauch stand? Dass ich bis hierher noch keine Magen-Darm-Beschwerden gehabt hatte, führte ich darauf zurück, dass ich nur abgefülltes Wasser in original versiegelten Flaschen getrunken hatte. Es war aber wieder ein Beispiel dafür, wie freundlich die Menschen in diesem Land waren.

Bevor ich dann am frühen Nachmittag Baku erreichte, machte ich noch eine unangenehme Bekanntschaft mit zwei ausgewachsenen Straßenhunden, wobei ich das erste Mal mein Pfefferspray, das immer am selben Platz in meiner Lenkertasche steckte, anwenden musste. Kurz bevor mir der eine in mein rechtes Bein beißen konnte, musste ich abdrücken und durfte so die hervorragende Wirkung dieser Waffe kennenlernen. Beide drehten danach ab, und ich konnte in Ruhe weiterfahren. Eigentlich war das gar nicht typisch für dieses Land. In Georgien und Armenien waren die Hunde durchgehend aggressiv gewesen. Hier hatte ich das noch nicht erlebt.

Als ich in die Vorstadt von Baku kam, wandelte sich das Bild mal wieder, ich erblickte ein Wohnviertel mit den schönsten Häusern, Hotelanlagen vom Feinsten mit einem traumhaften Blick aufs Meer. Dann ging es noch einmal einen kleinen Berg hoch, um einen Felsen herum. Ich dachte, eine Fata Morgana zu sehen. Da lag die Stadt Baku, die ich von der Anhöhe, auf der ich war, gut überblicken konnte. Ich hatte zuvor in einem kleinen Hotel gebucht, das ich auch problemlos fand. Es war ungefähr 300 m von der Ehrentribüne entfernt, wo sonst die Schönen und Reichen beim Formel-1-Grand-Prix sitzen.

Die nächsten 3 Tage erkundete ich die Stadt genau, in der es alles gab, vom historischen und aufwendig renovierten Stadtteil bis hin zum modernen und neu gebauten Teil, eine riesige Parkanlage entlang der ganzen Stadtküste und architektonische Leckerbissen der Neuzeit bis in sehr große Höhen, nachts natürlich beleuchtet in den aserbaidschanischen Farben.

Im Hard-Rock-Café trank ich für lange Zeit mein letztes Weißbier, und in den Parkrestaurants konnte man jede Menge landestypische Speisen zu sich nehmen.

Kurz gesagt, es fiel mir recht schwer, hier den Absprung zu schaffen, zumal ich wusste, dass ich in drei Tagen an der iranischen Grenze stehen und einen Kloß im Magen haben würde, wie immer, wenn es um Grenzübertritte ging.

Es half alles nichts, am Morgen des 11. 6. 2019 machte ich mich auf den Weg nach Astara, der Grenzstadt zwischen Aserbaidschan und Iran, direkt an der Küste.

Hierzu musste ich wieder über Alat, also 69 km auf derselben Strecke zurück, die ich gekommen war. Dabei ergaben sich folgende Möglichkeiten: Entweder ich fuhr wieder bis Alan und übernachtete noch einmal bei Norman oder aber ich fuhr weiter und nahm die nächste Herberge, die allerdings 175 km von Baku entfernt lag. Eigentlich nicht machbar und schon gar nicht mit Gegenwind und der Hitze. Ich wollte aber auch nicht noch einmal bei Norman übernachten. Also fuhr ich los und kämpfte mich eine Straße entlang, die nicht enden wollte. Die Luft flimmerte über dem Asphalt, das Umland war kahl und trocken. Nur hin und wieder tauchten künstlich bewässerte Plantagen auf, in denen krampfhaft versucht wurde, mit viel Wasser etwas Essbares zu züchten. Ich saß bereits 10 Stunden im Sattel, als das Schild „Bilesuvar 10 km“ auftauchte. Diese 10 km zogen sich noch einmal unendlich hin.

Es war bereits kurz vor 20 Uhr, als ich im Ortskern von Bilesuvar war und nach einer Unterkunft schaute. Keine 2 Minuten später stand ein hilfsbereiter Mann neben mir und hatte mein Problem erkannt. Er sprach gut Englisch und brachte mich in ein kleines Hotel. Der Chef des Hauses war sehr alt und sprach kein Wort Englisch. Ich hatte aber meinen Dolmetscher bei mir. Der Mann regelte alles für mich. Es war ein einfaches Zimmer. Möbel gab es keine, nur ein Bett stand an der Wand. Die Fenster waren nicht verschließbar, aber durch Fliegengitter gesichert. Die Dusche befand sich am Ende des Flures und war eigentlich mehr ein Waschraum. Einen Duschkopf gab es nicht, dafür aber einen großen Eimer, gefüllt mit Wasser, in dem eine Schüssel schwamm, mit der man das Wasser über sich gießen konnte. Nicht gerade Luxus pur, aber für 5 Euro die Nacht durchaus akzeptabel. Überhaupt hatte ich mich längst daran gewöhnt, dass ich mich ständig zwischen einem normalen Standard und Zuständen, die es bei uns nicht gibt, befand. Wichtig war mir dabei immer nur, dass ich Strom für meine Geräte zum Laden und WLAN hatte. Alles andere war für mich so was von nebensächlich geworden.

Am Morgen des 13. 6. 2019 war es dann so weit. Ich näherte mich der Grenze zum Iran, was wieder einmal ein Eiertanz wurde. Ich hatte meine letzte Etappe so dicht vor die Grenze gelegt, dass ich genügend Zeit hatte, falls es Schwierigkeiten gab. Eigentlich waren Schwierigkeiten schon programmiert und genau damit beginnt mein Kapitel „Iran".

Tschüss, Aserbaidschan, es war schön!!!

Teeeinladung hinter einem Bus.

Schattenplätze zum Rasten wurden immer seltener.

Baku mit den berühmten Flame Towers.

KAPITEL 13

UNBEKANNTER UND UNVERGLEICHLICHER IRAN

Ich fuhr also am 13. 6. früh morgens los und hatte noch ca. 20 km zur Grenze. Die Grenzstadt hieß auf beiden Seiten Astara. Ich erreichte sie gegen 11 Uhr. Schon von weitem konnte ich am Ende einer langen, geraden Straße die Grenzstation erkennen. Auf beiden Seiten der Grenze wehten die Landesfahnen in Tennisplatzgröße. Während die aserbaidschanische in Topzustand war, hatte an der iranischen der Zahn der Zeit ordentlich genagt. Das war das Erste, was mir bei der Anfahrt auffiel.

Von nun an war es endgültig vorbei, mit kurzer Hose und ärmellosem T-Shirt zu fahren. Man sah es in Aserbaidschan zwar auch nicht gerne, aber es wurde bei mir während des Radfahrens gerade so akzeptiert.

Ich zog also eine lange, leichte, beige Hose aus meinem Gepäck, die ich mir in Baku extra noch gekauft hatte, streifte sie über die Radlerhose und zog mir ein kurzärmliges Shirt an. Nur kein unnötiges Aufsehen erregen, war jetzt die Devise. Dann fuhr ich mit erhöhtem Puls zur Passkontrolle der Aserbaidschaner. Hier hatte ich noch keine Probleme. Der Grenzer drückte mir einen Stempel in den Pass und ließ mich weiter. Nun begann, wovor ich große Angst hatte. Peter hatte mir meinen 2. Reisepass mit dem Visum für den Iran nach Tiflis mitgebracht. Das Visum hatte er erst kurz vor seinem Reiseantritt nach Tiflis für mich beantragt, weil ich sonst das Zeitfenster der Gültigkeit nicht hätte einhalten können. Problem dabei war, dass der 2. Pass so rein wie eine Jungfrau war, also keine Stempel hatte.

Als ich nach längerem Warten endlich in einem großen, schlecht beleuchteten Saal an der Reihe war, schlängelte ich mich mit meinem vollbepacktem Rad durch enge Bereiche, die mit Gittern, ähnlich wie in einem Schlachthof, unterteilt waren. Die Anspannung in mir war auf dem Höhepunkt. Hinter einem Tisch saßen, recht gelangweilt, zwei uniformierte Beamte. Einer von ihnen streckte seinen Arm aus, um mir meinen Pass abzunehmen. Er schaute sich das Visum an, überprüfte es in seinem PC und nahm sich dann den Pass vor. Er blätterte einmal alle Seiten durch und wieder zurück und fand keine Stempel. Einen Reim konnte er sich offensichtlich nicht darauf machen und rutschte in seinem Stuhl in eine etwas senkrechtere Haltung. Dann blätterte er nochmal alles durch, bevor er mich fragte, wo ich denn herkomme. Ich antwortete, aus Aserbaidschan. Er fragte, wo dann der Ausreisestempel sei.

Dann musste ich raus mit der Sprache. Ich streckte ihm meinen 1. Reisepass hin, und seine Augen wurden riesengroß. Dort fand er dann auch seinen gesuchten Ausreisestempel, hatte aber ein Problem mit dem 2. Reisepass. Er gab die Pässe mit dem Visum seinem Kollegen, der nach weiterer Musterung auch nur die Schultern ratlos nach oben zog. Der Erste griff daraufhin zum Telefon und telefonierte, wohl mit seinem Vorgesetzten, der auch nach 10 Minuten des Wartens auftauchte. Sie befahlen mir, mein Rad an Ort und Stelle stehen zu lassen und ihnen zu folgen. *Oh, oh, da habe ich wieder was angefangen*, dachte ich mir. Ich folgte den beiden in ein Büro, wo sich weitere vier Uniformierte hinter einer Stehtheke wichtig um Papierkram kümmerten.

Nun gingen die Pässe von einem zum anderen, währenddessen redeten sie angeregt auf Persisch miteinander, und ich verstand kein Wort. Ich hatte nur das Gefühl, dass das in die Hose gehen würde.

Das Ganze ging so gute 10 Minuten hin und her, bis es mir zu dumm wurde und ich das Gefühl hatte, ich müsste jetzt auch mal was sagen. Ich unterbrach ihre Gespräche und sagte auf Deutsch: „Es ist in Deutschland normal, wir können 2 Reisepässe haben." Viel haben sie davon sicher nicht verstanden, aber das Wort „normal" hinterließ schweren Eindruck. Auf einmal fiel mehrere Male das Wort „normal" mit persischem Akzent, und die Gesichter entspannten sich etwas. Einer von ihnen zwinkerte mir dann zu, dass alles in Ordnung sei und stellte mir Kekse hin. Etwas erleichterter, aber noch nicht erlöst, knabberte ich einen Keks und wollte dabei den Eindruck erwecken, dass er mir schmeckte, um die Gemüter etwas zu beruhigen.

Einer von ihnen nahm mich dann mit zur Gepäckkontrolle, wofür ich alles abschnallen musste, damit es durch den Röntgenapparat passte. Meine Pässe hatten sie zu dem Zeitpunkt immer noch in Bearbeitung.

Der Mann, der mein Gepäck durch den Apparat ließ, war ein Zivilist. Noch während ich mein Gepäck wieder am Fahrrad anbrachte, stellte er mir Fragen über Deutschland und wie viel bei uns ein Grenzbeamter verdiene. Offensichtlich war er mit seinen 250 Euro nicht besonders glücklich, was er mir hinter vorgehaltener Hand erzählte. Er gab mir zu verstehen, dass er sich davon nicht viel leisten könne. Auf der einen Seite waren das die ersten wichtigen Informationen über Land und Leute, andererseits war mir das in dem Moment nicht besonders wichtig, solange ich meine Pässe nicht wieder in der Hand hatte.

Nach zwei Stunden des Bibberns war dann alles vorbei. Einer der Uniformierten kam und drückte mir meine Pässe in die Hand. Ich überprüfte, ob mein Visum gestempelt war und schob mein Rad ganz schnell ins Freie. Jetzt befand ich mich in einem großen Innenhof, der am anderen Ende ein mächtiges Tor hatte. Ich fuhr drauf zu, das Tor öffnete sich, und da stand ich dann im Iran, an einer belebten Straße.

Gleich stürzten sich wieder mehrere Devisenhändler auf mich, bei denen ich einen kleinen Betrag wechselte, um das Nötigste abzudecken. Da man sich auf diese Burschen nicht immer verlassen konnte, war es besser, immer erst einmal die Lage im Land zu checken, um einen guten Kurs zu bekommen. Ich hatte nicht vor, an diesem Tag noch weiterzufahren. Also suchte ich mir eine Unterkunft, um nachmittags noch ein bisschen das Städtchen Astara anzuschauen und mich ein wenig auf die Verhältnisse in dem mir vollkommen unbekannten Land einzustellen. Es war tatsächlich wieder eine andere Welt. Dass das Land unter den schon lange herrschenden Wirtschaftssanktionen litt, war relativ schnell zu erkennen. Während ich auf der Seite der Aserbaidschaner noch kurz vor der Grenze an einem Freizeit- und Fitnesspark mit einwandfreiem Aussehen am Strand entlanggefahren war, waren auf dieser Seite der Grenze alle Gebäude und Anlagen in einem sehr renovierungsbedürftigen Zustand. In einem Basar, den ich besuchte, gab es alles, vor allem viel zu viele Händler, die sehnsüchtig auf Kundschaft warteten.

Dass man hier aber schon mal was von Deutschland gehört hatte, konnte man an den Bundesliga-Trikots, die jeder zweite Händler anbot, erkennen, allen voran das Bayerntrikot.

Neben dem Hotel, in dem ich Unterkunft fand, war ein kleines Restaurant, in dem ich mich auch gleich auf die Essgewohnheiten der Iraner einstellen konnte. Nudeln und Kartoffeln hatte ich schon lange nicht mehr gehabt, und das würde sich hier auch nicht ändern, war mein erster Gedanke. Kebab mit gebratenem Reis war das Nationalgericht, wobei das Kebab nichts mit dem uns bekannten zu tun hat. Kebab nennen sie im Iran einen mit Hühnchen gespickten Spieß, der auf offener Flamme mit Tomaten, Paprika und Zwiebeln gegrillt wird.

Das war eigentlich sehr gut, schlimmer traf es mich mit dem Brot. Als leidenschaftlicher Brotesser musste ich mich hier nun endgültig von einem Brot, wie wir es kennen, verabschieden. Und das fiel mir sehr schwer.

Im Iran gibt es ausschließlich eine Art Fladenbrot, vergleichbar in Form und Stärke mit einem Crêpe, nur zäh wie Leder und ungesalzen. Ebenso musste ich mich von meinem Feierabendbier verabschieden, da im Iran kein Alkohol verkauft werden darf.

So verging der erste Tag mit vielen neuen Eindrücken in einem Land, von dem ich nicht viel wusste.

Am nächsten Morgen packte ich früh zusammen. Irgendwie war ich nervöser als in anderen Nationen, und es lagen 2237 km unbekanntes und spannendes Land vor mir, in dem es tagtäglich heißer wurde.

Meine Reiseroute sah vor, dass ich noch bis Rascht an der Küste des Kaspischen Meeres, das 28 m unter dem Meeresspiegel liegt, entlangfuhr, um dann ins Hochland über Qazvin nach Teheran zu gelangen, von dort aus in einer ziemlich geraden Linie über Isfahan und Shiraz nach Bandar Abbas am Persischen Golf. Zunächst ging es aber erst einmal an der Küste entlang, einem Landschaftsstreifen, der grüner nicht hätte sein können.

Gut bestellte Felder und Obstplantagen begleiteten mich auf meiner rechten Seite, und links hatte ich immer wieder einen wunderschönen Meerblick. Die Tage, an denen ich die ersten Kilometer meiner Reise angetreten hatte, an denen die Morgen frisch und die Tage oft nass waren, gerieten in Vergessenheit. Laut meinen Aufzeichnungen hatte ich ab hier die nächsten 60 Tage keine Tagestemperatur unter 40 Grad mehr. Da sich das aber schön langsam hochschaukelte, hatte ich wenig Probleme damit.

Auch zerstreuten sich meine vorurteilsbehafteten Gedanken, die überwiegend aus Erzählungen und mediengeschürten Informationen zustande gekommen waren, sehr schnell. Die Leute die ich traf, waren zu 99 % hilfsbereit und nett, wie ich es in den nächsten Tagen im Iran noch beschreiben werde.

Der erste Tag war also sehr schön zu fahren. Am Abend fand ich ein nettes kleines Hotel, das direkt am Meer lag. Da es die erste und auch letzte Möglichkeit war, einmal im Kaspischen Meer zu baden, nahm ich diese Gelegenheit gerne wahr. Natürlich musste ich erst schauen, wie hier die Regelungen im Bezug auf Kleiderordnung waren, um nicht gleich in ein Fettnäpfchen zu treten.

Die Männer badeten hier ganz normal in kurzen Hosen, allerdings nur in Boxershorts. Manche trugen auch ein Shirt, aber dies war nicht zwingend vorgeschrieben. Die Frauen gingen in voller Montur, das heißt mit einem Tschador, maximal bis zu den Knien ins Wasser, allerdings nicht zu ihrer eigenen Freude, sondern um mit den Kindern zu spielen.

Nachdem ich mir das alles angeschaut hatte, konnte ich also mit meiner Boxer gut baden gehen, zumal sie recht lange Beine hatte. Eine andere Sache, die ich nicht bedacht hatte, wurde eher zum Hindernis. Meine Badehose ließ sich nicht so eng schnüren, dass sie an meiner Hüfte noch halten wollte. Ich hatte mittlerweile so viel Umfang verloren, dass ich sie auf dem Weg ins Wasser und auch während des Schwimmens festhalten musste.

Den Abend im Hotel verbrachte ich überwiegend mit dem Chef des Hauses, der sehr viele Fragen hatte, mir Tee und Kekse servierte und überhaupt sehr zuvorkommend war.

Auch am nächsten Morgen ließ er mich erst ziehen, als sein Sohn ein paar Fotos von uns beiden geknipst hatte.

Sehr schön, dachte ich und setzte meine Reise gerne in dieser grünen Gegend fort. Die Straßen waren überraschend gut, nur an den Fahrstil der Iraner musste ich mich noch ein wenig gewöhnen. Es wurde asiatischer und viel gehupt. Erst viel später konnte ich dieses Hupen deuten. Es gab unterschiedliche Signale mit unterschiedlichen Bedeutungen, worauf ich aber später noch einmal kommen möchte. Der 2. Tag führte mich also

schon über Rascht von der Küste weg. Es ging ab hier permanent
den Berg hoch. Ich profitierte aber noch von schattigen Plätzchen, ja, sogar Streckenteilen, die durch dichte Wälder gingen
und natürlich angenehmer zu fahren waren als Abschnitte, die
in der prallen Sonne lagen.

Am Abend erreichte ich ein kleines Dorf, das ein Wallfahrtsort
für Muslime war. Eine große Moschee lag auf einem Berg, etwas
abseits der Hauptstraße, die neben der Autobahn verlief. Genau
dort oben zeigte mir mein Navi eine Übernachtungsmöglichkeit
an. Die Straße, die dorthin führte, war so steil, dass ich schieben
musste. Völlig außer Atem kam ich oben an und fand ein Wohnheim vor. Dort durften nur Muslime übernachten, Muslime, die
sich das leisten konnten. Sehr viele andere campten rund um
die Moschee und das Wohnheim. Eigentlich sah es drum herum
aus wie eine Belagerung. Man erklärte mir, dass es unten an der
Hauptstraße noch ein Hotel gab, da würden sie auch mich annehmen. Na prima, die ganze Schinderei umsonst und wieder
den Berg runter. Tatsächlich konnte ich dort ein Zimmer beziehen, auf Grund der hohen Nachfrage durch die Gläubigen nicht
gerade billig für iranische Verhältnisse.

Im Dorf selbst war reges Treiben, und unzählige Verkaufs-
stände boten ihre Waren an, wobei ich aber nicht das Gefühl
hatte, dass wirklich viel umgesetzt wurde. Das Angebot war
hier, wie im weiteren Verlauf meiner Reise durch den Iran, größer als die Nachfrage.

Da meine iranischen Geldmittel zu Ende gingen, versuchte ich,
an einem Automaten Geld zu holen. Leider funktionierte das
nicht. Wie ich erst später erfahren musste, lag das nicht an dem
Dorf und auch nicht an dem Geldautomaten. Im Iran kann man
generell an keinem Automaten mit unseren Bankkarten, egal
was für eine Art, Geld abheben. Also blieb mir nur der Gang zu
einem der Händler, die grundsätzlich alle in der Lage waren,
westliche Währung anzunehmen. Danach war ich recht froh,
wieder liquid zu sein, obwohl ich an diesem Tag noch nicht die

Schwierigkeiten sah, die langsam auf mich zukamen. Ich hatte nicht mehr sehr viel Euro in bar und stand noch am Anfang im Iran. Vorerst genügte aber das, was ich hatte, und was morgen oder nächste Woche sein würde, darüber machte ich mir schon lange keine Gedanken mehr. Jeder Tag brachte ein neues Erlebnis oder eine neue Herausforderung.

Am nächsten Tag bestand die Herausforderung darin, dass ich gute 1800 Höhenmeter auf 143 km bei 44 Grad zu überwinden hatte. Es war ein sehr anstrengender Tag, an dem sich auch das Landschaftsbild von einem Kilometer auf den anderen schlagartig änderte.

Plötzlich verwandelte sich die grüne Umgebung in eine karge, trockene Gebirgslandschaft. Die Berge um mich herum bestanden überwiegend aus Felsen, die teilweise steil links und rechts neben mir aufstiegen. Die Straße folgte in einem Tal dem Fluss entlang, der um diese Jahreszeit nicht viel Wasser führte. Nur selten kam eine kleine Siedlung oder nur zwei bis drei Häuser, wovon mindestens eins ein kleiner Handel für das Nötigste war. Wasser konnte ich immer nachkaufen, wobei ich dies oft in den kleinen Geschäften geschenkt bekam, oder es wurde mir von auf der Strecke anhaltenden Autofahrern angeboten.

Trotzdem war es kein Zuckerschlecken. Die Straße schien direkt in den Himmel zu führen, und die Sonne brannte gnadenlos. Der leichte Wind war nicht wirklich eine Abkühlung, und natürlich kam er wie fast meistens von vorne. Als ich am Spätnachmittag, nach ca. 100 km, die Hochebene erreichte, hatte ich noch gute 43 km vor mir. Doch an Aufgeben war nicht zu denken. Die nächste Stadt, in der ich übernachten konnte, war Qazvin, und die musste ich erreichen. Spät abends kam ich dann in dieser Stadt mit ihren 400000 Einwohnern an. Der Verkehr war unbeschreiblich stark, und ich hatte meine Mühe, in der Innenstadt voranzukommen. Gegen 22 Uhr fand ich dann ein Hotel, das den Namen nicht unbedingt verdiente, aber es war zentral und erschwinglich.

Da ich vollkommen am Ende war, schrieb ich mich für 2 Tage ein. Ich musste meinem Körper einen Tag Ruhe gönnen, was sich im Nachhinein als gut herausstellte. Qazvin war eine interessante Stadt und unterschied sich schon sehr von den Städten an der Küste des Kaspischen Meeres. Ich verbrachte den freien Tag also mit Besichtigung. Es gab einen Park inmitten der Stadt, in dem sich jedermann traf, junge Leute, Familien, Rentner, alles Menschen, die ihre Mittagspause abhielten oder sich zum Relaxen trafen und die, wie es im Iran so Sitte ist, auf dem Boden saßen.

In einem nahegelegenen Basar fand ich dann wieder unzählige Händler und im Innenhof sogar Restaurants und eine Moschee. Das Schöne an den Händlern war, dass sie dich in Ruhe schauen ließen, kein aufdringliches Aufschwatzen, etwas, das ich überhaupt nicht leiden kann. Der Basar war wunderschön gemauert. Viele Rund- und Spitzbögen brachten die herrlichsten Deckenformen zum Vorschein. Dazwischen wunderschöne Mosaiken oder Gemälde, die dem Ganzen einen besonderen Touch gaben. Am Mittag traf ich dann auch noch zwei Europäer. Die Männer, um die 30 und aus den Niederlanden, waren schon seit zwei Monaten auf dem Weg durch das Land. Ich unterhielt mich lange mit ihnen, und auch sie konnten mir wieder ein paar nützliche Tipps geben, da sie aus der Richtung kamen, in die ich fuhr.

Am Abend machte ich mein Zimmer wieder kakerlakenfrei und kochte mir Bohnen mit Pilzen, das Einzige, was ich hier in Dosen finden konnte. Ich hätte auch etwas essen gehen können, das Angebot war groß, aber ich wollte mein Gepäck ein bisschen leichter machen.

Am nächsten Tag stand dann die Strecke bis Teheran an. Keine große Sache, zwar wieder 143 km, aber relativ eben. Ich hatte an diesem Tag etwas Glück, denn es herrschte leichter Rückenwind. Ich kam gut voran und das, obwohl ich mehrere Leute kennenlernte, die mir am Straßenrand wieder etwas anboten oder mich zum Übernachten einluden. Einer schenkte mir mindestens 2 kg wunderbare Kirschen und Kekse. An einer anderen Stelle traf ich auf eine Frau, die mich überholt hatte und am Straßenrand auf mich wartete.

Nach einem kurzen Gespräch durch das Seitenfenster ihres Wagens stieg sie aus. Das war mir eigentlich gar nicht recht, da ich mich mit den Regeln im Iran nicht auskannte. Ich wusste nur, dass es eine Sittenpolizei gibt, und mit der wollte ich nichts zu tun haben. Sie war eine junge Frau und gehörte wohl zu der Sorte, die sich um die Scharia nicht viel scheren. Sie betrieb die Sportart Kickboxen, was im Iran mit Sicherheit nicht gerne gesehen wird. Also brach ich dieses Treffen sehr schnell ab und verabschiedete mich höflich von ihr. Mir war nicht wohl bei dem Gedanken, hier mit einer fremden Frau auf der Straße zu reden, und ich dachte mir dabei, wie anders mein Leben doch nun geworden war. Ich hatte Angst, mit einer Frau zu reden!

Gegen 17 Uhr erreichte ich die Vorstadt von Teheran mit ihren rund 9 Millionen Menschen.

Ich hatte vor, außerhalb des Zentrums ein Quartier zu suchen und am nächsten Tag durch die Stadt zu radeln, um das Nötigste zu sehen. Länger wollte ich mich nicht aufhalten, zu einer Zeit, in der sehr viel von den USA und dem Iran in den Nachrichten war. Im Golf von Persien lagen die Nerven blank, und die USA hatten gerade einen Flugzeugträger in diese Region entsandt. Trump rasselte mächtig mit dem Säbel, und die Iraner taten nicht viel zur Beruhigung der Lage.

Meiner Frau hatte ich versprochen, an Teheran vorbeizufahren, weil sie sehr große Angst vor einer Eskalation im Iran hatte.

Ich fuhr also auf die Stadt zu und suchte abseits der Route nach einer Unterkunft. Als ich am Straßenrand auf meinem Handy etwas tippte, hielt vor mir ein Wagen an. Es war das Betriebsfahrzeug einer Elektrofirma, und es hatte Blinklichter auf dem Dach. Zuerst dachte ich, dass ich auf dieser Straße nicht fahren durfte, da sie mittlerweile vierspurig war. Dem war aber nicht so. Ein weiterer freundlicher Iraner erkundigte sich bei mir, wo ich denn hinwolle. Mittlerweile hatte ich auf meiner Karte auch schon das in der Nähe liegende Olympic Motel ausgemacht, und ich sagte es ihm. Da war für ihn klar, dass er mich dorthin begleitete.

Er fuhr mit seinem Einsatzfahrzeug mit eingeschalteten Blinklichtern auf dem Standstreifen vor mir her und brachte mich sicher zu der Unterkunft. Leider stellte sich heraus, dass wir leichte Verständigungsschwierigkeiten hatten. Er hatte „Hotel" verstanden, das ganz in der Nähe vom Motel lag und eine Klasse höher war. Trotzdem ging ich rein und fragte nach dem Preis. Es war kein Hotel, es war ein Palast, der mitten im Olympia-Leistungszentrum für Fußball und Leichtathletik lag. Der Preis für eine Übernachtung lag bei 50 Euro, und ich checkte ein.

So etwas hatte ich hier im Iran absolut nicht erwartet. Am Tag zuvor hatte ich noch in einer Kakerlakenbude gehaust, und heute stand ich in einem der vornehmsten Häuser dieses Landes. Mein Zimmer ging über 2 Stockwerke, es hatte von der Whirlpoolwanne über den gefüllten Kühlschrank bis hin zu Tee und Kaffee alles inklusive zu bieten.

Mein Gepäck wurde vom Hoteljungen aufs Zimmer gebracht, und mein Fahrrad hatte der Portier in einen Fahrradraum gefahren und abgeschlossen.

Nun, dachte ich, *diesen Service gönnst du dir jetzt mal*, und weil es so schön war, ging ich ins Hotelrestaurant und aß für 8 Euro eine Fischplatte, wie ich lange keine mehr gesehen hatte.

Am nächsten Morgen holte mir der Portier wieder mein Fahrrad, und bevor ich gehen durfte, wurde noch ein Foto mit allen Angestellten im Eingangsbereich geschossen.

Dann begann ein heißer Ritt zur Stadtmitte, die ich nur durchfuhr. Irgendwie fühlte ich mich nicht wohl, und die Stadt war sehr anstrengend. Zum Teil fuhr ich auf gut befahrenen, achtspurigen Straßen und musste oft auf die andere Seite, weil dort die Abbiegespur war, ein reines Himmelfahrtskommando mit meinem Rad. Als ich gegen Mittag dann langsam in Richtung Süden die Vorstadt erreichte, war mir wieder etwas wohler. Die nächsten Tage waren geprägt von netten Begegnungen, Einladungen zum Übernachten und Gesprächen. Oft war es sehr schwierig, da nicht alle Englisch konnten und doch ging es immer wieder, dem Handy und der Übersetzer-App sei Dank.

Einer der nächsten Tage begann mit einer schlechten Aktion und sollte auch nicht besonders gut enden. Als ich morgens mein Rad packte, saßen auf der Treppe ca. 10 italienische Monteure und warteten auf ihre Abholung. Wir kamen ins Gespräch, und die zwei Mädels von der Rezeption waren auch begeistert von meiner Tour. Alles war gut, wir machten noch ein paar Bilder und zack, war der Mane wieder auf seinem Rad und fuhr einen herrlichen Berg runter. Während ich so im Schuss war, hatte ich so ein Gefühl, als hätte ich irgendetwas vergessen. Nicht nur ich alleine hatte was vergessen, sondern auch die Mädels von der Rezeption, nämlich meinen Reisepass. Den musste man im Iran immer abgeben und bekam ihn am Abreisetag wieder. Als mir das auf einmal einfiel, stieg ich in die Eisen, hatte aber bereits gut 5 km auf dem Tacho. Also, das Ganze zurück und natürlich bergauf. Trotz allem war ich dann doch glücklich, dass mir das relativ rechtzeitig eingefallen war. Es hätte schlimmer kommen können.

Die Strecke war relativ einfach, und so erreichte ich Qom am frühen Nachmittag. Eigentlich dachte ich, dass das Hotel, das ich anpeilte, eine klare Sache sei. Leider falsch gedacht. Es war ein Hotel für pilgernde Muslime, und da darf ein Nicht-Muslim nicht übernachten. So, da war es wieder, das Problem der Übernachtung. Nun, Qom ist eine Stadt mit 1,1 Millionen Einwohnern, da gab es auch noch andere Hotels. Als ich so auf meinem

Navi eins raussuchen wollte, hielt ein Wagen an, und ein Mann sprach mich an. Ich erklärte ihm die Situation. Er bot mir an, vorauszufahren, um mit mir ein Motel zu finden. Ich nahm an und radelte wie wild hinter ihm her. Nach guten 5 km hielt er in der Stadt an und fragte mich, was ich denn ausgeben wolle. Ich sagte ihm, dass 20 Euro schon okay seien. Er überlegte. Dann bot er mir an, in seinem Haus zu übernachten und fuhr wieder voraus.

Wir kamen dort an, und ich konnte in einem Zimmer im 2. Stock übernachten. Ich duschte schnell, da er den Eindruck machte, dass er noch viel zu erledigen hätte. Ich fragte ihn, ob ich ins Internet komme, da Freitag war und ich freitags meinen Wochenbericht verschickte. Bei ihm im Haus gab's kein WLAN, aber wir fuhren zum Haus der Eltern. Nachdem er mich der ganzen Familie vorgestellt hatte, richtete sein Bruder mir alles für WLAN, und ich konnte meinen Reisebericht absenden. Danach unterhielten wir uns lange. Sein Bruder und seine Schwester, sein Schwager und die Kinder, alle saßen wir auf dem Boden, wie es im Iran üblich ist.

Ich konnte ein paar Fragen klären, die mich schon lange interessierten. Mein Gastgeber erzählte mir, dass ein Iraner bis zu 5 Frauen haben darf, dass Mädchen ab 8 Jahren ihr Haar bedecken müssen, dass man Mädchen ab 13 Jahren verheiraten kann und dass nicht mehr alle versprochen werden, wie es einmal war, sondern dass sie sich schon auch den Partner aussuchen dürften. Alles Dinge, die bei mir ein leichtes Kopfschütteln auslösten, was ich mir aber nicht anmerken ließ, da ich die Bräuche und Sitten der Iraner nicht antasten wollte. Besonders verständnislos war er beim Thema Ehefrauen. Ich erklärte ihm, dass es in Deutschland vollkommen ausreiche, eine Frau zu haben, während er die Meinung vertrat, dass eine zu wenig sei. Seine Frau schätzte ich auf im 7. bis 8. Monat schwanger ein. Er erklärte mir, dass, wenn das 3. Kind da wäre, er sich auch noch eine 2. Frau dazuholen werde.

Nachdem uns dann langsam der Gesprächsstoff ausgegangen war, fragte er mich, ob ich die City sehen wolle. Dem konnte ich nicht widerstehen. Ich dachte, alleine würde ich nicht in die City kommen, eine Führung wäre ideal. Also fuhren wir zum

Haus, wo er wohnte, und er sagte seiner Frau Bescheid. Daraufhin begannen die zwei Kinder, fürchterlich zu weinen, weil sie mitwollten. Er fragte mich, ob das okay sei, und ich antwortete: „Klar, kein Problem." Die Frau und die Kinder stiegen ein, und wir fuhren los. In der Hoffnung, dass ich ein schönes Stadtzentrum sehen würde, fuhr ich mit ihnen aus der Stadt hinaus.

Er hatte es sich aber wohl anders überlegt und raste mit uns in einem halsbrecherischen Tempo in die nahegelegenen Berge. Wir fuhren so um die 50 km weit. Ehrlich gesagt, ich weiß immer noch nicht, was er mir eigentlich zeigen wollte. War es die angenehmere Temperatur auf ca. 2000 m Höhe, oder waren es die Moschee und Gedenkstätte für die im Syrien-Krieg gefallenen Soldaten? Auf alle Fälle saß ich nun mit ihm da oben und konnte so gar nichts mit der Situation anfangen. Er aber holte eine Wassermelone aus dem Auto und verteilte sie an die Kinder und an uns Erwachsene. Danach fuhren wir wieder, natürlich ohne die Schalen der Melone zu entsorgen, was gar nicht meine Art war. Im näheren Umkreis standen überall Mülleimer, aber er bestand darauf, alles liegen zu lassen.

Wir fuhren in einem noch affigeren Tempo auf derselben Straße zurück, auf der sehr viel Verkehr war. Man muss sich vorstellen, dass die Iraner in so einem Fall die linke Fahrbahnhälfte einfach zur 2. Spur ernennen und der geringere Gegenverkehr auf den Schotterstreifen neben der Fahrbahn auszuweichen hat. Das wäre ja noch gegangen, aber mein Kollege, dessen Name ich mir nicht wirklich merken wollte, überholte zeitweilig die Autos auf beiden Fahrbahnen auf dem Seitenstreifen und hupte dann auch noch, wenn einer entgegenkam. Ich bin nicht gleich ängstlich, aber was der hier veranstaltete, war unter aller Sau. Seine Frau saß hinten drin und machte keinen Mucks, während die Kinder unangeschnallt auf dem Rücksitz rumturnten. Jede von unseren Frauen würde uns den Kopf abreißen, würden wir so fahren.

Als wir dann endlich wieder in der Stadt waren, schwor ich mir, dass ich, solange ich im Iran war, auf keinen Fall nachts mit dem Rad fahren würde.

Später schoss er noch kreuz und quer durch das Viertel, in dem er wohnte, um noch ein Kebab aufzutreiben. Dazu waren wieder 3 verschiedene Stationen notwendig, die Fleischspeise, das Fladenbrot und die Zwiebeln und Tomaten, alles von verschiedenen Händlern. Als wir dann zum Essen kamen, war es mittlerweile 24 Uhr. Er machte nicht den Eindruck, dass für ihn der Abend schon gelaufen war. Ich war bereits im 2. Stock, und die Kinder tobten unten im 1. Stock noch ein wenig rum. Ich machte ihm dann klar, dass ich 100 km Rad gefahren war und eigentlich gerne schlafen würde. Während einer Minute, als er noch etwas zu trinken holte, nutzte ich die Gunst der Stunde und stellte mich schlafend, als er wiederkam. Dann, Gott sei Dank, hatte er es kapiert und ging nach unten.

Am Morgen richtete ich mich recht früh, weil ich ihm auch schon gesagt hatte, dass ich um 7 Uhr losfahren wolle. Er bestand darauf, dass ich noch zum Frühstück blieb. Ich lehnte ab, weil ich da echt wegwollte. Die zu aggressive Freundlichkeit ging mir auf den Keks. Ich fragte ihn anstandshalber noch, was es kostete, und er gab mir zu verstehen, dass ich ihm geben solle, was ich wolle. Ich gab ihm 20 Euro, und er rümpfte die Nase. Mehr war mir die Sache nicht wert, schließlich hatte er mich ja eingeladen. Zudem sind 20 Euro für Iraner ein gutes Geld, bei einem durchschnittlichen Lohn von 100 bis 250 Euro im Monat. Als ich mich auf der Straße stadtauswärts befand, war ich heilfroh. Bei aller Liebe, so hatte ich mir die Gastfreundschaft der Iraner wirklich nicht vorgestellt. Ich hatte halt mal wieder das Glück, einen vollkommen Durchgeknallten zu treffen.

Langsam näherte ich mich der Kulturstadt Esfahan, während sich das Landschaftsbild nicht änderte. Es war knochentrocken, so trocken wie der berühmte Martini von James Bond. Immer wieder fuhr ich über ausgedörrte Flussbetten, und oft lagen Strecken von 60 km zwischen den Dörfern. Ich sah nur felsige Berge, Sand und Geröll, keinen Strauch, keinen Baum und keine Brücken, die mir für eine kleine Pause hätten Schatten spenden können. Temperaturen in der Sonne zwischen 50 und 55 Grad waren nun an der Tagesordnung, gemessen mit meinem Tacho, an dem ich die tiefste und die höchste Temperatur des Tages auslesen konnte.

Einmal zeigte er mir tatsächlich 60 Grad an, es war der heißeste Tag, an dem ich auf einer nagelneu asphaltierten, pechschwarzen Straße entlangfuhr. Bei solchen Temperaturen musste ich mir ein mit kaltem Wasser getränktes Tuch vor den Mund halten, weil die Luft so heiß war, als würde mir einer mit dem Haarföhn direkt in den Hals blasen. Wichtig dabei war, dass ich morgens und mittags meine Wasserreserven auffüllen konnte. Dabei hatte ich mir von den Fernfahrern abgeschaut, wie man im Iran Wasser kauft.

Man betritt einen Laden, geht ungefragt an die Kühltruhe, stellt die oberen 20 Flaschen raus und kramt dann ganz nach unten, bis man an die gefrorenen kommt. Das hatte zwei Vorteile, natürlich kaltes Wasser und zum Zweiten wusste der Ladenbesitzer gleich, dass man sich hier auskannte. Zwischen 9 und 12 Liter hatte ich immer bei mir. Die hatte ich in meinen vorderen Satteltaschen verstaut und eine im Flaschenhalter am Rad. Das Wasser vom Rad, das nach wenigen Kilometern schon fast heiß war, mischte ich dann immer mit dem kalten Wasser aus den gefrorenen Flaschen. Bei den Übernachtungen hatte ich meistens Glück. Sie waren allesamt für mich okay, mal besser, mal schlechter.

Mit dem Zugang ins Internet hakte es jedoch immer mal wieder, aber meistens klappte es so weit, dass ich nach Hause schreiben konnte. Dienste wie Google oder YouTube funktionierten nicht.

Esfahan war mein erstes großes Kopfziel nach Teheran und gleichzeitig auch wieder eine Stadt, in der ich mir eine Pause gönnte. Nachdem ich zwei Tage zuvor noch eine Übernachtung auf 2600 m Höhe gehabt hatte, war ich nun wieder auf 1500 m, in einer Stadt der Moscheen und Gärten. Unglaublich viel Wasser wird benötigt, um hier alles grün zu halten, was aber gut tat. Ich hatte von dem sandigen, beigen Land in den letzten Tagen genug gesehen. Der Fluss, der durch die Stadt fließt, Zayandeh Rud, führt nur zu bestimmten Zeiten Wasser. Es gab auch schon Jahre, in denen kein Tropfen zu sehen war. Die Menschen hatten aber an dem kleinen Rinnsal, das in der Mitte des Flussbettes seinen Weg durch den sandigen Boden suchte, ihren Spaß.

Ich selbst hatte aber auch dringend eine Erholung nötig. Seit einigen Tagen hatte ich nachts immer wieder mit schweren Krämpfen in den Beinen zu kämpfen, was ich auf Magnesiummangel durch einseitige Ernährung zurückführte. Ich musste dringend an Obst, Salat und Gemüse kommen und ließ keine Gelegenheit aus, wo immer ich es bekam. Hier in der Stadt gab es so etwas, anders als auf dem Land in den ärmlichen Dörfern.

Es gab auch viel zu erkunden in der Stadt, die ca. 2 Millionen Iraner besiedeln, schöne Blumengärten mit vielen Bäumen, die den Iranern bei ihrer Lieblingsbeschäftigung (Teppich ausbreiten, mit der Familie im Schneidersitz essen, Tee trinken und reden) viel Schatten spenden.

Das Beeindruckendste war für mich der Besuch des Imam-Platzes, der mit 560 auf 160 m zu den größten öffentlichen Plätzen der Welt zählt. Die dazugehörige Moschee kann man auch als Nichtmuslim besichtigen. Über einen Kopfhörer wird man durch die Moschee geführt und erfährt so manch Unglaubliches. Das Bemerkenswerteste ist aber der große Gebetsraum, in dessen Mitte sich eine etwas hochstehende Bodenplatte von ca. 60 x 60 cm befindet. Steht man genau auf dieser Platte, so wird die eigene Lautstärke wie durch Zauberei um das Achtfache verstärkt. Zu meiner Freude durfte man das ausprobieren. Das sonderbare Phänomen erklärt sich durch die genau ausgerichteten Wände und Rundungen in der Kuppel, die den Schall verstärken. Steht man nur 10 cm außerhalb der Mitte dieser Platte, so ist der Effekt nicht nur etwas schwächer, sondern komplett aufgehoben. Da staunte ich nicht schlecht.

In den umliegenden Gebäuden waren wieder, wie ich es schon von anderen Städten kannte, sehr viele Händler ansässig. Waren in Unmengen und wenig Käufer. Das Geld ist knapp im Iran, und nur die Händler, die Waren für den Konsum des täglichen Lebens anboten, machten auch wirklich Geschäfte.

Bald waren diese drei Tage vorbei, und meine Hoffnung, hier vielleicht wieder einmal einen Europäer zu treffen, wurde nicht erfüllt.

So saß ich am 27. 6. 2019 wieder im Sattel und machte mich auf den Weg nach Shiraz, der nächstgrößeren Stadt, die ca. 500 km entfernt lag. Bis dorthin hatte ich immer noch das karge, trockene und heiße Hochland vor mir, in dem ich mich mittlerweile sehr gut zurechtfand. Die Berge, die ich dabei überfuhr, waren in Verbindung mit der Mittagshitze unmenschlich, was auch vorbeifahrende Iraner so empfanden.

An einem Berg, an dem ich mich schon zwei Stunden abgekämpft hatte, weil er so steil war, dass nur 300 m fahren und 300 m schieben ging, hatte ein Lkw-Fahrer großes Mitleid mit mir. Er ließ mich an seiner Ladepritsche mit den Fingern einhängen und zog mich ein Stück mit den Berg hoch. Schnell war er mit seiner schweren Ladung selbst nicht, aber für mich war es eine willkommene Geste, die ich gerne annahm. Leider funktionierte es nicht sehr lange, da ich nichts mit geschlossener Faust umschließen, sondern meine Finger nur an einem Profil recht spitzig einhängen konnte. Sie wurden immer länger, und ich drohte schon fast abzurutschen, als ich in meinem Rückspiegel einen Jeep mit Blinklichtern auf dem Dach erkannte. Ich dachte gleich an Polizei und einen saftigen Strafzettel und ließ sofort los. Das Auto überholte mich und hielt 50 m vor mir am Straßenrand an.

Es stellte sich heraus, dass es ein Einsatzfahrzeug des Roten Halbmond war. Keine Sorge, der Rote Halbmond ist im Iran eine Organisation wie bei uns das Rote Kreuz. Sie unterhalten auf Hauptstrecken spätestens alle 100 km eine feste Station.

Zwei Männer stiegen aus und sahen mir meine Erschöpfung natürlich an. 500 m weiter befand sich auf dem Gipfel ihre Station, und sie bestanden darauf, dass ich mit dem Auto mitfuhr, während der andere mein Rad hochbringen wollte. Eigentlich wollte er fahren, brachte aber nicht die nötige Kraft auf, um auch nur 10 m zurückhzulegen, was mir enormen Respekt einbrachte. Oben angekommen verpflegte mich die ganze Station gleich mit kalten Getränken, während wir darauf warteten, bis der andere Kollege mit meinem Rad um die Kurve geschnaubt kam. Drinnen hatten sie Bilder an der Wand hängen, die zeigten, wie es hier im Winter aussieht. Ich traute meinen Augen nicht: schneebedeckte Straßen und eingeschneite Fahrzeuge, ich hatte Mühe, angesichts der herrschenden Temperaturen, den Männern zu glauben. Andererseits machte es aber Sinn, da ich am Fuß des Berges an einem Schild vorbeigefahren war, auf dem bei Schneefall Schneeketten vorgeschrieben waren, was mich noch zum Schmunzeln gebracht hatte.

Die Männer boten mir auch einen Schlafplatz an, doch leider war es, wie so oft, noch zu früh, um Feierabend zu machen. Außerdem hätte es am nächsten Tag dann eine Mördertour gegeben, da die Übernachtungsmöglichkeiten in dieser Gegend nicht so üppig gesät waren. Also fuhr ich die nächsten 40 km bis zu meinem gesteckten Tagesziel und kam am Abend in einem kleinen Dorf an, das nichts zu bieten hatte. In einer kleinen Pension, die ich lange suchen musste, fand ich für wenig Geld ein Bett.

Es war unerträglich heiß, und zum zweiten Mal auf meiner Reise fiel ich in ein tiefes schwarzes Loch. Ich hatte kein WLAN und konnte keinen Kontakt nach Hause aufnehmen. Meine Kräfte waren durch die anstrengende Bergstrecke am Ende, und ernsthafte Abbruchgedanken machten sich wieder in meinem Kopf breit. *Warum tue ich mir das an? Warum sitze ich jetzt nicht zu Hause bei meiner Familie?* Viele Fragen gingen mir durch den Kopf. Wenn dich solche Fragen in einer derartigen körperlichen und psychischen Phase erwischen, braucht es mehr als nur ein bisschen Durchhaltevermögen. Da musst du deinen inneren Schweinehund nicht nur im Zaum halten können, du musst ihn bekämpfen.

Aber wie machst du das, in einem Land, in dem es nichts gibt, womit du dir die Gedanken aufmöbeln könntest und in dem du noch nicht einmal ein Viertel deiner geplanten Reise hinter dir hast? Schlafen war das einzige Mittel, das mir half, und beim Einschlafen zu hoffen, dass sich am nächsten Morgen die dunklen Wolken in meinem Kopf wieder verzogen haben würden.

Nach 2 Tagen verschwanden diese Gedanken dann tatsächlich, und ich hatte mich wieder unter Kontrolle.

Am 1. 7. erreichte ich dann Shiraz, wo ich wieder 2 Tage blieb. Shiraz wird als Garten des Iran bezeichnet, und so präsentierte sich diese Stadt auch. Gärten, Blumen und besonders Rosen zeichnen sie aus. Viel Wasser wird gebraucht, um hier alles zum Blühen zu bringen. Das stammte mit Sicherheit nicht ganzjährig aus dem ausgetrockneten Flussbett, das ich sah. Aus großen Tiefbrunnen wird hier überwiegend das Wasser gezogen, um die rund 1,5 Millionen Menschen zu versorgen. Die umliegenden, hohen Berge, auf denen im Frühjahr die Schneemassen abschmelzen, sorgen für einen ordentlichen Grundwasserspiegel, um den man sich mittlerweile aber auch schon Sorgen macht. In der Mitte der Stadt steht die Karim-Khan-Zitadelle, die es zu besichtigen lohnt. Hier erfährt man viel über die Lebensweise im 17. Jahrhundert, wobei mir immer wieder die unglaublich aufwendigen Mauer- und Mosaikarbeiten ins Auge stachen.

Wieder fielen mir die unzähligen Händler in den Basaren auf, ebenso die Geschäfte in den Einkaufsstraßen, die sich lückenlos aneinanderreihten. Als ich an einer Kreuzung nach dem Weg schaute, stand ich direkt am Eingang einer Bäckerei. Einer der Bäcker kam heraus und begann mit mir ein Gespräch. Viel verstand ich nicht, aber sein Gesicht und seine Gestik waren sehr freundlich. Er bat mich in die Backstube und stellte mich seinen Kollegen vor. Sie waren zu fünft tätig und hatten allerhand Backwaren, insbesondere Süßes. Sie zeigten mir alles und hatten offensichtlich große Freude über den Besuch aus Deutschland. Nach den üblichen Selfies entließen sie mich, nicht ohne dass ich von ihnen noch eine Tüte süße Brötchen annahm.

An diesem Tag fand ich auch endlich einmal ein traditionelles Restaurant, das im Iran nicht an jeder Ecke vorhanden ist. Am Eingang saß ein älterer Mann, anhand seiner Kleidung konnte man vermuten, dass es hier iranisch zuging. Eine Treppe tiefer befand ich mich in einem wunderschönen Gewölbekeller mit aufwendigen Deckenbemalungen. Eine Zwei-Mann-Band spielte iranische Musik, die Bedienung bestand aus Männern und Frauen, und zu meinem Erstaunen entdeckte ich im Eingangsbereich wieder eine Singer-Nähmaschine als Dekoration. Wenn auch die Musik nicht gerade meinen Geschmack traf, war ich doch sehr glücklich, so ein Restaurant gefunden zu haben, um in diese Kultur einzutauchen.

Durch die Berge vom Kaspischen Meer nach Teheran.

*Ein freundlicher Iraner, der mir
sein letztes Hemd geschenkt hätte.*

*So eine gut ausgebaute Raststelle gab's nicht oft.
Die Satteltaschen dienten als Windschutz vor dem Gaskocher.*

Große Brücke, wenig Wasser. Die berühmte Si-o-Se-Pol-Bridge in Isfahan.

Als ich am 4. 7. 2019 morgens mein 4-Sterne-Hotel verließ, was mich gerade mal 20 Euro gekostet hatte, lagen noch 650 km zwischen mir und meinem Endziel im Iran, Bandar Abbas am Persischen Golf. Wohl war mir nicht mehr, da ich natürlich mitbekommen hatte, dass sich die Spannungen zwischen dem Iran und den USA immer mehr zuspitzten. Die Pressemitteilungen, die aus Deutschland las, kündigten einen Kriegsausbruch an, während man im Iran vollkommen entspannt war. Vor allem auf den Titelseiten der Zeitungen konnte ich nie etwas erkennen, das auf Probleme mit den USA hindeutete. Auch im Fernsehen, das mir selten zur Verfügung stand, kam nie irgendeine Meldung. Also konzentrierte ich mich auf meine eigenen Probleme.

Das war die Strecke bis an die Küste. Bis nach Lar war es noch ziemlich bewohnt und kein Problem, doch die letzten 235 km zeigte mir mein Navi keine nennenswerte Siedlung mehr an, 235 km, viel zu viel an einem Tag bei diesen Temperaturen. Iraner, mit denen ich sprach, warnten mich vor der großen Hitze, die Richtung Golf wohl immer schlimmer werden sollte.

Ich dachte mir immer nur: *Wo soll es denn noch heißer werden als 55 Grad?* Bald schon sollte ich merken, von was die Leute gesprochen hatten. Während ich mich ständig zwischen 1500 und 2500 m Höhe befand, wo die Luft staubtrocken war, stieg die Luftfeuchtigkeit Richtung Persischer Golf von Tag zu Tag. Kleidung, die ich am Abend gewaschen hatte, war am nächsten Morgen fast feuchter, als vor dem Aufhängen.

Nachdem ich in Qir von einem wohlhabenden Arzt aufgelesen worden war, in dessen Haus ich übernachten durfte, kannte ich auch den Klassenunterschied im Iran. Das Haus hatte ein Frauen- und ein Männerwohnzimmer.

Es gab zum Abendessen, natürlich auf dem Boden, Shrimps mit Reis und Gemüse. Reis hatte ich im Iran oft, den Rest hatte ich schon lange nicht mehr gesehen. Es gab sogar eine richtige Toilette und Toilettenpapier, eine absolute Rarität im Iran. Wir redeten bis spät in die Nacht. Der Doc und sein Bruder konnten gut Englisch, und so war es doch nicht ganz so anstrengend, wie mit dem Handy ins Persische zu übersetzen.

Um der Haupthitze etwas voraus zu sein, saß ich bereits um 5 Uhr wieder auf dem Rad und vergaß meinen Radhelm beim Doc. Als ich es bemerkte, war ich bereits 20 km weit gefahren und dachte nicht im Traum daran, den Helm zu holen. Ich setzte ihn eh nur auf, wenn es regnete, und Regen hatte ich schon seit einem Monat keinen mehr gesehen. Wenig später hupte es neben mir, und der Doc stieg aus seinem Wagen.

Er war mir über 25 km gefolgt, um mir meinen Helm zu bringen, obwohl seine Praxis in genau entgegengesetzter Richtung lag. Unglaublich nett, diese Leute! Dann kam der Tag, an dem die besagten 235 km vor mir lagen, und ich machte mir keinen wirklichen Plan. Ich lass es auf mich zukommen, war ja meine Devise, mit der ich bis hierher gut gefahren war. Ich packte meine Satteltaschen voll mit Wasser und Proviant, um eventuell in der Wüste übernachten zu können. Angst vor Tieren oder Krab-

belviechern brauchte ich hier nicht zu haben, weil es so trocken
war, dass es nicht einmal Ameisen gab. Die Landschaft war un-
verändert, und ich hatte längst meinen Frieden mit den felsi-
gen Bergen und dem Straßenrand, der überwiegend aus Steinen,
Sand und alten Autoreifen bestand, gemacht.

Um die Mittagszeit glaubte ich an eine Fata Morgana, als
ich inmitten dieser Steinwüste an einem kleinen Wasserfall
vorbeikam. Dieses Ereignis ist emotional nicht zu beschreiben.
Du denkst wochenlang daran, dass doch mal ein Flusslauf oder
Tümpel kommen könnte, und da sprudelte ein kleiner Wasserfall aus den Felsen. Darunter hatte sich ein kleiner Pool von ca.
2 m Durchmesser und 1 m Tiefe gebildet. So schnell war ich noch
nie von meinem Rad runter. Keine Sekunde verschwendete ich
an den Gedanken, daran vorbeizufahren. Außerdem war Mittagszeit, und ich hatte einen Bärenhunger. Während auf meinem kleinen Gaskocher mein Reis garte, den ich wie üblich mit
Bohnen in Soße verfeinerte, nahm ich ein verdientes Vollbad in
freier Natur, in einem Wasser, das angesichts der herrschenden
Hitze sogar sehr kalt war.

Leider hatte ich die Wasserstelle nicht lange für mich alleine. Anderen war dieser Platz auch sehr wohl bekannt, obwohl
es in nächster Nähe wirklich keine Siedlung gab.

Am Mittag kämpfte ich mich wieder durch die Wüstenlandschaft. Schon bald war klar, dass ich es auf keinen Fall schaffte, bis das nächste Städtchen kam. Die Sonne brannte erbar-
mungslos, meine Wasservorräte schwanden, und mit dem
Wasser, das ich noch hatte, hätte ich gerade einmal einen Tee
ansetzen können. Gegen 17 Uhr hielt ich langsam Ausschau
nach einem geeigneten Lagerplatz. Als ich so am Straßenrand
stand und etwas trank, hielt ein alter Toyota Pick-up an. Der
Fahrer fragte mich, ob ich Probleme hätte. Ich sagte: „Nein, kein
Problem, ich suche nur einen Platz zum Übernachten." Gleich
bot er mir an, dass ich bei ihm übernachten könnte. Das ließ
ich mir nicht zweimal sagen, und ruckzuck war mein Rad auf
seinem Pick-up. Er wohnte mit seiner Familie ca. 30 km links

von meiner Route, in Ruydar, einem Städtchen mit 8000 Einwohnern und 21 Moscheen. Da wäre ich niemals hingefahren, da es die gesamten 30 km schön bergauf ging. Bei Hussein lernte ich dann richtige Gastfreundschaft kennen. Seine Frau, seinen Bruder und seine Schwester hatte er schon von unterwegs aus auf meinen Besuch vorbereitet. Als wir bei ihm ankamen, standen bereits alle samt Kindern im Hof und begrüßten mich.

Nach einem kurzen Hausrundgang konnte ich duschen. Die Frau von Hussein warf meine Radkleidung in die Waschmaschine. Ich fand sie am nächsten Morgen ordentlich zusammengelegt auf meinem Gepäck. Danach zeigten sie mir stolz ihr bescheidenes Städtchen, das überwiegend von Datteln lebt, die in riesigen Palmenplantagen wachsen. Baufirmen schien es hier nicht zu geben. Wenn was gebaut wird, kennt hier jeder einen, der einen kennt, der sich mit irgendwas auskennt. So war auch das Haus von Hussein gebaut, der eine kleine Schreinerei betrieb und nebenher noch 4 Tage in einer Werft in Bandar Abbas arbeitete.

Es war ein sehr schöner Abend mit diesen netten Leuten. Aber am Morgen bei der Verabschiedung beging ich einen schweren Formfehler. Zum Dank streckte ich der Frau von Hussein meine Hand entgegen und erntete dafür einen Blick, den ich nicht definieren konnte. Eigentlich hätte ich es wissen müssen, ich war ja schließlich nicht gerade den ersten Tag im Iran. Hier war die Macht der Gewohnheit im Spiel.

Mit vielen Gedanken an das Land, seine Sitten und Bräuche, die Landschaft, die netten, zuvorkommenden Menschen und die schönen Erlebnisse ging ich also die letzten 80 km auf meiner Reise durch den Iran an und erreichte am Spätnachmittag Bandar Abbas.

Man kann diese Stadt wirklich nicht als schön bezeichnen. Raffinerien, Öllager, Industrieanlagen und ein riesiges Hafengebiet kündigen die Stadt an.

Eine große Radarstation mit mächtigen Parabolspiegeln, die durch mehrere besetzte Flugabwehrgeschütze gesichert war, machte mich etwas nervös, denn unweit dieser Anlage befand sich der Fährhafen, von dem aus ich in die Emirate übersetzen wollte, sowie mein Hotel, in dem ich die letzten 4 Tage im Iran verbrachte.

Als Erstes fielen mir die vielen Schiffe auf, die vor dem Hafen im Meer lagen und wegen des Handelsembargos nichts zu transportieren hatten. Nachts sah das aus, als würde sich auf dem Meer eine Stadt befinden. Die Besatzungen der Schiffe waren wohl alle an Bord und warteten auf Fuhraufträge.

Das Städtchen selbst gab nicht viel her, wieder sehr viele Händler, ein großer Fischmarkt, auf dem das Angebot mindestens 10 Mal so groß wie die Nachfrage war, und Waren, die zu unglaublich billigen Preisen verkauft wurden.

Bandar Abbas ist einer der großen Häfen im Iran, über den normalerweise Waren aus aller Welt eintreffen und verladen werden. Zum Leidwesen der Iraner ging hier allerdings gar nichts. Ein mehr oder weniger illegaler Handels-Schiffsverkehr zwischen den Emiraten und dem Iran fand im kleineren Stil jedoch statt.

Meine Sorge, die ich hatte, war jedoch anderer Natur. Da über das Internet nicht rauszufinden war, wann das nächste Schiff nach Dubai fuhr, musste ich mich schnellstens darum kümmern.

Ich ging also zum Fährhafen und fand die Reederei, die zu unregelmäßigen Zeiten eine Fähre nach Dubai fahren ließ. Dies war abhängig von der Nachfrage. Es war Donnerstag, und ich hatte Glück. Ein Angestellter der Reederei nahm sich meiner an und erklärte mir, dass am Sonntagabend die nächste Fähre auslief. Er stellte mir ein Ticket aus, und als ich das Dokument in meinen Händen hielt, war mir ein Stück wohler.

Ich hatte also noch zwei volle Tage Zeit und entschloss mich, am Samstag noch einen Trip auf die vorgelagerte Insel Qeshm zu machen.

Eine Schnellfähre verkehrt hier zwischen dem Festland und der Insel. Sie brachte mich am Samstag dorthin. Die See war unruhig, und das Boot knallte von Welle zu Welle durch die ganzen Fracht- und Tankschiffe, die auf Ladung warteten. Im Hafen boten sich für eine Fahrt um die Insel mehrere Guides zu einem annehmbaren Preis an.

Ich nahm mir einen und hatte einen schönen Tag auf dieser Insel. Unter anderem besuchte ich eine Krokodilfarm und fuhr mit einem Schnellboot durch einen der größten Mangrovenwälder. Ein Mittagessen in einem traditionellen Restaurant war inklusive. Das Essen wurde mir von einem 10-jährigen Jungen sehr schnell serviert. Ich war wie fast immer der einzige Gast. Gegen Abend nahm der Wind zu, und als wir am Hafen ankamen, musste ich erfahren, dass an diesem Tag wegen schwerer See kein Schiff mehr zurückfuhr. In Sekundenschnelle gingen mir 100 Gedanken durch den Kopf. Ich sollte am nächsten Tag gegen 11 Uhr im Fährhafen sein, um die Überfahrt nach Dubai anzutreten. Sollte ich jetzt wegen dieses Ausflugs meine Überfahrt verpassen, wäre es ungewiss, wann ich hier wegkam.

Ich sprach mit dem Taxifahrer darüber, was ich nun machen sollte, und er bot mir an, mich nach Eskeleye Bandare zu fahren, von wo aus sich das Festland nur einen weiten Steinwurf entfernt befand. Dort fuhren kleine Schnellboote für Fußgänger bei jedem Wetter.

Keine Frage, ich musste wieder rüber, und das wusste der Taxifahrer nun auch. Er nahm mir für die 50 km genauso viel ab wie für den ganzen Tag als Guide. Das war mir aber angesichts der Situation, in der ich mich befand, egal, und so kam ich doch spätabends wieder auf dem Festland an. Allerdings musste ich dann noch 70 km zurück nach Bandar Abbas und hatte auch hier wieder Glück. Eine fünfköpfige Männergruppe hatte sich gerade ein Taxi bestellt und nahm mich mit. Mit dem Taxifahrer waren wir also zu siebt, eingepfercht in einem uralten Fiat, und gingen die Strecke nach Bandar Abbas an. Unterwegs packte einer der Burschen etwas zu rauchen aus, das unter das Betäubungsmittelgesetz fällt. Dabei war mir gar nicht wohl. Ich wusste, dass im Iran die Todesstrafe, zwar nicht für den Konsum, aber für den Transport vollzogen wird. Ich hatte ja keine Ahnung, wie viel die Burschen bei sich hatten. Schließlich kamen sie auch von der Insel Qeshm, die gerne als Umschlagplatz für den Orient genutzt wird.

In Bandar Abbas angekommen war ich heilfroh, als ich aus dem Auto aussteigen konnte. Eine finanzielle Beteiligung an den Fahrtkosten lehnten die anderen jedoch strikt ab, was wieder dem Wesen der Iraner voll entsprach.

So kam der Morgen, an dem ich mein Rad ein letztes Mal im Iran packte, um an den Fährhafen zu fahren. Ich war viel zu früh beim Check-in, wollte es aber auch hier nicht auf die letzte Minute ankommen lassen.

Zunächst dachte ich noch, dass das hier alles easy ablief, doch nach und nach trafen immer mehr Händler aus den Emiraten ein, die sich im Iran mit billiger Ware eingedeckt hatten. Sie zogen bis zu 20 vollbepackte Rollwagen mit, wobei jeder einzelne Karton von den Grenzbeamten untersucht wurde. Ich befand mich zwischendrin mit meinem Rad. Anders als am Schwarzen Meer musste ich hier mein Rad samt Gepäck abgeben. Es wurde zusammen mit den unzähligen Gepäckstücken und Waren der anderen in große Gitterboxen gequetscht und abtransportiert.

Danach begann eine Phase, die nichts für Nervenschwache oder Herzkranke ist. Als ich endlich bei der Passkontrolle an der Reihe war, stellte der Beamte fest, dass meine Visumzeit um einen Tag überzogen war und setzte mich auf eine Bank, wo ich auf seinen Vorgesetzten warten musste. Schon eine halbe Stunde später kam er, und meine Nerven lagen blank. Das weitere Prozedere hier im Detail zu erklären, würde den Rahmen dieses Buches sprengen. Kurz gesagt, ich lernte so ziemlich jeden Zuständigen und Nicht-Zuständigen für Visumfragen in diesem Fährhafen kennen. Nach zweieinhalb Stunden fühlte ich mich nicht mehr in der Lage, noch einem weiteren meine Situation zu erklären. Mittlerweile war die gesamte Schlange bei der Gepäckannahme verschwunden, die letzten Leute standen am Ausgang, von wo aus man mit einem Bus zur Fähre gebracht wurde. Das Schiff sollte laut Fahrplan in einer Stunde, also um 19 Uhr, ablegen. Die Anspannung in mir war sehr groß, und es platzte förmlich aus mir heraus, was denn nun Sache sei. Endlich teilte der Beamte mir mit, dass mich die Überziehung 10 Dollar koste. *Na prima, das hättest du auch schon früher sagen können*, dachte ich mir. Ich gab ihm die 10 Dollar und musste auf drei verschiedenen Formularen unterschreiben. Da alles in Persisch geschrieben stand und ich nicht wusste, was ich hier unterzeichnete, bekamen sie von mir auch nur eine fantasievolle Künstlerunterschrift. Endlich war es geschafft. Als einer der Letzten bestieg ich den Bus zur Fähre. Als ich endlich auf dem Oberdeck stand, sehnte ich die Minute, in der das Schiff ablegte, herbei.

Das ließ aber noch eine ganze Weile auf sich warten. Die Gepäckverladung dauerte eine gefühlte Ewigkeit. Ich beobachtete alles von oben, bis sich dann endlich am 14.7.2019 um 21.30 Uhr mit zweieinhalbstündiger Verspätung die Leinen lösten und sich das Schiff langsam aus dem Fährhafen in die mittlerweile pechschwarze Nacht hinausschob.

Die Lichter des Hafens und der Stadt verschwanden bald, und die Zeit im Iran ging in mir noch einmal im Schnelldurchlauf durch den Kopf.

Als Fazit könnte ich sagen, dass es etwas Besonderes, aber auch Unbeschreibliches war, durch dieses Land mit dem Rad zu reisen. Dennoch fühlte ich mich, als würde ich aus einem großen Gefängnis mit Freigang entlassen. Es ist ein Land, in dem du sehr viele Form- oder Verhaltensfehler nicht mit Nichtwissen entschuldigen kannst, in dem du dich bedingungslos an die dort herrschenden, ungeschriebenen und geschriebenen Gesetze halten musst. Da fühlst du dich als Deutscher doch etwas beobachtet und eingeengt. Trotzdem würde ich es wieder tun und durch dieses unbekannte und unvergleichliche Land reisen.

Lange Straßen, kein Wasser und kein Schatten.

So etwas grenzt an ein Wunder.
Absteigen und reinspringen, aber ohne zu zögern.

Einladung in eine Backstube in Shiraz.

Einladung von Mansour zum Essen und Übernachten,
hier im Männer-Wohnzimmer.

Schattiges und windstilles Plätzchen zum Kochen.

Noch 2 Tage bis Bandar Abbas.

KAPITEL 14

EMIRATE, EIN STAAT,
IN DEM MILCH UND HONIG FLIESSEN

Die Überfahrt von Bandar Abbas nach Sharjah, eines der 7 vereinten Emirate, dauerte nur eine Nacht. Auf der Fähre war kein Fahrzeug oder Eisenbahnwaggon untergebracht, nur Fußgänger, überwiegend die beschriebenen, muslimischen Händler. Da war es für die Crew klar, dass sie mich als einzigen Europäer mit zwei Chinesen in eine Kajüte legten. Die beiden waren offiziell als Touristen unterwegs, aber inoffiziell von ihrer chinesischen Firma in den Iran und nach Sharjah entsandt. Zhang erklärte mir, dass über die Emirate immer noch heimlich verschiedene Waren in den Iran geliefert würden. Insgesamt erfuhr ich von den beiden zur Abrundung meines Wissens noch einiges über das herrschende Embargo, aber auch über China. Leider konnte ich mit Zhang über WhatsApp nicht lange in Kontakt bleiben, da er mit seinem Kollegen nach 2 Tagen in Sharjah zurück nach China reiste und dort WhatsApp gesperrt ist.

Am Morgen des 15. 7. kam ich dann also in Sharjah an, und auch hier begann der Tag so, wie der letzte aufgehört hatte, Chaos pur. Alle Reisenden mussten sich in einem Saal einfinden, in dem nach und nach von jedem der Pass kontrolliert wurde. Natürlich ging hier das Theater mit meinem 2. Reisepass wieder los, da ich von nun an mit meinem ersten weiterreisen wollte. Das war aus dem Grund wichtig, weil ich mit einem Stempel vom Iran nicht mehr in die USA hätte einreisen können. Das hatte sich aber auch sofort erledigt, da im Iran aus diesem Grund nicht der Pass gestempelt wird, sondern nur das lose mitgeführte Visumdokument.

Nach 10 Minuten war aber auch dieses Hindernis genommen, und es begann der Tanz ums Gepäck. Nach ca. 2 Stunden wurden alle auf einen Schlag aus dem Gebäude gelassen und durften zur Halle, wo das sämtliches Gepäck und die mitgeführten Waren ausgelegt und kontrolliert wurden. Das Ganze erinnerte mich an einen großen Ameisenhaufen, auf dem alle an irgendwelchen Teilen rumzerrten. Hier schien nur eine Regel zu gelten, nämlich „zuerst ich".

Nachdem ich mein Rad inmitten dieses Gewusels liegen sah und meine Satteltaschen vereinzelt an anderen Orten zusammensuchen musste, kam die Kontrolle. Ein Beamter, der nur daran interessiert war, ob ich Medikamente mitführe, wartete meine Antwort gar nicht erst ab, riss meine Lenkertasche auf, durchsuchte diese, ohne wirklich reinzuschauen und ließ mich, abgelenkt von anderen, die sich hinter mir durchmogeln wollten, passieren. Meine Bordapotheke hatte ich in einer der Satteltaschen, die sie mir durchleuchtet anstandslos zurückgaben.

Ich schnallte alles auf, und nach einer letzten Sichtkontrolle ließ mich ein Beamter durch ein großes Eisentor passieren. Puh, geschafft, da stand ich nun in dem Land, von dem es heißt: schöner, größer, besser.

In einem Land, wo auf einmal wieder alle an dir vorbeilaufen, ohne dass du das Gefühl hast, du hast die Pest, in einem Land, wo es auf einmal wieder Supermärkte, Restaurants und die Nobelmarken aller namhaften Autohersteller gibt. Ich fuhr nach Dubai rüber, mietete mich erst mal zwei Tage in einem Hotel ein und genoss das unbeschwerte und unbeobachtete Leben in den UAE. Auch genehmigte ich mir in der Sports-Bar, die sich im Erdgeschoss des Hotels befand, ein großes Bier.

Ich war im vergangenen Januar schon mit der Familie in Dubai gewesen und kannte mich hier ein bisschen aus. Die Tatsache, dass ich wieder viel unternehmen und auch fast wie zu Hause leben konnte, war für mich nach der Zeit im Iran schon etwas Besonderes.

Da ich noch jede Menge Zeit hatte, bis meine Frau Petra und mein Sohn Nico nach Abu Dhabi kamen, beschloss ich, in den Oman nach Maskat zu radeln, was ich nach zwei Tagen Dubai gleich in Angriff nahm. Am Morgen des 17. 7. brach ich zeitig auf. Ich hatte geplant, an die Ostküste und dann an der Küste entlang nach Maskat zu fahren. Die Ostküste war aber an einem Tag nicht zu erreichen, da dort, wo ich fuhr, die Halbinsel noch ca. 140 km breit ist. Außerdem waren noch ein paar Berge dazwischen, was ich bis dahin nicht gewusst hatte. Also suchte ich mir einen Ort heraus, wo ein Hotel angegeben war, das ca. auf der Hälfte der Strecke lag. Es war unglaublich heiß, und die hohe Luftfeuchtigkeit tat ihr Übriges. Es gab hier, anders als im Iran, kein gefrorenes Wasser, und so konnte auch mein Wasser in den Satteltaschen nicht lange kalt bleiben. Bald verabschiedeten sich die letzten Häuser der Stadt, und die Möglichkeit, kaltes Wasser nachzukaufen, war gering. Die Gegend wurde immer karger, und nun war ich mitten in der Wüste. Diese Wüste unterschied sich gewaltig von der Wüste, wie ich sie vom Iran her kannte. Sie bestand überwiegend aus Sand. Städtchen oder Dörfer wurden rarer.

Am späten Nachmittag erreichte ich die Stelle, wo eigentlich das Hotel stehen sollte. Es war aber weit und breit keins da. Ich hatte bereits 85 km in den Beinen, was bei den Temperaturen eine ordentliche Leistung war. Kurz gesagt, ich war fertig und weit und breit nichts. Nicht einmal mehr brauchbares Wasser hatte ich noch, und Zelten kam in der Landschaft, bei den Temperaturen sowieso nicht in Frage. Also stellte ich mich an den Straßenrand und wendete meinen alten Iran-Trick an. Etwas fragend und suchend in die Landschaft schauen, es würde schon einer anhalten. Das funktionierte auch dieses Mal wieder. Es stoppte ein Mann mit seinem Sohn in einem riesigen Geländewagen, gab mir erst einmal sein eiskaltes Red Bull, das er in seinem gekühlten Getränkehalter stecken hatte und bot mir seine Hilfe an. Ich fragte ihn, ob er nicht eine Übernachtungsmöglichkeit wüsste. Er telefonierte und sagte mir, dass er seinen Bekannten bei der Polizei angerufen habe. Die könnten helfen, und prompt rauschten sie mit zwei Streifenwagen an. Kurze Zeit später stand dann auch noch ein Krankenwagen da und rundete die Sache ab. Ich erklärte ihnen, dass das ein Missverständnis sei und ich nur eine Übernachtung suche. Zu meinem Pech war mein Rad auch noch im weichen Wüstensand umgefallen, was bei allen Angereisten den Eindruck erweckte, ich sei gestürzt. Die Leute von den Sanis bestanden darauf, mir den Blutdruck und so weiter zu messen. Nach einer groben Untersuchung stand dann schon ein weiterer Mann mit einem Pick-up da, und ich lud ohne zu wissen, wohin die Reise ging, das Rad auf. Wir fuhren zur Polizeistation, und ich dachte: *Die lassen mich jetzt auch dort schlafen.* Aber nein, sie bestanden darauf, dass ich mich im Krankenhaus nochmal richtig durchchecken ließ. Nach längerem Hin und Her willigte ich ein und wurde von einem Polizisten zum Krankenhaus gefahren.

Dort wurde ich dann von einem Arzt gecheckt, einschließlich EKG. Als er nur feststellen konnte, dass alles okay war, fuhren wir zurück zum Revier. Ich dachte, dass sie mich jetzt dort auf dem sehr komfortablen Sofa oder sonst wo schlafen ließen. Eine Zelle hätte es auch getan. Dazu muss ich noch erklären, dass diese Polizeistation vom Allerfeinsten war. Sie glich eher einem Hotel.

Nach längerem Warten kam dann ein weiterer Mann mit einem Pick-up, und wir luden wieder das Rad auf und fuhren zu einem Park, der nachts bewacht wurde. Dort durfte ich dann mein Nachtlager aufschlagen und schlief irgendwann, um mittlerweile 1 Uhr in der Nacht, auf dem harten Boden des Wachhäuschens ein. Das war ein stressiger Tag gewesen, ich hatte aber auch feststellen können, dass die Leute hier ähnlich gastfreundlich und hilfsbereit waren wie im Iran. Die ganze Sache mit dem Rettungswagen und der Untersuchung im Krankenhaus kostete mich keinen Cent. Hier war die Gesetzeslage so, dass, wenn eine solche Untersuchung von der Polizei angeordnet wird, das Land die Kosten übernimmt. Der Polizist hatte streng nach seinen Vorschriften gehandelt. Wenn mir irgendwas passiert wäre und er hätte den positiven Bericht des Krankenhauses nicht in seinen Unterlagen gehabt, hätte er mächtig Ärger bekommen. Nun, mir war es recht. So hatte ich doch, auch wenn es anstrengend gewesen war, mal wieder einen Gesundheitscheck durchlaufen.

Für den nächsten Morgen hatte ich meinen Wecker auf 6 Uhr gestellt. Ich wollte früh los, aus Angst, die Polizisten kämen eventuell noch auf die Idee, eine Nachuntersuchung anzuordnen. Ein wirkliches Schlafen auf dem harten Boden war eh nicht möglich, da ich auch noch unglücklicherweise 2 bis 3 Ameisenstraßen mit meinem Lager unterbrochen hatte. Diese suchten sich immer wieder eine neue Route durch mein Gesicht, was mich dazu bewegte, um 5 Uhr aufzustehen und um 5.30 Uhr bereits wieder auf dem Rad in Richtung Fudschaira zu sitzen. Der Gegenwind, der kleine Gebirgszug, den ich überfahren musste, und die gnadenlose Hitze forderten mir alles ab. Als ich gegen Abend im Emirat Fudschaira ankam, stand mein Entschluss fest. Maskat musste auf mich verzichten. Maskat, das gut und gerne 350 km von Fudschaira entfernt lag, wäre bei dieser Hitze noch einmal eine weitere Herausforderung gewesen. Das wollte ich meinem Körper nicht zumuten. Die vergangenen Wochen waren hart genug gewesen, und außerdem merkte ich, dass meine Gedanken schon beim Urlaub mit der Familie in Abu Dhabi waren.

Ich kam also am 18. 7. an der Ostküste der arabischen Halbinsel an, im Städtchen Fudschaira, das denselben Namen wie das Emirat trug. Eigentlich hatte ich gedacht, dass nur in Dubai selbst der Drang, hohe Häuser zu bauen, vorhanden war. Ich merkte aber während meiner kleinen Rundreise auf der Halbinsel sehr schnell, dass das ein Trugschluss war. Überall schossen die Wolkenkratzer aus dem Boden, und oft hatte ich das Gefühl, dass es weder an Platz mangelte, noch der wirkliche Bedarf vorhanden war. Wenn hier gebaut wurde, dann immer gleich in unglaublichen Dimensionen. Dass das nicht immer so war, davon zeugten die kleinen Dörfer, die ich im Hinterland sah oder durchfuhr. Zwar sind diese Dörfer mitnichten mit den Dörfern von der Ukraine bis in den Iran vergleichbar, dennoch konnte man deutlich erkennen, dass in diesem Land auch schon mal kleinere Brötchen gebacken worden waren und teilweise noch gebacken werden. Was aber die öffentlichen Einrichtungen betrifft, wie Polizei oder Krankenhäuser, die es hier in einer unglaublichen Anzahl gab, so wird man lange suchen müssen, bis man so was irgendwo anders findet. Der Bauboom hielt also immer noch ungebrochen an, obwohl an jedem Gebäude riesige Werbeträger hingen, die auf einen ordentlichen Anteil von Leerständen hinwiesen.

In Fudschaira legte ich dann auch mal wieder einen Tag Pause ein, um mich ein bisschen umzuschauen. Ich lief am Morgen die Strandpromenade entlang und konnte ein paar schöne Nobel-Restaurants entdecken. Der Strand war sauber und gepflegt, jedoch war das Meer um einiges aufgewühlter als auf der Westseite (Dubai). Ich wollte wissen, wie und wo die Leute hier in diesem Land einkauften. Da ich bei der Einfahrt in die Stadt eine große Mall gesehen hatte, dachte ich: *Gehst da mal hin.* Zum Laufen zu weit bei der Hitze, also nahm ich mir ein klimatisiertes Taxi, was im Übrigen recht günstig war, und fuhr zu dieser Fudschaira-Mall, nagelneu und riesengroß. Ich hatte, glaube ich, mit 10 anderen Leuten den Laden für mich alleine.

Es zeigte sich ein weiteres Mal, dass hier geklotzt wurde und nicht gekleckert, alles war unglaublich schön, teuer und edel gemacht. Auch die einzelnen Läden waren eine Augenweide. Für Frauen mit Geld ein Traum. Für Männer mit Frauen ein Alptraum. Am Mittag besuchte ich dann noch eine Moschee, von denen es angeblich nur zwei Stück in den VAE gibt. Ich konnte leider nicht herausfinden, ob sich das auf die Größe oder die Art bezog. Wie so oft musste ich hinterher feststellen, dass manche Dinge einfach nicht mit dem Foto einzufangen sind. Die Größe und handwerkliche Meisterleistung waren nur schwer bis gar nicht zu dokumentieren.

Am Abend nahm ich noch ein wohlverdientes Feierabend-Bierchen, da Fudschaira zu den Emiraten zählt, wo Alkohol ausgeschenkt werden darf. Am nächsten Tag machte ich mich dann auf die Fahrt nach Dibba und nicht wie vorgesehen nach Maskat. Maskat war mir einfach zu weit und zu heiß. Außerdem hätte ich dann auf dem Rückweg wieder das Problem mit der Unterkunft gehabt. Im Hinterland gab es einfach nichts. So ergab meine andere Route aber wenigstens etwas Neues, nämlich dass ich auf dieser Strecke alle 7 Emirate durchfahren und dabei ganz nebenbei auch noch ca. 600 km zurücklegen würde. Der Weg über die Berge, die ich eigentlich gar nicht auf dem Schirm hatte, brachten natürlich bonusverschwitzte Shirts. Oft musste ich mir wieder bei Abfahrten das mit kaltem Wasser getränkte Handtuch, das ich immer über dem Lenker hängen hatte, vor den Mund halten, um nicht den heißen Wind einzuatmen. Auf dem Rückweg bzw. auf dem Weg nach Abu Dhabi und somit auf meinen letzten Kilometern in den VAE, bevor mein Rad auseinandergebaut und verpackt wurde, habe ich natürlich noch einmal die Faszination der Highlights von Dubai mitgenommen.

Hier waren in einem dichten Gewirr von Straßen, die sich oft sechsstöckig übereinander und mit bis zu 10 Spuren in alle Himmelsrichtungen winden, meinem GPS von Maps.me seine Grenzen gesetzt. Mir natürlich auch. So konnte ich mich eigentlich nur noch nach dem Wind richten. In die Richtung, aus der er blies, musste ich normalerweise fahren. Trotzdem wirkte hier alles so geregelt, so clean und anständig, dass der Gedanke in einem wach wurde, hier leben zu können, wäre da nicht die unerträgliche Hitze im Sommer. Alles in allem musste ich feststellen, dass sich hier im Sommer durchaus gute Schnäppchen, was das Wohnen betrifft, machen lassen. Hotels der Spitzenklasse sind hier zum Teil für 30 Euro pro Nacht zu haben.

Auch mein Fahrradbonus kam hier in den Emiraten wieder zum Tragen. Im Emirat Rasch al Chaima hielt ich an einem Restaurant. Ich aß eine Portion Reis mit Gemüse und Chicken und trank dazu eine Dose Sprite und eine Dose Cola. Der Wirt war aus Pakistan und der Kellner aus Indien, beide hochbegeistert und interessiert von und an meiner Story. Als ich ging, nahm ich noch 2 große Flaschen Wasser aus dem Kühlschrank und wollte bezahlen. Da sagte der Wirt, dass er kein Geld von mir nähme. Es sei ihm eine Ehre, dass ich bei ihm gegessen habe.

So ähnlich ging es mir unterwegs oft. Einer fragte mich sogar, ob ich genügend Geld habe, und noch heute ärgert mich, dass ich nicht weiß, was wohl passiert wäre, hätte ich seine Frage verneint. Also, die Hochachtung vor einem Radreisenden war hier unglaublich.

Danach kamen noch zwei Touren, eine an die Emiratgrenze zu Abu Dhabi und die letzten 110 km bis in das gebuchte Hotel, in dem wir unseren Urlaub verbringen wollten. Doch zunächst lag zwischen Dubai und Abu Dhabi noch der Dubai Park, in dem unter anderem Legoland untergebracht ist. Das „Rove at the Park" ist das einzige Hotel, das es in dieser Gegend gibt, und so mietete ich mich für 34,50 Euro die Nacht in einem der besten Hotels ein, wenn nicht das beste auf der bisherigen Tour. Rund um das Haus gab es aber nur trostlose Wüste. Am 27. 7. 2019 war es dann so weit, die letzte Tour in den Emiraten.

Sie ging wieder mal in die Geschichte der Härtetage ein. Die Strecke von Dubai/Rove Hotel nach Abu Dhabi/Hotel Khalidiya Palace betrug 109 km, und das bei sengender Hitze. Ich stand um 6 Uhr auf und saß bereits um 6.30 Uhr auf dem Rad. Natürlich begann es schon wieder richtig hart, da ich mit einem Gegenwind zu kämpfen hatte, der unbeschreiblich war. Zusätzlich war die Luft durch den starken Wind sandgesättigt, was meinen Augen nicht gerade gut tat. Trotzdem lief der Morgen eigentlich recht ordentlich, und ich hatte gegen 14 Uhr bereits den Flughafen von Abu Dhabi passiert, der immerhin ca. 35 km außerhalb der Stadt liegt. Diese 35 km wurden aber zur Hölle. Zum einen kamen keine Geschäfte oder Tankstellen mehr, wo ich hätte Wasser kaufen können, was mir langsam, aber sicher ausging. Das Wasser, das ich noch hatte, war mittlerweile heiß, und zum zweiten hatte mich der Gegenwind so viel Kraft gekostet, dass ich total erschöpft war.

20 km vor meinem Ziel legte ich mich unter einer Brücke in den Schatten, direkt am Straßenrand. Wenig später muss ich wohl eingeschlafen sein. Lange kam ich jedoch nicht in den Ge-

nuss eines Erholungsschlafs, denn nach kurzer Zeit hielt ein besorgter Autofahrer an und fragte mich, ob ich Hilfe benötige. Gerne hätte ich angenommen, aber das ließ mein Stolz mal wieder nicht zu. Ich hatte keine Chance, ich musste kämpfen, und das tat ich auch. Als ich die nächste Tankstelle erreichte, war ich bereits in bebauten Gebieten der Vorstadt und hatte noch ca. 15 km zu fahren. Ich tankte nochmals Wasser auf und schaffte die letzten Kilometer mit 2 bis 3 Pausen. Als ich am Hotel ankam, wurde es schon wieder dunkel. Ich checkte mit Hochgenuss ein, da ich wusste: So, das war's für 17 Tage. Jetzt begann der Urlaub, auf den ich mich so gefreut hatte, und gleichzeitig die 5 Tage des Wartens, bis Nico und Petra ankommen würden. Ich bezog mein Zimmer und war ungeheuer stolz auf meine Leistung.

Noch im Januar, als ich mit meiner Familie in Dubai gewesen war, hatte ich einem Taxifahrer aus Pakistan erklärt, dass ich im August wieder hier sein würde, aber mit dem Fahrrad. Das glaubte mir der Taxifahrer nicht wirklich und doch war es so. Nach 117 Tagen, 7770 km und 43530 überfahrenen Höhenmetern hatte ich mein erstes ganz großes Etappenziel erreicht.

Die nächsten Tage verbrachte ich damit, alles zu erkunden, damit ich schon mal vorbereitet war, und ich muss sagen, dass das gar nicht so schlecht ist, wenn einer vorher alles checken kann.

Am 3. 8. war es dann so weit. Morgens um 5.30 Uhr stand ich am Flughafen von Abu Dhabi und wollte meine beiden Lieben in die Arme nehmen. Ich wollte sie auf mich zulaufen sehen, doch es kam anders als im Kopfkino geplant. Ich holte mir noch eine Kleinigkeit zum Frühstück und setzte mich zu einem arabischen Mann an den Tisch. Gleich begann er ein Gespräch, und wir kamen in so einen Redefluss, dass die Zeit wie im Flug verging. Auf einmal tippte es mir von hinten auf die Schulter, und da standen die beiden. Überglücklich nahmen wir uns in die Arme. Danach begann eine wunderschöne Zeit, für die in diesem Buch aber kein Platz ist. Weiter geht es im nächsten Kapitel mit dem Abschied an gleicher Stelle.

Angekommen in Dubai. Im Hintergrund der Burj-Khalifa-Wolkenkratzer.

Im Hinterland Wüste, so weit das Auge reicht.

Kühlung, egal wie, war angesagt.

Das wohl berühmteste Hotelgebäude der Welt: Burj al Arab.

Blick auf den Präsidentenpalast in Abu Dhabi.

KAPITEL 15

INDIEN KANN MAN NICHT BESCHREIBEN, INDIEN MUSS MAN GESEHEN HABEN

Der Morgen des 13. 8. 2019 kam für mich viel zu schnell, aber auch ich bin nicht in der Lage, die Zeit anzuhalten, und so fand ich mich um 7 Uhr morgens mit meiner Frau und Nico auf dem Flughafen von Abu Dhabi wieder. Der Flug der beiden nach Frankfurt ging um 11 Uhr und meiner nach Mumbai in Indien um 14 Uhr. Die restliche Zeit, die uns noch verblieb, kann ich unmöglich beschreiben. In mir herrschte eine vollkommene Leere, und meine Lungen und mein Herz schien es zu zerreißen. So einen Abschied wünsche ich nicht mal einem Todfeind, und doch kam er unaufhaltsam auf mich zu. In den Minuten des Abschieds und als die beiden um die Ecke bogen und sie aus meinem Blickfeld verschwanden, fühlte ich mich wie ein kleines Kind, dem die Mutter weggenommen wird. Gut, dass ich das Eincheckprozedere noch vor mir hatte, was mich für die nächsten zwei Stunden auf Trab hielt.

Es war mein erster Flug mit dem Rad, das ich nicht einmal großartig verpackt hatte. Ein Mann in einem Fahrradladen in der Stadt hatte sich für mich erkundigt, wie das Rad zu transportieren sei. Hier hatte man mir gesagt: „Nicht viel machen, am Flughafen den Lenker gerade stellen, die beiden Pedale entfernen und das Ganze dort in Folie wickeln lassen." Das tat ich auch, und die beiden freundlichen Herren, die mir beim Verpacken halfen, nahmen mir dafür 50 Euro ab. Natürlich befand sich der Annahmeschalter für übergroßes Gepäck in einer anderen Halle, und als ich endlich nach zwei Stunden meinen Boarding Pass in der Hand hatte, mein Fahrrad und meine Satteltaschen auf dem Rollband verschwanden, war mir schon wieder

ein Stückchen wohler, obwohl ich ein ungutes Gefühl hatte. Ob
ich mein Rad in dem Zustand zurückbekommen würde, wie ich
es abgegeben hatte?? Meine Frau und Nico befanden sich zu dem
Zeitpunkt schon in der Luft, und ich machte mich auf zum Gate,
wo gerade der Jet beladen wurde, der mich in ein anderes Land,
in eine mir unbekannte Welt bringen sollte.

Das Flugzeug hob planmäßig ab, und die drei Stunden Flugzeit nutzte ich, um meine Gedanken zu sortieren und mein Tagebuch zu führen.

Als ich in Mumbai landete, war ich bereits in einer nächsten
Zeitzone angekommen, und es war schon dunkel.

Die Gepäckausgabe funktionierte gut. Bald hatte ich meine über-
schaubare Ausrüstung wieder zusammen. Auf dem Flughafen
selbst war es fast menschenleer, und ich hatte in einer riesigen
Abfertigungshalle genügend Platz, mein Fahrrad wieder flott-
zumachen. Allerdings hatte es etwas gelitten. In einem Hinterrad hatte ich nun einen leichten Achter, was ich am Flughafen nicht richten konnte. In der Halle patrouillierten mehrere
Soldaten, die schwer bewaffnet waren. Mich wunderte das ein
wenig. Erst als ich durch eine große Schiebetür ins Freie kam,
konnte ich feststellen, warum es im Innenbereich so leer gewesen war. In Indien darf man nicht ohne gültiges Ticket in den
Flughafen. Dafür sorgten die Soldaten, die penibel die Tickets
kontrollierten. Ab diesem Zeitpunkt war es dann vorbei mit
der Ruhe in Indien.

Hunderte von Tuk-Tuk-Taxifahrern warteten im Außenbe-
reich auf Kundschaft und staunten allesamt nicht schlecht, als
ich da mit meinem vollbepackten Rad durch die Tür kam. Die
Geräuschkulisse war unglaublich und wurde vom Rauschen eines sintflutartigen Regenschauers noch verstärkt. Ich drängel-
te mich durch die Menschenmenge, und als ich an der Straße
stand, die zur Stadt führte, schaute ich zuerst einmal 5 Minuten dem Treiben zu, bevor ich mich in stockdunkler Nacht mit
meinem Rad in dieses Chaos auf den Weg in das gebuchte Hos-

tel traute. Geheuer war mir die ganze Sache nicht. Dazu kam noch, dass es ab heute für mich hieß: Linksverkehr.

Der Weg zum Hotel war nicht sehr weit, hatte es aber wegen des Regens, der Schlaglöcher und des unglaublichen Verkehrs in sich. Der Flughafen liegt in Mumbai eigentlich mitten in der Stadt, und so stand ich nach einer halben Stunde tropfnass an der Rezeption des gebuchten Hostels, in dem ich gleich erfuhr, dass hier nur Inder, keine Ausländer übernachten durften. *Prima*, dachte ich, *das geht ja schon wieder gut los.*

Es war ein unbeschreibliches Gefühl, das mich überkam. Da stand ich nun mit meinem Rad in einem mir völlig fremden Land, in einer der größten Städte mit 16 Millionen Einwohnern, mitten in der Nacht, bei Regen, wie ich ihn schon lange nicht mehr gesehen hatte, und hatte keine Übernachtung. Der Dreck, der hier allgegenwärtig war, fiel mir erst am nächsten Morgen bei Tageslicht richtig auf. Auf meiner App suchte ich in der Nähe etwas anderes und steuerte es auf direktem Weg an. Leider ausgebucht. An der dritten Stelle wurde ich fündig und bekam ein Zimmer für die nächsten zwei Tage. Der Unterschied zum Zimmer in Abu Dhabi war krass, aber das störte mich in meiner Situation nicht wirklich. Wichtig war jetzt erst einmal: umschauen wie hier alles so lief, Route planen und vor allem Geldwechsel.

Es ist streng verboten, nach Indien Geld einzuführen, genauso wie es verboten ist, die Währung auszuführen. Für mich war es jetzt aber erst mal nötig, Euro in indische Rupien zu tauschen, was sich als problematisch herausstellte. In Indien gibt es keine Devisenhändler auf der Straße wie vielerorts. In Indien kann man nur an bestimmten Stellen tauschen, wie z. B. an internationalen Flughäfen. Das wollte ich aber in Ruhe am Morgen angehen, da mir der Mann an der Rezeption vertraute und mir Zeit bis zum nächsten Tag ließ, um das Zimmer zu bezahlen. Der erste Morgen brachte dann die eiskalte Ernüchterung. Mein Blick aus dem Fenster meines Zimmers schweifte über die gegenüberliegenden Häuser, die einen heruntergekommenen Eindruck machten. Zuerst dachte ich, dass ich mich hier mitten in den Slums von Mumbai niedergelassen hatte. Wie es jedoch in der gesamten Stadt und im gesamten Land aussah, beschreibe ich in diesem Kapitel noch ausführlich.

Ja, den Unterschied zu den Emiraten, in denen ich mich noch vor 20 Stunden befunden hatte, musste ich erst einmal verarbeiten. Am Vortag hatte ich noch den Blick von unserem Hotelzimmer auf den Präsidentenpalast gehabt, der sich in einer paradiesähnlichen Anlage befindet, und nun sah ich auf verwahrloste Hütten und Häuser, die durch Wege und Straßen erschlossen waren, die an Wege auf Müllhalden erinnerten.

Da ich aber prinzipiell kein Problem mit Extremen habe, zog ich mich an und trat entschlossen vors Haus, um erst einmal Geld wechseln zu gehen. Für die Strecke, für die ich am Vorabend vom Flughafen noch eine halbe Stunde mit dem Fahrrad gebraucht hatte, brauchte ich zu Fuß gerade einmal 20 Minuten. Zu Fuß war ich bei dem Verkehr schneller als mit jedem anderen fahrbaren Untersatz. Fußwege natürlich Fehlanzeige, man läuft und fährt in Indien einfach da, wo Platz ist und wo die Straßen am besten zu befahren oder zu begehen sind. Dies hört sich allerdings schlimmer an, als es ist. Man nimmt hier Rücksicht aufeinander, egal wie du unterwegs bist. Verkehrsregeln konnte ich genauso wenig erkennen wie Verkehrsschilder. Ampelanlagen waren sehr selten, und wenn es welche gab, galt hier wahrscheinlich ein ungeschriebenes Gesetz. Man fährt ungefähr 3 Sekunden, bevor es grün, wird los. Wann dieser Zeitpunkt ist, dafür bekommst du mit der Zeit ein Gefühl. Wichtig scheint nur, ständig zu hupen, anders funktioniert das nicht.

Am Flughafen stand ich nun wieder vor dieser Tür, durch die ich am Vorabend Indien betreten hatte. Natürlich ließen mich die Soldaten genauso wenig rein wie jeden anderen. Zwei standen da und kontrollierten die Tickets, und ein dritter saß hinter einer aufgestellten Eisenplatte mit kleinem Durchguckschlitz, die als Schutzschild ihre Dienste leistete. Durch den Schlitz schaute der Lauf seiner Maschinenpistole. Ob die Sicherheitsmaßnahmen immer so waren oder bloß, weil gerade die Spannungen im Gebiet um Kaschmir wieder aufflammten, wollte ich erst gar nicht wissen.

Als ich einem der Soldaten eindringlich erklärt hatte, dass ich unbedingt Geld wechseln musste und sich die Wechselstube nun mal im Innenbereich befand, ließ er sich dazu bewegen, eine Angestellte der Wechselstube rauszuholen. Ich gab ihr Geld und meinen Reisepass, und sie verschwand damit wieder durch die Tür. Wohl war mir dabei nicht, dass ich meinen Pass weggeben musste, aber es funktionierte. Nach wenigen Minuten stand sie wieder da und brachte mir meine ersehnten Rupien. Damit war schon mal ein großer Schritt geschafft in dem Land, in dem ich mich noch gar nicht auskannte. Ich hatte aber mittlerweile gelernt, dass Abschauen und frech Nachmachen die beste Möglichkeit war, um in fremden Ländern schnell durchzukommen.

Danach wollte ich mir ein Tuk-Tuk nehmen, um mir die Stadt etwas anzusehen, als mich ein Mann ansprach. Schnell bot er mir an, ein ordentliches Taxi (4 Räder) zu nehmen und mir samt Taxi für einen Pauschalpreis von 10 bis 17 Uhr als Guide zur Verfügung zu stehen. Das nahm ich nach ein bisschen Handeln dann auch gerne an, und so fuhren mich die beiden den ganzen Tag kreuz und quer durch die Stadt. Der Guide sagte mir immer wieder, dass wir jetzt an einen „very nice place" kämen, doch konnte ich die so beschriebenen Plätze nicht erkennen. Die Straßen waren furchtbar, und die Stadtbezirke, durch die wir uns drängten, waren nicht anders als die Gegend, in der sich meine Unterkunft befand. Dreck lag entlang der gesamten Straße, und Händler aller Sparten boten ihre Waren in Buden und Baracken an. Als wir am berühmten Gateway of India ankamen, war ich dann doch ein wenig überrascht. Ein großer, schöner Platz erschließt das ganze Hafengebiet, und rechts davon steht das riesige Luxushotel Taj Mahal Palace, in dem schon einige Weltstars die Nacht verbracht haben. Es war, wie so vieles in Indien, von den Engländern zur Kolonialzeit geplant oder gebaut worden.

Auf dem Vorplatz boten viele Fotografen an, dich mit ihren eigenen indischen Models zu fotografieren. Diese waren allesamt so schön hergerichtet, wie man die Hauptdarstellerinnen aus den Bollywood-Filmen kennt.

An diesem Platz konnte ich wirklich ein paar schöne Bilder knipsen. Auch für einen Inder schien es absolute Pflicht zu sein, einmal am Gate of India ein Foto zu schießen. Unter den ganzen Menschen, die sich auf dem Platz befanden, waren sehr viele Schulklassen und Reisegruppen, Hochzeitspaare und Verliebte, die sich auf Geländer, Bodenplatten und Bäumen mit Edding oder Messer verewigten. Ich hatte das Gefühl, dass ich der einzige ausländische Tourist war.

Anschließend brachten mich die beiden dann mit dem Taxi zu einem ehemaligen Stadt-Badestrand. Dieses Erlebnis begleitete mich dann auf der gesamten Fahrt durch Indien. Tausende Inder hatten ihre helle Freude daran, barfuß im weichen, nassen Sand zu laufen. Der Guide erklärte mir, dass es streng verboten sei, hier Bilder zu machen. Das Wasser war dreckigbraun, und es war nicht erlaubt, hineinzugehen, da es absolut verseucht war. Radlader, die für einen bestimmten Strandabschnitt zuständig sind, waren den ganzen Tag damit beschäftigt, den Müll, den das Meer immer wieder an Land spuckte, aufzuschaufeln und für den Abtransport auf Lkw und Anhänger zu laden. Wohin dieser dreckige, schmierige und vor allem giftige Müll anschließend gebracht wurde, konnte der Guide mir nicht sagen, aber mit Sicherheit war das nicht das letzte Mal, dass dieser Abfall auf Reisen ging. Ich war eigentlich recht schockiert, wie selbstverständlich die Inder diesen Müll hinnahmen und sich in keinster Weise darüber Gedanken machten, wie man dieses Problems Herr werden könnte. So ging der erste Tag in dieser unglaublichen Stadt langsam zu Ende. Ich hatte schon viel gelernt, was für meine anstehenden 2500 km durch dieses Land sehr wichtig sein würde.

Allerdings befand ich mich in einer Weltstadt, und ich hatte bis hierher erfahren, dass sich die Großstädte stark von den ländlichen Gegenden und Menschen unterschieden. Was sollte mich also noch erwarten? Auf diese Frage fand ich ab dem nächsten Morgen meine Antworten.

Am 15. 8. 2019, morgens 7 Uhr, stand ich gerichtet und bepackt vor meiner Herberge. Es hatte die ganze Nacht geregnet, und entsprechend sah es auf den Straßen aus. Der üppige Regen hatte die Fahrbahnen teilweise sauber gewaschen, konnte die Unmengen von Dreck aber nicht ganz wegspülen, hatte dafür aber immer wieder kleine Mülldeponien aufeinandergeschoben. So machte ich mich auf den Weg, raus aus der Riesenmetropole Mumbai, die den älteren Menschen noch als Bombay bekannt ist und auch von den älteren Indern noch so bezeichnet wird. Irgendwie wollte diese Stadt aber nicht aufhören, die Vororte reihten sich noch lange nahtlos aneinander.

Als es dann endlich etwas ländlicher wurde, hatte ich bereits 50 km auf meinem Tacho. Zwischenzeitlich hatte ich mehrere Male mit dem Monsun Bekanntschaft gemacht, der sich in fast regelmäßigen Abständen von einer halben Stunde immer wieder vorstellte. Die Regenkleidung hatte ich mittlerweile abgelegt, da es ziemlich egal war, ob ich sie anhatte oder nicht. Es war sehr warm und hatte eine sehr hohe Luftfeuchtigkeit. Mit Regenkleidung lief mir das Wasser vom Schwitzen von innen durch die Ärmel, da war es angenehmer, im T-Shirt im Regen zu fahren. Der war irgendwie angenehm weich und warm, alles andere als unangenehm.

Bei einer Rast in einer kleinen Ortschaft steckten mir ein paar nette Inder gleich ein indisches Fähnchen ans Rad, mit dem ich natürlich noch viel lieber gesehen wurde, als es eh schon der Fall war. Anhalten, Selfies machen und jede Menge Fragen beantworten, das war jeden Tag mehrere Male Pflicht. Die Neugierde der Inder kennt keine Grenzen, und sie zieren sich nicht, dich anzusprechen.

Die Landschaft war nach den zwei Monaten Wüste eine Wohltat. Saftiggrüne Felder, Hügel und Berge machten sich vor meinen Augen breit, und wo es keine Inder gab, war es auch relativ sauber. Leider gibt es sehr viele Inder, so dass es von Ortschaft zu Ortschaft und so auch von Müllberg zu Müllberg nicht sehr weit war. Indien ist flächenmäßig ungefähr nur 10 Mal größer als Deutschland, hat aber dafür rund 17 Mal so viele Einwohner. Das wurde mir auch immer wieder vor Augen geführt, wenn ich eine Stadt ansteuerte. Orte, die auf meiner Karte im Handy aussahen wie Kleinstädte, entpuppten sich meist als Millionenstädte. Auf Landstraßen war es angenehm zu fahren, wenn es sich denn um Straßen handelte. Kleinere Landstraßen waren jedoch selbst mit dem Rad nur schwer zu meistern. Immer wieder kam ich an liegengebliebenen, überladenen Lkw vorbei, die sich auf diesen Wegen einen Platten oder gar Achsbruch zugezogen hatten. Der vorgeschriebene Linksverkehr war hier oft nicht mehr zwingend. Man fuhr dort, wo es am besten ging und brauchte sich für nichts zu entschuldigen. Jeder kannte diese ungeschriebene Regel, und damit funktionierte der Verkehr sogar in den größten Städten.

Auf was ich mich auch erst einmal einstellen musste, war, dass die Inder sehr viel vegetarisch essen. Diese Restaurants erkennt man daran, dass außen auf irgendeinem Schild „pure veg" steht. Allgegenwärtig waren natürlich auch die heiligen Kühe. Gehört hatte ich davon schon viel, aber wiesehr sie verehrt werden, brachte mich jeden Tag aufs Neue ins Staunen. Nicht zwei oder fünf Kühe, nein, ganze Herden zogen hier ihre Runden auf Landstraßen, durch Dörfer und Städte und bevorzugten es anscheinend, genau auf der Fahrbahn ihr Schläfchen abzuhalten, selbst wenn daneben die schönsten Wiesen vorhanden waren. Ein Vertreiben oder gar Anhupen ist hier keine gängige Vorgehensweise. Oft hatte ich das Gefühl, die Kühe seien gleichberechtigte oder gar bevorzugte Lebewesen. Dass dadurch ein konzentriertes Fahren vonnöten war, versteht sich von selbst. Die Straßen sahen natürlich auch entsprechend aus, da die Ausscheidungen in Unmengen den Belag zierten und dieser sehr rutschig wurde.

Die weiteren Tage brachten viele neue Erkenntnisse, und es war alles andere als uninteressant. An einem Tag hatte ich eine Übernachtung in den Bergen, über die ich in einem Wochenbericht, der an meine WhatsApp Gruppe ging, im Stil eines Groschenromans berichtete, was ich gerne hier im Original einbringe.

„Es war am dritten Tag seines Rittes durch dieses unbekannte Land. Zäh zog sich der Weg durch eine hügelige Landschaft, der am Ende des Tages in den Bergen enden sollte. Seine Laune konnte sich auch nicht durch die sattgrüne Landschaft, durch die er schon stundenlang fuhr, verbessern. Die Gedanken quälten ihn: *Wird die angezeigte Unterkunft auch wirklich, wie versprochen, da sein?* Nur allzu oft wurde er von der Maps.me-Technik enttäuscht, doch wenn er an diesem nassen Monsuntag keine trockene Bleibe fände, würde es eine feuchte Nacht werden. Nach einem weiteren kräftigen Regenschauer, der die Straße vorübergehend zum Gebirgsbach machte, kam er auf eine Hochebene. Der Blick reichte bei dem Wetter vielleicht gerade mal 200 bis 300 m weit, als auf der gegenüberliegenden Straßenseite das gesuchte Hotel auftauchte. Er stellte sein Gefährt direkt vor dem Eingangstor ab, welches sich in einer ordentlichen Fassade befand. Er betrat über 3 Stufen einen großen, heruntergekommenen Vorraum, der an den Seiten mit Lattenwänden getäfelt war. Sie verliehen dem Raum einen halbdunklen Charakter. An mehreren uralten Holztischen, die auf unebenem Naturboden standen, saßen ein Dutzend Trucker, die hastig ihren Hunger mit etwas Reis und scharfer Soße stillten.

Als Mane durch den Raum schritt, verstummten die Stimmen, da man hier in der Gegend noch nicht viele fremde Männer gesehen hatte, schon gar nicht einen mit dieser Statur und diesem Aussehen. Durch eine weitere Tür betrat er dann das eigentliche Lokal, das nicht viel besser aussah als der Vorraum. Links neben ihm erblickte er 4 junge Männer, die an einem runden Tisch Whisky mit Wasser tranken (trinken in Indien alle) und ihre Handys griffbereit auf dem Tisch liegen hatten. An der Wand hing eine Uhr, die nicht ging, und rechts befand sich die Theke, hinter der die vermeintliche Chefin stand. Sie trug ein Kleid, das so gar nicht zu diesem Lokal passte. Es war viel zu fein. Mane ging zur Theke und fragte nach einem Zimmer, das ihm dieses eher maskuline Weib für einen viel zu hohen Preis anbot. Nach einer kurzen Diskussion willigte er zähneknirschend ein. Er wusste, dass es in dieser trostlosen Gegend nichts anderes gab.

Nachdem er sein Stahlross abgesattelt hatte und unter der Dusche, die kein warmes Wasser brachte, den ersten Frust abgewaschen hatte, betrat er wieder den Schankraum, in dem immer noch kein Licht brannte, was die düsteren Wände erhellt hätte. Er fragte an der Theke nach dem Passwort für das WLAN. Leider konnte ihm die kaltschnäuzige Chefin nicht weiterhelfen, und er merkte ihr an, dass sie nur deshalb nicht helfen konnte, weil sie Angst hatte, es koste sie etwas. Sie vertröstete ihn damit, dass um 18 Uhr ihr Sohn komme, der sich mit so was auskenne.

Verärgert setzte sich Mane an einen der vielen freien Tische, die im Raum standen und bestellte ein Bier. Tatsächlich war das das einzig Gute an dieser eher bescheidenen Schänke, dass hier, anders als in vielen Teilen des Landes, Bier ausgeschenkt werden durfte. Hastig trank er das erste und zweite Bier, um auf andere Gedanken zu kommen. Während die Chefin immer gleich das Geld in ihrem Handtäschchen, was sie seitlich an sich hängen hatte, verschwinden ließ, dachte Mane: *Es ist Freitag, und in meiner Heimat warten viele Freunde auf meinen Bericht, und ich habe kein WLAN.* Auch zu Hause wartete seine Frau auf eine Nachricht von ihm, und das Wasser stand ihm vor Heimweh in den Augen, was diese Herberge nicht gerade schöner machte.

Also bestellte er sich noch ein paar Bier, bis seine Uhr anzeigte, dass jetzt bald der Sohn kommen sollte. Tatsächlich stand dieser um 18.30 Uhr an der Theke, wo ihm seine Mutter wohl gleich die richtigen Anweisungen gab. Dann ging er zu Mane rüber, drückte 5 Minuten lang inkompetent auf seinem Handy rum und erklärte ihm, dass es nicht funktioniere. So weit war Mane auch schon gekommen. In seiner Not schickte er eine SMS an seinen Handy-Vertragspartner D3S und bestellte einen Tagespass für WLAN. Das hatte bisher in der größten Wildnis funktioniert, so auch hier, und er konnte endlich seinen Bericht ohne Bilder schicken und Kontakt mit zu Hause aufnehmen. Auch ohne Bilder zu schicken, war das Datenvolumen sehr schnell aufgebraucht.

Zwischenzeitlich war die Kneipe leer, und er beschloss, sich auch in seine bescheidene Unterkunft zurückzuziehen. Vorher sagte er aber noch der Chefin mit finsterer Miene und mit tiefer lauter Stimme, dass das nicht in Ordnung sei, schon gar nicht für diesen Preis. Wirkung zeigte es bei diesem Geldgeier jedoch nicht, und so verging ein weiterer Tag auf seiner langen Reise, die ihn immer weiter nach Osten brachte."

Damit an dieser Stelle kein falscher Eindruck entsteht: Diese Frau war eine von ganz wenigen unfreundlichen Menschen, die ich in Indien antraf.

An den darauffolgenden Tagen waren die Touren eher harmlos, was die Höhenmeter betraf. Bisweilen ging es leicht den Berg hoch, und wenn die Straßenverhältnisse es zuließen, machte ich auf Abfahrten schnelle Kilometer.

Oft musste ich aber anhalten, um spektakuläre Bilder festzuhalten. Mal lag ein schwer überladener Lkw mit Achsbruch auf der Strecke und drohte umzufallen, mal kamen unglaubliche Ortschaften, in denen Menschen in erbärmlichen Behausungen lebten. Mittlerweile war ich sogar fasziniert von den mächtigen Müllbergen, die sich innerhalb sowie außerhalb von Dörfern meterhoch türmten und in denen Frauen mit Flip-Flops nach irgendwas Brauchbarem suchten.

Oft mischte sich der Gestank des Mülls mit den Gerüchen aus den offenen Hütten, in denen etwas gekocht wurde, zu einem undefinierbaren Dunst, der meinen Geruchssinn total strapazierte.

Die Neugierde der Inder, die ich anfänglich noch als schmeichelhaft empfunden hatte, wurde allmählich auch nervig, so dass ich oft außerhalb von Ortschaften meine Pausen einlegte und mein Rad und mich hinter Hecken verstecken musste, um wenigstens 10 Minuten in Ruhe essen und trinken zu können.

Ortsdurchfahrt auf dem Land.

Straßenbekanntschaft.

Außerhalb von Ortschaften.

Schwertransport: ein mit Betonrohren beladener Lkw mit Achsbruch.

Ich war immer willkommener Gast. Hotelmanager und Servicepersonal.

Bekehrung zum Glauben des Guten im Menschen auf offener Straße.

Auch Busse hielten auf freier Strecke an, um mit mir ein Bild zu schießen.

Nach ca. 330 km erreichte ich die erste Großstadt auf meiner Strecke, die auf meinem Navi wie eine kleine Provinzstadt dargestellt war, jedoch um die 1,2 Millionen Einwohner zählte. Der Verkehr in Aurangabad war unglaublich, konnte mich aber nicht mehr aus dem Gleichgewicht bringen. Ich hatte mich bereits an den Fahrstil der Inder gewöhnt und konnte gut mithalten. Einfach nicht anhalten, war hier oberstes Gebot. So kam ich am besten durch. Ich hatte mit meinem bepackten Rad wie so oft den Respekt oder auch das Mitleid der anderen auf meiner Seite. Außerdem dachte ich mir: *Wenn hier die Kühe als Gleichberechtigte am Straßenverkehr teilnehmen dürfen, so kann ich auch ein bisschen verkehrswidrig fahren*, obwohl ich bis heute nicht sagen kann, was in Indien verkehrswidrig oder verkehrsgerecht ist.

Hier in Aurangabad war ich wieder dem Problem des Geldwechselns ausgesetzt, und ich fragte in meiner Unterkunft nach, wo dies möglich sei. Man sprach gut Englisch und überhaupt hatte ich an diesem Abend Glück. Mein Zimmer war zwar eher bescheiden, aber im Erdgeschoss des Hauses befand sich ein für indische Verhältnisse hervorragendes Speiselokal. Ich war mal wieder der einzige Gast und hatte somit gleich drei Ober für mich alleine, die sich alle zuvorkommend um meine Wünsche kümmerten. Auf die Frage, wo ich hier Geld wechseln könne, erhielt ich die Order, morgen früh am Flughafen vorbeizufahren. Dort würde das gehen, und da ich eh in diese Richtung musste, war es mir auch egal, dass der Flughafen 5 km entfernt lag.

Nachdem ich mal wieder sehr gut für 5 Euro gegessen hatte, wusste natürlich auch das ganze Küchenpersonal Bescheid, dass der Gast im Restaurant ein Deutscher war, mit dem Fahrrad unterwegs. So kam ich auch hier nicht in mein Zimmer, ohne noch mehrere Bilder mit ihnen zu machen. Alle waren wahnsinnig nett, und der Parkplatzwächter ließ es sich nicht nehmen, mein Fahrrad eigenhändig in einem Schuppen hinter dem Haus einzuschließen. Als ich am Morgen mit meinen Satteltaschen ums Eck kam, stand mein Rad bereits wieder auf dem Parkplatz. Der Parkplatzwächter hatte zwei frische Flaschen Wasser in die Halter gesteckt und war dabei, den gröbsten Schmutz mit einem feuchten Lappen von meinem Rad zu putzen. Ich gab ihm ein ordentliches Trinkgeld und machte mich auf zum Flughafen.

Dort musste ich erfahren, dass dies kein internationaler Flughafen war und man hier kein Geld wechseln konnte. Hatten wir doch schon gehabt, eigentlich hätte ich es wissen müssen. Also wieder die 5 km zurück zur Stadt und nachfragen. Irgendwo musste es ja möglich sein. Nach einer Kreuz- und Querfahrt durch die Stadt, die langsam zum Leben erwachte, wurde ich von einem Punkt zum anderen geschickt. Da hatte ich genug. Ich fragte einen Tuk-Tuk-Fahrer und hatte Glück. Der kannte einen, der wiederum wusste, wo man Geld wechseln konnte. Ich schloss mein Rad im Hinterhof eines Gebäudes ab und fuhr mit dem Tuk-Tuk zu der Wechselstube. Es war das Reisebüro eines namhaften Veranstalters. Das hätte ich alleine nie gefunden, und es klappte mit dem Geldwechsel. Allerdings war es dann auch schon 11.30 Uhr, als ich die Stadtgrenze ein 2. Mal überfuhr, aber alles gut, dachte ich. Kein Geld mehr zu haben, wäre viel schlimmer gewesen.

Über Jalna und Akola ging es weiter nach Nagpur, was wieder eine kleine Steigerung bezüglich der Einwohnerzahl war. Nagpur zählt 2,4 Millionen Einwohner, und ich hatte ca. 900 km von Mumbai aus gesehen hinter mir. Zeit, um eine kleine Zwischenrechnung anzustellen. Mein Flug von Kalkutta nach Bangkok, den ich schon in den Emiraten gebucht hatte, ging am 21.9. 2019, und es war gerade mal der 23. 8.

Ich hatte auf direktem Weg nur noch ca. 1200 km vor mir und hierfür 4 Wochen Zeit, also war ich wieder einmal viel zu schnell. Deshalb plante ich gleich ein paar Umwege ein. Außerdem war ich bis Nagpur 9 Tage ohne Unterbrechung durchgefahren und hatte mir eine Pause verdient. Auch war ich nun nicht mehr unter Zeitdruck, da ich nun wusste, wie es in diesem Land lief und wie ich vorankam, auch wenn die Witterung oder Straßenverhältnisse an manchen Tagen den Schnitt etwas drückten.

Die Zeit war gekommen, mir nun einen weiteren Plan für das nächste halbe Jahr zurechtzuschneidern. Noch zu Hause hatte ich mit meiner Frau besprochen, dass wir Weihnachten und Silvester in Singapur miteinander verbringen würden. Meine Berechnungen ergaben jedoch, dass ich mit diesem Tempo ca. 6 Wochen zu früh in Singapur gewesen wäre. Also machte ich mich an eine neue Planung und dabei kam Folgendes zustande:

Ich fliege am 21. 9. 2019 von Kalkutta nach Bangkok. Von dort aus fahre ich entlang der Küste durch Thailand nach Malaysia bis ganz runter nach Singapur, ca. 2700 km. Von dort aus geht es dann am 31. 10. mit dem Flugzeug weiter nach Sydney, Australien, von wo aus ich nach Melbourne, ca. 1000 km weit fahre, um meinen alten Freund Krümel zu besuchen. Er ist mit seiner Frau vor vielen Jahren nach Australien ausgewandert. Am 15. 11. 2019 fliege ich dann weiter nach Houston (USA) und fahre entlang der Küste des Golfs von Mexiko nach Cancún, ca. 3000 km. Nach meinen Berechnungen bin ich voraussichtlich am 20. 12. 2019 dort.

Ich besprach den ganzen Plan mit meiner Frau, und so war ein nächstes, großes Etappenziel geboren. Realistisch oder nicht, das wusste ich nicht. Zu dem Zeitpunkt, als wir das beschlossen, lagen 8700 km mit dem Rad zwischen mir und Cancún. Nicht einzukalkulieren waren dabei eventuelle Stolpersteine wie Krankheit, Probleme mit der Strecke, mit dem Rad oder mit den Flügen. Da ich aber, wie schon erwähnt, ein Mensch bin, der immer ein Ziel haben muss, war das eine neue Herausforderung für mich.

Ich hatte eben Probleme bei den Flügen angesprochen, und der ein oder andere wird sich nun fragen, was es da für Schwierigkeiten geben sollte. Ja, das Problem, das du hast, sind die One-Way-Flüge. Wenn du ganz normal in den Urlaub fliegst, hast du in der Regel einen Hin- und Rückflug gebucht. Das Reiseland weiß dann, dass und wann du wieder aus dem Land gehst, zumindest laut Ticket. Beim One-Way-Flug will das Land wissen, wie und wann du wieder gehst, wobei hier nicht die Immigrationsbehörden des Landes am Flughafen die schlimmen sind, sondern die Fluggesellschaften, die dich dorthinbringen. Wirst du nämlich in einem Land aus irgendeinem Grund abgelehnt, muss dich die Fluggesellschaft auf ihre Kosten dorthin zurückbringen, von wo sie dich gebracht hat. Deshalb gehen sie kein Risiko ein und prüfen alles sehr genau, das Visum und wie und wann du das Reiseland wieder verlässt.

Zu sagen, dass du mit dem Rad unterwegs bist und z. B. von Thailand auf dem Landweg nach Malaysia fährst, reicht nicht. Damit erntest du höchstens ein ungläubiges Schmunzeln. Aber bevor dies alles auf mich zukam, hatte ich 1500 km Indien vor mir, das mir noch viele Erlebnisse brachte.

Nach zwei Tagen Aufenthalt in Nagpur machte ich mich also wieder auf den Weg in Richtung Osten. Nagpur selbst war eine Erfahrung für sich. Kühe und Hunde schienen die Stadt voll im Griff zu haben. Zudem war man daran, eine neue Hochbahn zu bauen, was die Stadt in eine riesige Baustelle verwandelte. Straßensperrungen, Umleitungen und aufgerissene Fahrbahnen machten die Stadtdurchfahrt zu einem besonderen Highlight. Dazu der übliche Verkehr, der die Sache nicht gerade zum Vergnügen machte. Da war ich doch jedes Mal froh, wenn ich wieder in ländlicher Umgebung unterwegs war.

Allmählich machte sich auch bemerkbar, dass ich immer weiter Richtung Osten kam. Die Leute schienen mir in Kleidung und Aussehen immer asiatischer zu werden.

Was blieb, war die ungebremste Neugier der Inder, die ich mir mittlerweile nur noch mit kleinen Tricks vom Leibe halten konnte. Beim Anhalten in einem Dorf war es ja recht nett, wenn man mit jemandem reden konnte, auf dem Rad dagegen war es sehr nervig, wenn junge Burschen zu viert auf ihrem Moped neben mir herfuhren, mich mit Fragen löcherten und mich minutenlang anstarrten, während ich in die Pedale trat. Manchmal antwortete ich ihnen dann auf Französisch, mit dem kleinen Wortschatz, den ich kannte. Diese Sprache ist den Indern wohl vollkommen fremd, und sie suchten oft ganz schnell das Weite. Auf die Frage, ob wir ein Selfie machen könnten, antwortete ich dann oft: „Ja, aber ich halte erst nach 10 km das nächste Mal an", was ihnen dann doch zu lange dauerte.

Aber nicht alle Begegnungen waren anstrengend. Es gab auch durchaus nette, wie z. B. mit den drei ganz in Weiß gekleideten, bärtigen Herren, die mich auf offener Strecke anhielten. Schon ihre weiße Kleidung erweckte in mir ein Gefühl von Vertrauen und Zufriedenheit. Nach einem kurzen Gespräch mit Händen und Füßen und in sämtlichen bekannten und unbekannten Sprachen überreichte mir einer von ihnen eine Broschüre mit dem Titel „Returning your Trust". Die Herren waren von einer der vielen Glaubensrichtungen, die es in Indien gibt, und sie legten mir ans Herz, diese Broschüre durchzulesen, was ich auch am Abend tat.

Den ganzen Text hier wiederzugeben, wäre zu viel, aber das Ansinnen dieser Glaubensrichtung beeindruckte mich doch schwer. So hatten diese Gläubigen keine Gebetsstätten oder Häuser, ihr äußeres Zeichen war die weiße Kleidung, die ihre eigene Reinheit symbolisierte. Einen wirklichen Glauben oder gar eine Gottheit, die angebetet wird, gibt es nicht. Das Einzige, an das diese Leute glauben, ist das Gute im Menschen. Alle sollten nur Gutes tun und jeden respektieren und achten. *Nicht schlecht*, dachte ich mir. *Damit könnte ich klarkommen, wenn auch nicht mit der Kleidung, mit der man in unseren Breitengraden doch auffallen würde.*

Dieses Aufeinandertreffen hatte natürlich zur Folge, dass am Straßenrand wieder ein kleines Volkstreffen daraus wurde. Zuerst hielten drei Männer mit ihren mit gesammeltem Brennholz beladenen Mopeds an. Sie wollten auch ein Bild machen. Wenig später stoppte dann noch ein Linienbus, aus dem sämtliche Insassen kamen, um sich zum Fototermin anzustellen. Aber egal, wenn ich Zeit hatte und es nicht gerade regnete, war das ja auch nett und gehörte einfach zu Indien dazu.

Am 28. 8. 2019 kam ich dann nach einer Tagestour von 150 km in Rajnandgaon an, einer weiteren größeren Stadt. Vorgebucht hatte ich noch nichts, und so musste ich mir noch ein Bett suchen.

Gleich nach der Stadteinfahrt kam ich an einem großen Hotel vorbei, das aussah, als gebe es hier mal wieder ein ordentliches Bad mit warmem Wasser und einem sauberen Bett. Ich stellte in der Einfahrt mein Rad ab und fiel dabei gleich einem Mann auf, der nicht zögerte, mich anzusprechen. Interessiert daran, wo ich herkam und was ich machte, kamen wir schnell ins Gespräch. Gleichzeitig liefen wir zur Rezeption des Hauses, und zwischendurch fragte ich nach, was hier eine Übernachtung koste. 45 Euro, bekam ich zur Antwort, das war auch für das Haus „Raj Imperial" mit Sicherheit angemessen, überstieg jedoch bei weitem mein Tagesbudget.

Ab dann übernahm meine neue Bekanntschaft die Verhandlung und redete auf den Geschäftsführer ein. „Dieser Mann fährt mit dem Rad um die Welt und Indien sollte ihm das aufs Angenehmste ermöglichen." So handelte er den Preis auf 25 Euro runter, und das war es mir dann auch wert.

Im Laufe des weiteren Gesprächs stellte sich heraus, dass Murli, so hieß er, einem Lauftreff angehörte, in dem sich auch Triathleten befanden. Daher auch das große Interesse. Er fragte mich, ob er am Abend mit ein paar Freunden vorbeikommen könne, und ich sagte ihm gerne zu.

Das Zimmer, das ich nun für 25 Euro hatte, war vom Allerfeinsten. Das Badezimmer und das Bett waren erstklassig. Üblicherweise bestanden die meisten Betten, auf denen ich bisher geschlafen hatte, aus einem Brett, auf dem sich eine 3 cm starke Auflage befand, also nicht gerade weich oder bequem. Dazu kam noch, dass die meisten nicht frisch bezogen waren und ich in 80 % aller Übernachtungen in Indien in meinem Schlafsack schlief, damit ich mir den direkten Kontakt mit den benutzten Bettlaken ersparen konnte. Hier war es wieder einmal ein Traumbett, doch bevor ich das nutzen konnte, stand da noch das Treffen mit Murli und seinen Leuten an.

Pünktlich um 19 Uhr standen sie da und brachten mir einen Blumenstrauß mit. Es waren 12 Männer, die eine Menge Fragen hatten. Ich musste ihnen alles an meinem Fahrrad erklären, und das Erstaunlichste für sie war, dass mein Fahrrad eine Beleuchtung hatte. Auch einen Riemenantrieb hatten sie offensichtlich noch nie gesehen. So vergingen im Nu zwei Stunden, und die waren zudem auch noch recht lustig, wenn auch anstrengend. Die Burschen verabschiedeten sich freundlich und wünschten mir eine gute Weiterreise.

Zwei Tage später schickte mir Murli dann ein Bild von einer Tageszeitung aus Rajnandgaon, wo ein großer Bericht mit Bild über mich erschienen war. Ich war mächtig stolz auf mich. Wer war schon einmal in einer indischen Tageszeitung? Am Morgen wäre ich dann gerne noch ein bisschen in meinem Komfortbett liegen geblieben, aber ich musste weiter. Der Weg führte mich nach Raipur, der letzten größeren Stadt, bevor ich mich über ein paar Berge und kleine Dörfer der Ostküste von Indien näherte.

In Raipur war mal wieder Kassensturz angesagt, und ich bemerkte, dass meine Rupien gerade noch für drei Tage reichten. Da nichts Größeres mehr dazwischenlag, war wieder Geldwechseln an der Reihe. In meiner bescheidenen Unterkunft sagte man mir, dass ich am Flughafen auf alle Fälle wechseln könnte, und so fuhr ich mit einem Tuk-Tuk dorthin. Natürlich ging das wie üblich ordentlich in die Hose. Keine Wechselstube, keine Rupie. Stark verärgert fuhr ich zurück zu meinem Hotel, wo sich nebenan eine kleine Bar befand. „Verärgert" ist vielleicht nicht der richtige Ausdruck für meinen Gemütszustand. Ich hatte einen derartigen Brass und beschloss, mir in der Bar ein Bierchen zu genehmigen.

Wieder einmal war mir das Glück hold, und ich lernte an der Theke einen indischen Augenarzt kennen, der jedes Jahr einmal nach Europa flog, um an einem Kongress für Augenärzte teilzunehmen. Er wiederum kannte einen, bei dem er vor Reiseantritt immer Geld wechselte. Er erklärte mir, wo ich ihn finden könne. Da ich aber nun schon wusste, wie chaotisch es in einer indischen Großstadt zugeht, drückte ich etwas auf seine Tränendrüsen, bis er mir den Vorschlag machte, mich schnell hinzufahren.

Bisher kannte ich das Fahrverhalten der Inder ja nur aus der Sicht eines Radfahrers und die 2, 3 Mal mit einem Tuk-Tuk. Der Augenarzt hatte aber ein richtiges Auto, in dem auch noch die Vorfahrt eines wohlhabenden Inders eingebaut war. Abi, so hieß der Doc, brachte es fertig, meinen Blickwinkel, was das Fahren in Indien betrifft, noch einmal zu erweitern. Drängeln und hupen, abbiegen bei vollem Gegenverkehr, Fußgänger auf den Gehwegen durch rücksichtsloses Fahren verdrängen, waren Garanten für das Durchkommen in einem vollkommen unorganisierten Feierabendverkehr. Wohlbemerkt fand diese Fahrt statt, nachdem Abi an der Theke neben mir 5 oder 6 Whisky mit Wasser, das Lieblingsgetränk der Inder, zu sich genommen hatte. Für mich schien es wie ein kleines Wunder, dass wir die Wechselstube, die mit Sicherheit auch nicht ganz legal betrieben wurde, ohne Anecken oder Auffahren unbeschadet erreichten. Mir selbst war das in dem Moment, als ich den Wechselkurs hörte, relativ egal. Ich bekam für meine Euros ungefähr 20 % mehr als in den offiziellen Wechselstuben und tauschte so viel, dass es bis Kalkutta reichen sollte. Sicher durfte ich mir dessen aber nicht sein, da man in ländlichen Gegenden oft in Unterkünften nicht mit Karte bezahlen konnte.

Zurück in der Bar gab ich Abi noch 2 Getränke aus, bevor er sich von mir verabschieden musste.

Später lernte ich noch einen jungen Mann kennen, der schon seit zwei Jahren mit der Vorbereitung seiner Hochzeit beschäftigt war. 1500 Gäste galt es einzuladen, mehr als die Hälfte davon kannte er nicht einmal. Solche Hochzeiten werden in speziellen Restaurants gefeiert, die einen wunderschönen, sehr großen und gepflegten Platz zu bieten haben. Suchen musste man die aber nicht. Ich selbst habe oft in solchen Restaurant-Hotels übernachtet, hatte aber leider das Pech, nie eine Hochzeit zu erleben. Hätte ich gerne mal gesehen.

Am nächsten Tag fuhr ich dann mit leichtem Kopfweh weiter in Richtung Puri, einer Touristenstadt an der Ostküste von Indien, bis an den Golf von Bengalen, der noch ca. 600 km weit entfernt lag.

Auf dieser Strecke hatte ich noch ein paar leichtere Berge vor mir, und das Wetter wurde zunehmend schlechter. Kein Tag verging, ohne dass ich nicht mehrere Male in derartige Regenfälle geriet, wie man sie sich bei der biblischen Sintflut vorstellt.

Straßen oder Wege verwandelten sich minutenschnell in Bäche oder Seen, und die großen Reisfelder, die ja eh schon mit Wasser gefüllt waren, unterschieden sich oft nicht mehr vom Rest der Landschaft.

Zwischen Raipur und Puri kam ich dann in ein kleines Städtchen, das wunderschön geschmückt war. Schon bei der Einfahrt fiel mir auf, dass alles ordentlich aufgeräumt war, die Straßen und Gehwege gefegt und entrümpelt und die Leute eifrig damit beschäftigt, ihre Häuser und Gassen mit farbigen Bändchen zu schmücken. Es war einer der vielen Feiertage, die die Inder haben, um ihre unzähligen Götter zu ehren. Es gab zwei Hotels in der Ortschaft, die beide von außen nicht als solche erkennbar waren. Auf Anraten von Leuten auf der Straße, die ich gefragt hatte, entschied ich mich für das favorisierte und war damit recht zufrieden. Da ich gut im Zeitplan lag, gönnte ich mir eine zweitägige Pause, auch weil ich die Festlichkeiten gerne kennenlernen wollte.

Der Hotelbesitzer war ein recht cooler Typ und auch wohlhabend, was ich daran erkannte, dass er für die Versorgung einer Handvoll Gäste unzählige Angestellte hatte. Einen jungen Hotelangestellten stellte er eigens dafür ab, mich am Abend durchs Städtchen zu führen, um mir die Aktivitäten rund um dieses Fest zu zeigen. An verschiedenen Stellen im Ort standen Zelthütten, in denen Altäre mit den einzelnen Gottheiten aufgebaut waren. Es war alles sehr farbenfroh und schön anzuschauen. Wenn man in so ein Zelt ging, musste man die Schuhe ausziehen, und beim Verlassen gab es kostenlos eine kleine Menge gebratenen Reis in einer Plastikschale, die sich natürlich nach altem indischem Brauch danach auf der Straße oder in der Landschaft wiederfand. Es waren sehr viele Leute unterwegs, die sich für dieses Fest wohl durchweg die gute Sonntagskleidung angezogen hatten. Musik gab es keine, was mich wunderte, da in Indien normalerweise bei Festlichkeiten oft Gruppen auftraten, die auf Blechtrommeln einen sehr monotonen Rhythmus schlugen. Auch gab es keine Stände, an denen man etwas zu essen oder zu trinken hätte kaufen können, die Leute liefen alle bloß auf der Straße umher, hielten hier und da ein Schwätzchen und schienen daran ihre helle Freude zu haben. Mir war das alles etwas fremd, wenn ich so an Straßenfeste in Deutschland dachte.

Nun, andere Länder andere Sitten, und so ließ ich mich am späteren Abend noch vor dem Hotel nieder, wo der Hotelchef mit ein paar anderen Männern gemütlich zusammensaß.

Am anderen Morgen war sehr schönes Wetter, und ich wollte mich um eine indische Simkarte für mein Handy bemühen. Der Hotelchef stellte mir wieder den Hoteljungen zur Verfügung, der mich mit seinem Moped in die nächste Stadt bringen sollte, um dies zu erledigen. Das mit der Simkarte für mein Handy ging natürlich in die Hose, dafür brachte er mich aber in eine kleine Siedlung, in der man altes indisches Brauchtum bestaunen konnte.

In einem der Häuser stellte ein sehr alter Mann in uralter Handwerkskunst kleine Bronzefiguren her, die in einem Nebenraum zum Kauf angeboten wurden. Die Wohn- und Lebensqualität entsprach der, wie wir sie aus dem Mittelalter kennen. Auf einer offenen Feuerstelle kochte eine Suppe mit allerlei verschiedenem Gemüse und Hühnerteilen vor sich hin, während der alte Mann auf dem Naturboden, 3 Meter daneben, eine Gipsform reinigte, um eine neue Figur zu gießen.

Draußen führten ein paar Männer einen Tanz für einige indische Touristen vor, der von den vorher beschriebenen Blechtrommeln begleitet war.

Zum Abschluss kamen wir an ein Haus, in dem zwei alte Frauen lebten, die sich mit der Herstellung von Holzkohle ihren Lebensunterhalt verdienten. Der Guide erzählte mir, dass sie ungefähr zwei 50-Liter-Säcke pro Tag herstellen könnten und für einen Sack einen Preis von 2 Euro erzielten. Dementsprechend sahen auch ihre Hütten aus, in denen sie lebten. Es gab eigentlich nichts darin, außer einer offenen Feuerstelle, ein notdürftig zusammengenageltes Holzregal, auf dem sich ein paar uralte Aluminiumtöpfe befanden, und eine Schlafstelle, die aus einer dünnen Auflage auf dem trockenen Naturboden bestand.

Die Frau, deren Hütte ich anschauen durfte, war 105 Jahre alt. Auf die Frage, ob ich sie fotografieren dürfe, wurde sie verlegen und zierte sich ein bisschen, als wolle sie sagen: „Ich bin doch gar nicht hergerichtet." Sie machte sich noch etwas die Haare, zupfte das Kopftuch und die Kleidung zurecht, bevor ich sie auf meinem Handy verewigen durfte. Ihre Haut war im Gesicht noch erstaunlich glatt und hatte zahlreiche Tätowierungen. Der Rest ihres Körpers war von einem harten, langen Leben gekennzeichnet.

Ich gab ihr zum Abschluss noch 2 Euro und erntete dafür 1000-maligen Dank. So verging ein weiterer Tag, an dem ich sehr viel gelernt hatte. Es war mir aber in diesem Moment vollkommen klar, dass man dieses einfache Dasein zu Hause keinem erklären kann. Diese Menschen hatten hier andere Probleme, als wir sie kennen. Gefühlskrankheiten wie Burnout oder Gestresstsein kennen diese Leute nicht. Sie kämpfen einfach jeden Tag ums tägliche Brot und die nötigsten Dinge des Alltags, und diesen Umstand nehmen sie bedingungslos an. Am nächsten Tag war es dann wieder Zeit für mich weiterzuziehen. Der Chef des Hauses stimmte mich noch darauf ein, dass es die nächsten 50 km kontinuierlich den Berg hinaufging, womit er recht hatte. Die Straße war ordentlich und führte durch eine herrliche Hügel- und Berglandschaft. Die Dörfer, die ich durchfuhr, waren klein und arm und die Menschen ungebrochen nett.

Nach 50 km war es dann tatsächlich so weit. Die Bergauffahrt nahm ihr Ende, und vor mir lag eine fast 20 km lange, teils steile Abfahrt auf einer sehr schmalen Straße. Ungefährlich war es nicht gerade, da ich es gut laufen ließ und dies, obwohl ich schon seit einiger Zeit Schwierigkeiten mit meiner Hinterbremse hatte. Irgendwo hatte ich eine leicht undichte Stelle in meinem hydraulischen Bremssystem und konnte damit mein Rad auf der Ebene noch etwas verlangsamen, aber niemals zum Stillstand bringen.

Hier am Berg war ich jedoch voll auf die Vorderbremse angewiesen, und die nutzte ich natürlich nur, wenn es wirklich nicht anders ging. Angstgedanken, dass hinter einer Kurve plötzlich Kühe auftauchen oder angeschwemmter Sand liegen könnte, fuhren mit den Berg hinunter.

Am letzten Abend vor der Küste übernachtete ich in einem kleinen Städtchen, in dem ich vor eine sonderbare Entscheidung gestellt wurde. Die Unterkunft, die ich fand, hatte 2 Zimmervarianten zu bieten. Ich konnte wählen zwischen einem Zimmer für 3 Euro oder einem für 3,50 Euro. Ich fragte nach dem Unterschied, und der gute Mann an der Rezeption erklärte mir, das für 3,50 Euro habe Licht und das andere nicht. Ich dachte zuerst, dass es kein Fenster habe, das war aber falsch gedacht.
  Die Zimmer waren alle inliegend und hatten daher keine Fenster. Das für 3,50 Euro hatte tatsächlich Strom und somit auch eine Beleuchtung. Im anderen war nichts, nicht einmal eine Steckdose. Ich entschied mich dann doch, richtig über die Stränge zu schlagen, investierte die 50 Cent mehr und nahm das Zimmer mit dem Strom. Die Nacht war trotz des Luxuszimmers nicht gerade erholsam. Es war unerträglich warm und stickig in dem kleinen Raum. Der Räucherstab in Form einer großen Schnecke, der gegen die Moskitos im Zimmer vor sich hin glimmte, tat sein Übriges zum Raumklima. Diese Unterkunft verließ ich am nächsten Morgen gerne und radelte weiter in Richtung „Bay of Bengal“.

Am 5. 9. 2019 erreichte ich dann über eine recht ebene Landschaft die Ostküste von Indien und ließ mich für drei Tage in dem in Indien sehr bekannten Badeort Puri in einem Hotel direkt am Strand nieder. Der lang anhaltende, starke Regen, den

ich schon den ganzen Tag gehabt hatte, und dann noch die Stadt
Puri, in der ich mich durch Auto-, Moped- und Menschenmen-
gen drängen musste, wie ich sie noch gar nirgends gesehen hatte, drückte meinen Tagesschnitt so, dass ich erst spät am Abend
meine Bleibe für die nächsten drei Tage fand.

Am Strand war eine Menge los, und ich ließ meine Freude über das Erreichen der Ostküste, nach 2005 km durch dieses unglaubliche Land, von ein paar jungen Indern auf meinem
Handy festhalten, bevor ich mich in meinem Zimmer gemütlich einrichtete.

Puri ist eine Kleinstadt mit ca. 200000 Einwohnern, in die täglich mehrere tausend Inder strömen, um am „Golden Beach"
ihren Spaß mit dem starken Wellengang zu haben. Richtig
schwimmen geht hier keiner, und auch die Männer hatten
nur teilweise Badekleidung an. Die Frauen trugen allesamt
ihre traditionellen, farbigen Gewänder und gingen in voller
Montur bis zum Bauch ins Wasser, das eine dreckig graubrau-
ne Farbe hatte.

Ansonsten standen noch hunderte Menschen dicht gedrängt
am Strand, unterhielten sich und genossen einfach das Treiben.

Darunter mischten sich unzählige Kühe, die in Indien nirgends
fehlen dürfen.

Die zweitgrößte Gruppe der Vierbeiner waren die Hunde und
die kleinste die Kamele, die man samt ihren Führern für einen
Strandritt mieten konnte. Schon allein diese Mischung von Tier
und Mensch war es wert, dass ich mich für eine Stunde fast regungslos auf die Strandmauer setzte und diesem Treiben fasziniert zuschaute.

Ein langer Strandspaziergang, weg vom ganzen Trubel, zeigte
mir dann aber doch noch, wofür der Strand seinen Namen „Golden Beach" erhalten hatte. Keine Menschen, Kühe und Hunde

waren der Garant für einen schönen, sauberen Sand. Nur vereinzelt waren junge, verträumte Liebespaare in den Sandhü-
geln zu sehen.

Am nächsten Tag nahm ich mir dann die Stadt vor, in der sich
vermutlich nicht nur die Einwohner, sondern auch das gesamte
Umland traf. Tausende drängten sich in der Stadtmitte, in der
sich ein großer Platz befand, der gleichzeitig auch der Marktplatz war. Schöne Gebäude konnte man an einer Hand abzäh-
len, für die unzähligen Affen, die sich im dichten Stadtgebiet
anscheinend gut ernähren und vermehren konnten, hätten dagegen 100 Hände nicht gereicht. Auch an diese Spezies hat sich
der Inder gewöhnt und andersrum genauso. Hier lohnte sich
eine Observation des Geschehens ebenso wie am Strand. Dabei
drehten sich meine Gedanken wie so oft darum, wie ich das nur
zu Hause erzählen sollte. *Geht nicht, muss man erlebt haben*, war
immer häufiger mein Gedanke.

Ein nächtlicher Spaziergang durch ein Wohnviertel mit engen Gassen zeigte mir wieder einmal das ärmliche Dasein dieser Menschen auf.

Viele Leute hatten mir dazu geraten, Puri anzuschauen, es
sei ein „nice place", doch mittlerweile wusste ich über diese Be-
zeichnung Bescheid. Was ein Inder als „nice place" bezeichnet,
entspricht nicht gerade den Vorstellungen eines Westeuropäers.

Egal, ich hatte mich in den letzten vier Wochen an alles gewöhnt,
wusste, wie ich die Inder nehmen musste und kam mit dem all-
gegenwärtigem Dreck klar. Ich hatte noch 480 km bis nach Kalkutta, und die nahm ich ab dem 8. 9. 2019 in Angriff. Mein Flug
nach Bangkok ging erst am 21. 9. 2019, also war noch genügend
Zeit. Mein Routenplan zeigte mir, dass ich am 12. 9. 2019 Kalkutta erreichte, und so buchte ich schon einmal ein Zimmer in
der Nähe des Flughafens, der allerdings genau auf der gegenüberliegenden Seite der Stadt lag.

Das hieß für mich, quer durch die gesamte Stadt zu fahren,
was mir allerdings kein Kopfweh mehr bereitete. Den indischen

Fahrstil hatte ich bereits voll angenommen. Am Mittag des 12. 9. war es dann so weit. Schon weit vor der Stadt verdichtete sich der Verkehr genauso wie die Bebauung. Ich radelte vorbei an unzähligen Auto- und Lkw-Werkstätten, in denen sich die Fahrer abgefahrene Reifen aus dem Ausland aufziehen lassen, die in Indien aber noch durchaus wie Neureifen wirken, vorbei an Zeltstädten, wie ich sie auf der ganzen Strecke vor vielen Ortschaften sah, in denen Menschen bedingt durch die häufigen und üppigen Regenfälle im Morast zu versinken schienen, bis hin zu den Hüttensiedlungen der Vorstadt.

Dann auf einmal Stau, so weit das Auge reichte. Ein Verkehrsleitsystem trennte die Pkw und Lkw und ließ diese nur noch stoßweise in die Stadt. Ich dagegen hatte wieder einmal Glück mit meinem Rad und konnte in einer anstrengenden Slalomfahrt bis ganz nach vorne fahren. Nach kurzem Warten ging es für mich und einem weiteren Schwung voll Autos weiter in Richtung Stadtmitte von Kolkata, wie der Inder sagt. Schon von weitem konnte ich die riesige Brücke „Kolkata Bridge" erkennen, die den an dieser Stelle 700 m breiten Fluss „Hooghly River" überquert. Die Brücke hatte einen sehr steilen Anstieg, doch von der Mitte an ging es für mich mit Karacho direkt in die Stadt. Zuerst dachte ich noch: *Ist doch gar nicht so schlimm, wie ich gelesen habe*, da die Anfahrt zum Zentrum direkt durch die große Parkanlage des Maidan Gartens führte. Daneben liegt das alte Fort William mit der St. Peter's Church, das noch von den Engländern errichtet wurde und bis heute militärische Sperrzone ist. Wenige Kilometer danach befand ich mich dann aber inmitten des Zentrums von Kolkata und dem damit verbundenen Verkehrschaos. Zu meinem ganzen Glück kam ich auch noch zu einer großen Demo oder Kundgebung. Tausende drängten sich mit Fahnen, Pfeifen und Trommeln durch die Straßen zu einem Platz, auf dem verschiedene Redner ihre Meinung kundtaten – und ich mittendrin in dem Gewusel.

Nach zwei Stunden war ich dann durch und stand vor meiner gebuchten Herberge. Ein kurzer Auftritt, denn wie schon am Anfang in Mumbai hatte ich wieder ein Motel erwischt, in dem keine Ausländer übernachten durften und das, obwohl ich im Vorfeld alle meine Daten eingeben musste. Daran hätten sie erkennen müssen, dass ich kein Inder war. Zuerst verärgert, danach erleichtert verließ ich das Haus wieder, denn schon die Anfahrt, das Treppenhaus sowie die Rezeption waren in einem erbärmlichen und dreckigen Zustand. Wie die Zimmer aussahen, konnte ich mir nach meinen Erfahrungen in Indien sehr gut vorstellen.

Wenig später fand ich dann ein nettes Gästehaus, nicht weit entfernt, und quartierte mich dort für die letzten 9 Tage in Indien ein. Es war einfach, aber sauber. Im Erdgeschoss befand sich ein Restaurant, in dem man gut indisch essen konnte. Eine warme Mahlzeit mit einem Getränk kostete 2 Euro und war immer lecker. Vorab gab es dazu noch eine Suppe, und Salat war auch dabei. Im hinteren Teil des Erdgeschosses befand sich ein großer Festsaal, in dem Familienfeiern abgehalten wurden. In diesem Saal durfte ich dann auch mein Fahrrad auseinanderbauen und reisefertig verpacken, was dieses Mal zu einer richtigen Arbeit ausartete.

Ich fand weit und breit keinen Fahrradladen, der mir einen großen Karton hätte geben können. Also musste ich mir aus vielen kleineren Kartons einen großen zusammenbauen, um mein Heiligtum dieses Mal besser vor Beschädigung zu schützen.

Im Hause lernte ich auch Samit kennen, einen Angestellten, der sich aufopfernd um mich kümmerte. Er brachte mir mein Frühstück aufs Zimmer, sorgte für Ordnung im Haus und gab mir jeden Tag Tipps zu Sehenswürdigkeiten von Kolkata. Ja, ich hatte 9 Tage Zeit, mir diese unglaubliche Stadt anzusehen, und ich muss sagen, dass sie sehr viel mehr zu bieten hatte, als alles andere, was ich bisher in Indien gesehen hatte. Die Gegensätze waren krass. Das Viertel New Town ist fast ein Bilderbuch-Stadtteil. Vollkommen neu und mit architektonischen Highlights und Einkaufsmöglichkeiten, während die Altstadt nahezu im Dreck und Schmodder zu versinken scheint. Die Parks, die ich besuchte, waren in einem außerordentlich guten Zustand und sehr schön angelegt. An einem Tag war ich im Hard Rock Café, nach einer ausgedehnten Sightseeingtour zu Fuß. Es war gegen 17 Uhr, als ich das Lokal betrat, und da aß ich zum ersten Mal nach viereinhalb Monaten wieder Schwein. Das war gut. Dazu trank ich ein Bier und bekam mit, dass ein Gast den Schuppen von 20 bis 23 Uhr für eine Privatparty gemietet hatte. Es wurde ein reichliches Arsenal an alkoholischen Getränke aufgebaut, und die Party hatte das Motto „Halloween".

Natürlich wollte ich mir diese Gelegenheit nicht entgehen lassen und durfte mit Erlaubnis der Belegschaft auf der Seite der Theke die Party miterleben. Ja, was soll ich sagen? Es war alles wie bei uns, nur auf Indisch. Ich lernte viele Leute kennen und sie mich. Geld schien keine Rolle zu spielen. Der hochprozentige Alkohol floss in Strömen, und die Leute waren sehr einfallsreich und aufwendig gekleidet. Als die Sache vorüber war, entließ mich die Truppe vom Hard Rock Café natürlich nicht ohne das übliche Selfie.

Ich machte mich gegen 1 Uhr auf den Weg nach Hause und sah die andere Seite der Stadt. Eine Familie schlief unter einer Brücke, wie ich es hier oft gesehen hatte. Die Kinder lagen halb nackt neben ihrer Mutter inmitten ihrer paar Habseligkeiten. Diese Bilder sind nicht zu beschreiben und werden in meiner Erinnerung eingeprägt bleiben. Arm sein muss die Hölle sein, und das Unfassbarste an der Sache ist, dass diese Leute auch noch recht zufrieden aussahen.

Alles in allem war die Reise quer durch das Land Indien für mich der i-Strich und Kalkutta das Pünktchen darauf. Während ich in Mumbai überhaupt nichts Schönes sehen konnte, ist Kalkutta bemüht, dem Dreck zu entkommen. Hier fahren schon sehr viele Elektro-Tuks, und viele Mülltonnen weisen in großer englischer Schrift darauf hin, dass sie benutzt werden wollen. Doch der Ur-Inder ist weit entfernt davon, dies zu verstehen. Solange sie das Wasser des Ganges als etwas Heiliges ansehen und sich mit dem ungeklärten Abwasser der Stadt waschen und es verehren, wird sich hier so schnell nichts ändern.

So verging die Woche mit Parkbesuchen, einer Zugfahrt, die man in Indien unbedingt einmal machen sollte, und Vorbereitungen auf einen neuen Abschnitt meiner Reise.

Meine Ausrüstung hatte in der Zeit durch Indien sehr gelitten, und auch meine Garderobe, die aus 4 Shirts, einer Jeans, 2 Unterhosen und 2 Paar Socken bestand, galt es zu waschen und so wieder einzupacken, dass ich am Ende ein einziges Gepäckstück mit 30 kg und den Fahrradkarton hatte. Der Rest musste im Handgepäck verschwinden, was mir allerdings nicht ganz gelang. Das Gepäckstück, das ich mühevoll zusammengepackt hatte, kam auf 35 kg.

Am Morgen des 21. 9. 2019 organisierte mir Samit einen Kollegen, der mich und mein Gepäck mit seinem Truck zum Airport brachte. Der Abschied im Gästehaus war schon etwas wehmütig, da ich mittlerweile natürlich das ganze Hauspersonal kannte und sogar schon einige Leute aus der Nachbarschaft. Es lag aber auch daran, dass die Ausreise und Einreise von einem Land zum nächsten immer große Unterschiede mit sich brachten. Kaum hatte ich mich auf eine Kultur, Menschen, Währung und Gewohnheiten eines Landes eingestellt, lag schon die nächste Herausforderung vor mir.

Am Flughafen klappte bei der Eingangskontrolle alles super. Dasselbe Bild wie bei meiner Einreise: Die Soldaten, die den Flughafen sichern, lassen dich erst gar nicht rein, wenn du kein Ticket hast. Drinnen war auch gleich der Verpackungsautomat mit der Wickelfolie. Ruckzuck war mein Gepäck gewickelt und kostete dieses Mal nur 5 Euro statt 50 Euro wie in Abu Dhabi. Daneben stand der Geldwechselschalter, wo ich meine restlichen Rupien umtauschen musste. *Alles easy*, dachte ich, *läuft gut*, und ich hatte noch jede Menge Zeit, die eigentlich recht schnell verging.

Dann kam's dicke. Um 13.30 Uhr öffnete der Check-in-Schalter, und ich war einer der Ersten. Hier in Kalkutta wird das Gepäck vor dem Einchecken überprüft, also musste ich zum Durchleuchter. Da stand schon eine Schlange von ca. 30 m Länge, und ich dachte: *Na prima*. Eine Frau rief und bat mich mit meinem Riesengepäck an der Schlange vorbei, und ich konnte direkt auflegen. *Super läuft's*, dachte ich, und dann ging's los. „Sir, Ihr Gepäck hat 13,6 kg Übergewicht." Ich: „Wieso, ich darf 30 kg haben laut meiner Buchung", und der Angestellte: „Nein, im Programm steht bei mir, nur 20 kg." Ich zeigte ihm meine Buchung mit der Gepäckanweisung, er fotografierte alles und schickte es wohl an seinen Chef. Der wiederum beharrte darauf, dass ich 13,6 kg zu viel hätte und 200 Euro bezahlen müsse. Da wurde ich aber sauer, und das merkten sie ganz deutlich. Kartenzahlung akzeptierten sie nicht, ich musste in Rupien zahlen. Das war eine weitere Hürde. Die Rupien hatte ich schon zurückgetauscht.

Dann kam das nächstgrößere Problem. Ich hatte keinen Rückflug von Bangkok. Wie auch, ich wollte ja auch nach Singapur, und von dort hatte ich den Weiterflug nach Sydney schon gebucht. Dazwischen liegt aber noch Malaysia, daher hatte ich keine Ausreisebestätigung aus Thailand. Ich hatte mir im Vorfeld aber schon so etwas gedacht und mich über einen Flug aus Thailand informiert. Also wollte ich schnell einen Flug von Phuket nach Kuala Lumpur buchen. Der kostete 44 Euro, und den würde ich halt nicht antreten. Da ich am Flughafen aber kein WiFi hatte, musste ich mir wieder einmal einen Tagespass für 2,95 Euro buchen. Der hält aber nicht besonders lange, besonders wenn dir gerade dann zufällig deine Kumpels irgendwelche Videos und Nachrichten schicken. So war es auch, und mein Datenvolumen war weg, bevor ich die Buchung abschließen konnte. Also, das Ganze nochmal von vorne, und dann klappte es.

Mittlerweile hatte mein Theater, das ich wegen dem Gepäckpreis gemacht hatte, am Check-in Früchte getragen, und der Preis sank auf erträgliche 68 Euro. Als ich nach zwei Stunden endlich auch den Ausreisestempel und die Sicherheitskontrollen, die hier extrem scharf waren, hinter mich gebracht hatte, war ich leicht angefressen.

Danach ging aber alles wie geschmiert. Nach noch 5-maligem Vorzeigen der Bordkarte saß ich im Flieger, der nicht mal zu einem Drittel voll war. Wir hoben sogar 5 Minuten früher in Kalkutta ab und dasselbe in Bangkok. Ich denke, der Pilot hatte noch ein wichtiges Date, denn wir waren 30 Minuten früher da als angegeben. In Bangkok klappte alles wie am Schnürchen. Schnell hatte ich mein Riesengepäckstück, und bei der Immigration lief alles perfekt. Nach dem elektronischen Ablesen meiner Fingerabdrücke und dem üblichen Bild machte es Zack, und ich hatte meinen Einreisestempel. Die Gepäckkontrolle verlief überaus human. Der junge Mann am Röntgengerät sah mich mit meinem Paket ankommen und bevor ich etwas sagen konnte, fragte er: „Bike?" Ich nickte ihm zu, und er winkte mich durch. Das war's dann auch schon.

Welcome to Thailand.

In Indien bist du nie alleine.

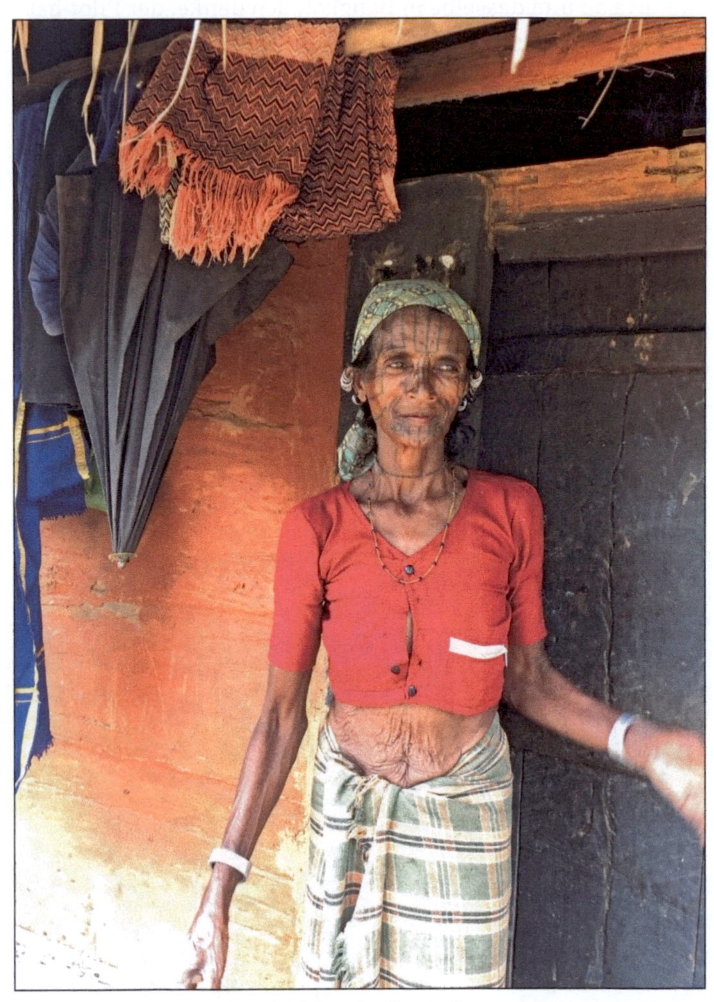

105 Jahre alt, aber eitel.

Tier und Mensch am Strand in Puri.

Ankunft in Kalkutta nach 10195 km.

KAPITEL 16

THAILAND, DAS LAND DES LÄCHELNS

Beim Landeanflug auf Bangkok zeigte sich das Lichtermeer dieser größten thailändischen Metropole eindrucksvoll. Es war bereits 21 Uhr, stockdunkle Nacht, und die Zeit hatte sich gegenüber meiner Heimatzeit um weitere 1,5 Stunden nach vorne verschoben. 6 Stunden Zeitunterschied lagen nun schon dazwischen, doch für die Kontaktaufnahme spielte das keine Rolle. Wenn ich abends nach Hause schrieb, waren alle noch voll im Tagesgeschäft, während sich für mich der Tag dem Ende näherte. Kopfmäßig war es schon etwas anderes. Nicht nur die Tatsache, dass ich mich nach Luftlinie schon über 9000 km entfernt befand, ich musste mich auch darauf einstellen, dass die Tagesabläufe zu Hause nun ganz anders waren als meine.

Die Einreise in Thailand war mit meinen Vorbereitungen (Buchung eines Fluges von Phuket nach Kuala Lumpur) kein Problem. Mein Radkarton, den ich an einem separaten Over-size-Schalter mit nur leichten Blessuren ausgehändigt bekam, hatte sich bewährt. Ich nahm mir ein Taxi zum nahegelegenen, vorgebuchten Hotel, wo ich eine Stunde später einchecken konnte.

Schnell bemerkte ich, dass ich hier wieder in einer völlig anderen Welt angekommen war. Die Dame an der Rezeption zeigte mir ein Zimmer, in dem ich meinen großen Karton unterbringen konnte. Sie platzte fast vor Neugierde. Ich erklärte ihr, dass sich darin mein Fahrrad befinde, das ich gerne mit ihrer Erlaubnis am nächsten Tag in diesem Raum zusammenbauen würde. Nachdem ich ihr auch noch geschildert hatte, was bereits hinter mir lag, durfte ich sämtliche Vorzüge genießen, als hätte ich eine Freikarte für alles.

Das Restaurant im Erdgeschoss war außergewöhnlich sauber, oder mir kam es nur so vor, da ich ja gerade Indien hinter mir hatte. Ein sauberes Besteck, ein sauberes Bett und keinen Müllhaufen vor der Unterkunft zu haben, war für mich purer Luxus. Nach einem ersten kleinen Imbiss, den die Küche zu dieser späten Stunde noch zu bieten hatte, war für mich der Tag auch schon gelaufen. Ich legte mich in mein Bett und war zufrieden und auch glücklich. Glücklich, nicht weil ich weit weg von zu Hause, sondern weil ich mir sicher war, dass die Strecke bis nach Singapur mit weniger Schwierigkeiten verbunden sein könnte. Die Menschen waren hier wieder anders als in Indien. Nach dem muslimischen und dem hinduistischem Glauben waren jetzt Buddhisten vorwiegend meine Gegenüber. Dies sind alle sehr unterschiedliche Kulturen, aber ich würde die buddhistische für mich als am angenehmsten einordnen. Freundliche Leute, auch interessiert, aber nicht nervig neugierig, sehr schwer, in ein paar Zeilen zu beschreiben. Muss ich aber auch gar nicht. Dies wird in diesem Kapitel jedem Leser selbst klar, der meine Zeilen aufmerksam liest.

Vor mir lagen zunächst einmal drei Tage, um Bangkok kennenzulernen, und danach 2700 km bis nach Singapur. Mit diesen Gedanken schlief ich auch schließlich ein. Am nächsten Morgen hatte ich natürlich nur eins im Kopf: *Wie sieht es in meinem Radkarton aus? Ist noch alles heil an meinem Rad?* Also begann ich gleich nach dem Frühstück, auszupacken und alle abmontierten Teile wieder zusammenzuschrauben. Um die Mittagszeit war es dann so weit, dass mein Rad wieder ordentlich geradeaus lief, alles gecheckt und voll funktionsfähig. Nur die Hinterradbremse machte mir etwas Sorgen, aber zum Anhalten reichte es noch immer.

Am Nachmittag freute ich mich dann auf einen Besuch in einer besonderen Gastronomie. Von meinem Freund Klaus hatte ich erfahren, dass es in Bangkok eine urbayrische Kneipe gibt. Für Leute, die schon einmal in Bangkok waren, kein Geheimtipp mehr, für mich aber vollkommen neu. „Bei Otto“ heißt das Restaurant, und es hat ausschließlich deutsch-bayrische Spezialitäten auf der Speisekarte. Für Leute, die ein paar Tage nach Bangkok fahren, vielleicht nicht unbedingt ein Muss, für mich aber einer der kulinarischen Höhepunkte auf meiner Reise. Nach 5 Monaten Abstinenz bestellte ich mir eine meiner Lieblingsspeisen, Rindsroulade mit Rotkraut und Kartoffelbrei. Es war der Himmel auf Erden. Dazu trank ich Erdinger Weißbier, und ich war einer der glücklichsten Menschen dieser Erde.

Dann lernte ich Gordy kennen, einen 75-jährigen Schweizer, der schon 6 Jahre in Bangkok lebte und als Zeitvertreib bei „Otto“ ein bisschen Quetschkommode für das überwiegend deutsche Publikum spielte. In einer Spielpause setzte er sich zu mir an den Tisch, und wir kamen von einem Thema aufs nächste, so dass Schluss war mit dem Akkordeonspiel. Die thailändische Bedienung in original bayrischem Dirndl brachte uns noch einige Bier, bis Gordy gegen 22 Uhr auf die Idee kam, mir etwas von der sündigen Meile von Bangkok zu zeigen.

Er packte sein Akkordeon in seinen Rollkoffer, wir bezahlten und machten uns leichtfüßig auf den Weg zur Partymeile. Bisher kannte ich das nur aus Fernsehberichten, aber nach einer kurzen Tuk-Tuk-Fahrt standen wir am Anfang einer der berüchtigten Straßen mit den unzähligen Bars, in denen viele junge Frauen für ein entsprechendes Handgeld ihre Paarungsbereitschaft bekundeten. Ob es sich hierbei um den natürlichen Fortpflanzungstrieb oder gar um die wahre Liebe handelte, bleibt zu bezweifeln. Gerne wären wir in eine der Kneipen gegangen, hatten aber ein Riesenproblem. Der Akkordeonkoffer von Gordy, den er hinter sich herzog, erregte bei den Türstehern offensichtlich schweren Verdacht, Verdacht auf einen Bombenanschlag, was zur Folge hatte, dass wir nirgends reinkamen.

In einer kleinen Gartenwirtschaft konnten wir dann schließlich doch noch was trinken, und Gordy konnte mir einiges Nützliche über Thailand erzählen. Später verabschiedeten wir uns in der Metro, die ich an diesem Abend auch noch gleich kennenlernte.

Der nächste Tag stand dann wieder im Zeichen von Besichtigung, wobei ich mich nach einem Tag Bangkok wirklich nicht als Kenner der Stadt bezeichnen würde. Ein riesiger Markt mit vielen kleinen Ständen, an denen es alles gab, was das Land zu bieten hatte, war für mich ein weiteres Paradies. Unzählige Speisen wurden schmackhaft angeboten, und es fiel mir schwer, von jedem nur ein bisschen zu nehmen, um so viel wie möglich probieren zu können. So vergingen die Stunden in Bangkok rasend schnell. Eine große Eingewöhnungsphase brauchte es nicht, da hier alles wieder um einiges normaler war als in Indien oder Iran.

Am Morgen des 23. 9. 2019 stand ich dann bepackt mit meinem Rad vor meiner Unterkunft, hochmotiviert, die 2700 km bis Singapur in Angriff zu nehmen. Das Wetter war schön und die Temperaturen angenehm. Doch zunächst galt es erst einmal, aus dieser riesigen Stadt mit dem Rad rauszukommen. Der Verkehr ähnelte, von der Dichte her, dem in den großen, indischen Städten, nur gab es hier wieder so etwas wie Verkehrsregeln. An den Ampeln wurde angehalten und gewartet, bis es grün wurde, und vor allem waren die Straßen gut befahrbar, was heißen soll, dass das Aufpassen auf Schlaglöcher entfiel. Also schlängelte ich mich durch den dichten Verkehr in Richtung Süden. Der Weg führte mich auf zweispurigen Straßen, über Brücken und mit Flussfähren raus aus Bangkok, und ich lernte recht schnell das Land kennen.

Ein Land, das geprägt ist von Palmen und insgesamt saftiggrünen Flächen. Hin und wieder ragt aus dieser grünen Landschaft ein Berg heraus, was aussieht, als hätte hier jemand einen riesigen Felsen verloren. Ein Hingucker nach dem anderen. Felsenberge wechselten sich mit schönen Tempeln oder Gebäuden ab. Meine Strecke hatte ich so festgelegt: von Bangkok entlang der Ostküste am Golf von Thailand bis nach Chumphon. Dort wechsle ich die Seiten und fahre quer rüber an die Westküste, die ich als Tsunamiküste in Erinnerung hatte, und von dort aus nach Phuket.

So geplant und auch so ausgeführt, fuhr ich jeden Tag wunderschöne Touren. Die Leute waren nett, und oft bekam ich etwas an den einfachsten Hütten, die am Straßenrand etwas zu essen anboten, geschenkt. Mit dem Essen war ich mehr als zufrieden. Viel Fisch, Shrimps und Reis in guten Soßen. Die Schärfe machte mir schon lange nichts mehr aus. Den Schliff hatte ich in Indien und im Iran schon bekommen.

Am allerbesten schmeckten mir die Suppen, die in Thailand überall zu haben sind und mir als Suppenkasper natürlich zu Gute kamen. Die Gefahr, dass ich einmal über lange Strecken nichts bekommen könnte, gab es hier nie. Das Land ist recht dicht besiedelt, also gab es in kürzeren Abständen immer wieder eine Ortschaft. Die Tankstellen in Thailand sind jedoch der Oberhammer. Während du im Iran und in Indien an den Tankstellen allenfalls eine Büchse Altöl kaufen konntest, waren hier die Tankstellen kleine Einkaufszentren. Angeschlossen an die Tankstelle gab es oft Fastfood-Läden, Apotheken, Boutiquen und das Wichtigste: öffentliche, saubere WC-Anlagen mit Waschraum und Duschen. Oft spielte eine Band zur Unterhaltung der Kunden im Freien, was für mich zum Rasten natürlich besonders entspannend war.

Was die Pausen auch besonders angenehm machte, waren die Bushaltestellen. Während ich in anderen Ländern oft kilometerweit kein geeignetes Plätzchen fand, keinen Stein, keinen Baumstamm oder Sonstiges zum gemütlichen Rasten, waren hier an den Bushaltestellen immer kleine Häuschen, versehen mit zwei sich gegenüberliegenden Bänkchen. Diese nutzte ich gerne, wenn ich ein schattiges Plätzchen benötigte, aber auch, wenn die fast täglichen Gewitter ihre Unmengen von Wasser ausschütteten. Die Gewitter waren sehr heftig, aber nie von sehr langer Dauer. So fuhr ich die rund 600 km entlang der Ostküste bis nach Champhon und dachte oft daran, wie so etwas noch zu toppen wäre. Es war einfach nur schön, und hätte da nicht ständig der Gegenwind auf mich eingewirkt, wäre es ein Traum gewesen. Nach Champhon wechselte ich dann die Seiten und fuhr rüber in Richtung Grenze zu Myanmar. Hört sich weit an, ging aber gerade mal 50 km. Auf dieser Strecke lag ein großer Tempel auf einem Berg, den ich während eines kleinen Abstechers von meiner Route besichtigte.

Neben dem Tempel befand sich eine große Blechhütte, in der sich Pilger mit Essen versorgen konnten.

Auch ich wurde hier als Radreisender und Nicht-Buddhist freundlich und zuvorkommend versorgt.

Nicht nur, dass die Damen von der Küchenabteilung mir für mein Essen und Trinken nichts abnahmen, nein, sie wollten unbedingt noch mehrere Fotos mit mir machen. Der Tempel war sehr groß und unglaublich aufwendig mit allerhand Tiersymbolen verziert und das Ganze natürlich in einer glänzenden Goldfarbe gestrichen.

Am Nachmittag lag dann einer der vielen Wasserfälle, die es in Thailand gibt, direkt an der Straße. Da konnte ich nicht widerstehen, gönnte mir ein erfrischendes Bad und ließ mir meine geschundene Rückenmuskulatur im Naturpool durch das herunterprasselnde Wasser massieren.

Am Abend erreichte ich dann Kraburi, eine kleine Ortschaft direkt an der Grenze zu Myanmar. Ich fand Unterkunft bei einer älteren Frau, die 7 kleine Häuschen zu vermieten hatte. Die Häuschen sahen aus wie das Lebkuchenhaus aus Hänsel und Gretel, nur dass die Lebkuchen aus zusammengestückelten farbigen Restfliesen bestanden. Innen sah es genauso aus, aber urgemütlich.

Als ich mich eingerichtet hatte, war die Frau gerade dabei, dünne Schweinefleischstreifen auf einem Tisch in der prallen Sonne zu trocknen. Sie erklärte mir, dass sie sehr gut schmeckten, wenn sie fertig seien, und dass sie mir eine Portion abgeben würde. Überhaupt war sie sehr fleißig und hatte allerhand zu tun, obwohl ich der einzige Gast der sieben Häuschen war. Spät am Abend hatte sie dann wohl alles erledigt und brachte mir eine ordentliche Portion von dem getrockneten Fleisch, das sie mit Gewürzen und etwas Öl angebraten hatte. Es schmeckte sagenhaft gut. Bei der Gelegenheit setzte sich die Frau zu mir, und wir redeten bis spät in die Nacht über Gott und die Welt.

Wie nah ich mich an der Grenze zu Myanmar befand, war mir nicht bewusst, und sie empfahl mir, unbedingt am Morgen, bevor ich weiterfuhr, noch einen Abstecher zum Flussufer zu machen. Das interessierte mich natürlich sehr, und ich fuhr deshalb schon frühmorgens los. Einen Kilometer zurück, 200 m links und schon stand ich am Fluss „Malnahm Kraburi", der als natürliche Grenze zwischen Thailand und Myanmar dient. Eigentlich nichts Besonderes, wäre da nicht die halsbrecherische Überfahrt von Schulkindern gewesen, die sich in langen, schmalen Booten über den Fluss transportieren ließen.

Es war ein nebliger Morgen. Der Regen, der in der Nacht gefallen war, verdunstete wie auf einer Kochplatte und lag über der Stadt und dem Fluss. Viele Frauen brachten ihre Kinder mit dem Roller oder Moped zu dieser Fährstelle und vertrauten sie den Männern auf den wackeligen Booten an. Hier gehen sehr viele Kinder auf eine Schule in Myanmar, wenn sie aus Mischfamilien von Myanmaren und Thailändern kommen. Ich beobachtete das Ganze vom sicheren Ufer aus und dachte dabei, dass in Deutschland nicht eine einzige Frau ihr Kind in so ein Boot steigen lassen würde.

Später verabschiedete ich mich von der gesprächigen, aber sehr netten Frau, die mir einen weiteren, tiefen Einblick in die Freundlichkeit der Thailänder gewährt hatte und fuhr weiter in Richtung Phuket, das ich am 4. 10. 2019 nach 1020 km von Bangkok aus erreichte. Ich hatte schon viel von Phuket gehört und war echt gespannt, ob es so schön war, wie mir erzählt wurde. Mein Sohn Fabian lebte vor nicht allzu langer Zeit auf Phuket, um seinen Körper im Kampfsport zu stählen und hatte mir viel von diesem gottgeschaffenen Örtchen erzählt. Eine günstige Unterkunft direkt im Zentrum von Pa Tong Beach diente mir für 5 Tage Urlaub.

Danach wusste ich, warum hier tausende ihren Jahresurlaub verbringen. Hier gibt es alles und für jeden. Street Food, Spezialitätenrestaurants, Märkte, Partymeilen, sämtliche namhafte Hotels, Traumstrände, Touristenunterhaltung und viele Ausflugsangebote zu den umliegenden Trauminseln wie Ko Phi Phi. Am Abend überbieten sich die zur Straße hin offenen Kneipen und Diskotheken mit Live-Musik, und das Leben scheint hier absolut stress- und sorgenfrei zu sein.

In einer Bierkneipe lernte ich einen Mann aus Malaysia kennen, was mir natürlich gerade recht kam. Ich war nicht mehr weit entfernt von Malaysia und hatte ein paar unschöne Dinge über das Land gelesen. Meine leichten Bedenken, die ich dadurch bekam, konnte meine neue Bekanntschaft schnell zerstreuen. Er schwärmte mir von seinem Land vor und nahm mir meine Bedenken bezüglich der Sicherheit. Auch gab er mir den Tipp, unbedingt die Insel Penang zu besuchen, auf der es unglaublich schön sein sollte. Ich hatte davon noch nie etwas gehört und nahm es gerne in meinen weiteren Routenplan auf.

So verging die Zeit auf Phuket recht schnell, und ich wusste, dass ich so bald nichts vergleichbar Schönes sehen würde. Die 100 km lange Inselrundfahrt mit dem Rad brachte mich an Orte, die du nie wieder verlassen möchtest, und der Tagesausflug mit einem Schnellboot auf die Insel Ko Phi Phi und ein paar weitere, kleinere, unbewohnte Inseln brachte mir die Erkenntnis, dass das eine echte Alternative zum Schwarzwald war.

Ich suchte aber keinen Ort zum Auswandern, und so saß ich am 9. 10. 2019 wieder auf meinem Rad und radelte ziemlich dieselbe Strecke wieder zurück, runter von der Insel, um auf der Westseite des Festlandes bis zur Grenze nach Malaysia zu fahren. Südlich von Phuket änderten sich allerdings die Dörfer gewaltig. Die Gegend war zwar ähnlich schön, jedoch machten die Ortschaften zunehmend einen ärmlicheren Eindruck. Auch konnte ich nicht sagen, ob ich noch in Thailand war, da die Bevölkerung immer mehr aus Chinesen bestand.

Eine religiöse Feierwoche der Chinesen unterstrich das Ganze noch. In vielen Ortsdurchfahrten zogen Chinesen mit Drachen und Festwagen durch die Straßen und ließen tonnenweise kleine Knaller krachen, die die Straßen komplett rot färbten.

Ansonsten waren die 5 Tage von Phuket bis zur malaysischen Grenze recht ereignislos, und so stand ich am 14. 10. 2019 auf einer Einkaufsmeile, 200 m entfernt vom malaysischen Schlagbaum. Da hier sehr viele Autos mit malaysischen Kennzeichen standen und ankamen, ging ich davon aus, dass es in Malaysia teurer war oder nicht alles gab. Ich verprasste meine letzten thailändischen Baht, füllte meine Satteltaschen mit Getränken und Proteinriegeln und machte mich auf den Weg zum Grenzübergang. Bevor ich zur Ausweiskontrolle kam, drehte ich mich noch einmal um und bedankte mich für diesen wunderschönen Abschnitt meiner Reise.

Tschüss, Thailand.

Die Luft war sehr staubig. Atemschutz beim Fahren war angesagt.

Besuch eines Tempels. Freude sieht so aus.

Schulboot nach Myanmar, sehr abenteuerlich.

An solchen Hütten aß ich am liebsten. Thailändische Oma-Küche.

An solchen Stellen denkt man daran: Fahrrad abschließen, liegen bleiben.

Freundliches Küchentrio.

KAPITEL 17

MALAYSIA, KLEINER GEHEIMTIPP

Ja, ich hatte in Thailand alles gehabt, was man brauchte, was würde mir Malaysia bringen? Ich stand in einer Reihe von Fußgänger-Pendlern am Grenzübergang Wang Prachan und wartete geduldig, bis ich an der Reihe war. Durch eine kleine Scheibe sah ich den Grenzbeamten nur schemenhaft und streckte ihm meinen Reisepass durch einen kleinen Schlitz in der Scheibe entgegen. Keine 5 Sekunden später hörte ich das laute Knallen des Stempels, und mein Pass erschien wieder im Schlitz. So richtig glauben konnte ich es nicht, aber ich nahm ihn schnell wieder an mich und schob mein Rad 5 m weiter, wo schon 2 weitere Grenzbeamtinnen warteten, um das Gepäck zu kontrollieren. Eine von ihnen wollte ein weiteres Mal meinen Ausweis sehen und fragte mich, wo ich herkam. Ich erklärte es ihr, und als ich ihr sagte, dass ich auf dem Weg nach Singapur sei, erntete ich den ungläubigsten Gesichtsausdruck, den ich bisher gesehen hatte.

Da ich aber sonst einen glaubwürdigen Eindruck hinterließ, verzichtete sie bei mir auf eine strenge Gepäckkontrolle und ließ mich passieren. Nach 11774 km stand ich dann im 13. Land auf meiner Tour und sah erst einmal nichts außer einem Berg, der vor mir lag, und viel Wald. 18 km hatte ich noch bis in die nächste Siedlung. Wie groß diese war, war mir eigentlich egal. Wichtig für mich war, dass ich Geld wechseln konnte und ein Bett für die Nacht fand. Außerdem brauchte ich dringend Nähzeug, das Einzige, was ich tatsächlich nicht dabeihatte.

Ich fand alle drei Dinge schnell und verbrachte den ersten Abend in Malaysia mit dringenden Flickarbeiten, was aber weiter nicht schlimm war, da ich an diesem Abend das erste malaysische Gewitter erleben durfte. Während man in Thailand zu jeder Tageszeit mit einem Gewitterregen rechnen musste, war es in Malaysia relativ konstant. Hier konnte man fast die Uhr danach stellen. Zwischen 15 und 16 Uhr braute sich etwas zusammen, und zwischen 16 und 17 Uhr lud es ab, dass die Straßen zu Bächen wurden. Morgens war der Zauber dann wieder vorbei, und ich hatte meist strahlenden Sonnenschein, wie auch am 2. Tag, an dem ich weiterzog in Richtung Süden.

Die Landschaft war herrlich, die Straßen überwiegend gut und die Menschen ähnlich freundlich wie in Thailand. Auch hier waren die Chinesen stark vertreten, aber auch andere Ethnien, wie z. B. Indonesier. An einem Tag lernte ich eine Gruppe junger Männer kennen, die mich gleich zum muslimischen Glauben bekehren wollten, was ich natürlich dankend ablehnte. Aber auch hier wäre wieder eine Einladung zum Mittagessen und eine Übernachtung drin gewesen. Leider war es noch am frühen Vormittag, und ich hatte mein Tagessoll noch lange nicht erfüllt. Meine Unterkunft in Singapur war vom 25. 10. bis zum 31. 10. 2019 gebucht, und ich hatte noch gut 1200 km in 10 Tagen zu radeln. Dies ließ leider keinen Platz für weitere Urlaubstage. Schließlich wollte ich noch einen Tag auf der Insel Penang verbringen.

Außerdem hatte ich noch das Problem „Visum für Australien" zu lösen. Australien ist eigentlich kein Problem, da man das Visum bequem im Netz beantragen kann. Hierfür hatte ich mir mittlerweile auch eine neue E-Mail-Adresse angelegt, da ich immer noch meine Nachrichten auf die Geschäftsadresse bekam, und der Rechner stand nun mal bei mir zu Hause. Dem ein oder anderen Leser wird dies wohl als kein zu großes Problem erscheinen, für mich waren solche Aufgaben jedoch eine große Herausforderung, da ich mich mit so etwas nie beschäftigt hatte. Dass ich E-Mails empfangen konnte, war jetzt aber dringend erforderlich, da sämtliche Bestätigungen, z. B. der Fluggesellschaften, per Mail kamen. Auch die Bestätigung für das Visum von Australien erreichte mich auf diesem Weg, jedoch funktionierte das nicht so schnell, wie es auf der Australienseite angegeben war.

Am 3. Tag übernachtete ich in einer kleinen Stadt, an deren Hauptstraße sehr viele chinesische, ich nenne sie jetzt mal nicht Restaurants, sondern Kneipen mit Essmöglichkeit waren. Während meiner Mahlzeit gesellte sich ein sehr alter Chinese an meinen Tisch, und im Handumdrehen hatte ich nicht nur mit dem knochigem Hühnerklein (natürlich mit Beinen und Zehen) zu kämpfen, sondern auch mit dem chinesischen Englisch, das der alte Mann in Perfektion zur Unterhaltung zum Besten gab.

Er lebte schon in der 3. Generation in Malaysia und war dennoch ein eingefleischter Chinese. Er kannte sich politisch aus, wusste sogar, dass unsere Bundeskanzlerin Merkel hieß und hatte so manches an der malaysischen Regierung zu bemängeln.

Nach längerem Hin und Her schwärmte er geradezu von Adolf Hitler und was er für ein starker Führer gewesen sei. Meine Einwände wollte er nicht gelten lassen, und dass man dieses Thema in Deutschland eher nicht ansprechen sollte, konnte er gar nicht verstehen.

Dennoch war es für mich genauso unterhaltsam wie lehrreich. Ich liebte solche Begegnungen. So hatte ich doch am nächsten Tag während des Fahrens immer wieder ein Thema im Kopf, über das ich stundenlang nachdenken konnte. Oft schüttelte ich den Kopf darüber, wie sich die Denkweisen und Ansichten doch veränderten, je weiter ich von zu Hause entfernt war.

Am nächsten Tag radelte ich weiter, und der ein oder andere Leser wird sich schon gefragt haben, warum ich nichts über Pannen oder Unfälle geschrieben habe. Ganz einfach, weil ich noch nichts Derartiges gehabt hatte. Außer den beschriebenen Schwierigkeiten mit meiner Hinterradbremse war noch nichts passiert. Nicht einmal einen platten Reifen konnte ich verzeichnen.

Dies sollte sich an diesem Tag aber ändern. Ich fuhr gedankenversunken auf einer schnurgeraden Straße entlang, und vor mir lag der starke Anstieg einer Brücke über eine andere Straße. Die Brücke hatte einen ca. 50 cm tiefen und einen Meter breiten, ausbetonierten Graben, über den vermutlich massig Wasser abgeleitet wurde, wenn es mal wieder so richtig regnete. Ich befand mich mitten im Anstieg, als es auf einmal einen Schlag an meinem Rad tat. Meine rechte Satteltasche flog an mir vorbei, mich schlug es nach links, und ein alter Mann auf einem Kleinmotorrad folgte meiner Satteltasche. Offensichtlich hatte der Mann total gepennt und war ungebremst hinten in mich reingefahren. Durch den Aufprall wurde er nach rechts gedrückt, fing sich aber zunächst, zog danach den Lenker nach links, um nicht in den Gegenverkehr zu geraten, aber viel zu scharf. Er rauschte vor meinem Rad in diesen betonierten Graben und fiel nach ca. 10 m auf die rechte Seite. Der Beton war sehr rau, und so zog er sich am rechten Schenkel, seinem rechten Unterarm und an der Schulter bös blutende Fleischwunden zu. Ich dagegen kam mit dem Schrecken davon, da ich an diesem Anstieg sehr langsam war und mein Rad nach 2 bis 3 Metern zum Anhalten brachte.

Gleich hielten Autofahrer an, und wir kümmerten uns gemeinsam um den verletzten Mann, der sehr starke Schmerzen hatte, die er sich aber lange nicht anmerken ließ. Sein Motorrädchen war stark beschädigt, und wir richteten Lenker Spiegel und Lampe so, dass er weiterfahren konnte, was er sich nicht nehmen ließ. Bei mir waren lediglich das Schutzblech verbogen und die Halterung der Satteltasche abgerissen. Mit Draht und Kabelbinder befestigte ich die Satteltasche provisorisch und konnte so auch meine Fahrt fortsetzen. Das war ein aufregendes, aber auch ein vermeidbares Erlebnis. Fortan schaute ich öfters in meinen Rückspiegel, der sich aber nach 4000 km Linksverkehr auf der falschen Seite befand.

Am nächsten Tag erreichte ich dann die Stadt Permatang Pauh, von wo aus man zur Insel Penang übersetzen konnte. Es gab 3 Möglichkeiten: die Penang Bridge mit einer Länge von 13,5 km,

die ungefähr in die Mitte der Insel führt und eine im Süden, die
eine Länge von 24 km aufweist. Dazu gibt es eine Fährverbindung, die direkt ins Zentrum der Hauptstadt George Town führt.

Ich entschied mich für die 13,5 km lange Penang-Brücke, ohne
zu wissen, dass beide Brücken für Radfahrer gesperrt waren.
Ich vermutete es zwar, wollte es aber darauf ankommen lassen
und radelte frohen Mutes in Richtung Brücke.

Schon weit vor der Brücke sah ich das Schild mit dem durch-
gestrichenen Radfahrer, stellte mich aber blind und fuhr weiter.
Kurz vor der Auffahrt kamen dann Zahlstellenhäuschen, an denen ich ganz frech vorbeifuhr. Ein Mitarbeiter einer der Zahl-
stellen rief laut hinter mir her, doch ich stellte mich taub und
fuhr einfach weiter, ohne mich umzudrehen. Erst als ich schon
auf der Brücke war, konnte ich die Länge einigermaßen einschätzen und dachte mir gleich, dass das nicht gut gehen würde. Die Brücke war dreispurig und hatte einen 2 m breiten Not-
haltestreifen. Hin und wieder kamen kleine Nothaltebuchten.

Nach 5 km war es dann so weit. Ich sah das Polizeimotor-
rad schon weit hinter mir im Rückspiegel, der Polizist überholte mich und hielt in der nächsten Nothaltebucht an. Er stieg ab,
stellte sich auf den Seitenstreifen und forderte mich auf anzuhalten. Ich dachte mir: *So, nun bist du fällig. Den ersten Strafzettel auf meiner Tour fange ich mir jetzt ein.* Ich hielt ebenfalls an,
stieg ab und bereitete mich auf eine ordentliche Standpauke vor.

Der Polizist hingegen erklärte mir in gelassenem, ruhigem
Ton, dass die Brücke für Radfahrer gesperrt und es viel zu gefährlich sei, hier mit dem Rad zu fahren. Ich nahm es ruhig zur
Kenntnis, ersparte mir aber die Erklärung, dass ich schon auf
weit gefährlicheren Straßen unterwegs gewesen war. Nach dieser Aufklärung fragte er mich, woher ich denn komme. Ich erklärte ihm kurz meine Route, und ab dem Moment spürte ich,
dass ich von dem Mann nichts zu befürchten hatte. Er war sichtlich begeistert und wollte mehr wissen. Ich zeigte ihm ein paar
Bilder vom Iran, von Dubai, Indien und Thailand. Er konnte es
nicht glauben und nahm mir meinen Ausflug auf die Brücke auch

nicht krumm. Im Gegenteil, er sagte mir, dass ich weiterfahren könne und er mich mit seinem Motorrad absichern werde.

Zum Glück hatte ich guten Rückenwind und fuhr dem Polizist, der mich mit Blaulicht von der Brücke geleitete, in einem hohen Tempo voraus, was mir weitere Pluspunkte einbrachte. Nach 5 km gesellte sich ein weiterer Motorradpolizist dazu, der gerade einen Autofahrer kontrolliert hatte, und so fuhr ich, geleitet von zwei Blaulicht-Motorrädern, von der Brücke. Ich kam mir vor wie ein Regierungschef bei einem Staatsbesuch. *Nette Leute*, dachte ich und suchte meine gebuchte Unterkunft.

Es war eine Privatvermietung in einer Wohnsiedlung, am Rande von George Town, ordentlich und ruhig gelegen. Am Abend setzte ich mich vors Haus und wollte noch ein wenig Berichte schreiben. Stress hatte ich keinen, da ich hier zwei Nächte eingebucht war. Ich wollte mir die Insel am nächsten Tag anschauen.

Es war schon dunkel, als das schwere Eisentor, das die Hofeinfahrt sicherte, aufging und ein Auto reinfuhr. Ich hatte gedacht, dass ich das Haus für mich alleine hätte, doch aus dem Auto stiegen 4 Männer aus. Es waren Monteure, die von der Arbeit kamen und mich neugierig musterten. Nach einem kurzen Vorstellungsgespräch verschwanden sie unter der Dusche, und schon bald kam einer in Ausgehkleidung wieder raus. Er erklärte mir, dass er in der Stadt noch etwas essen und trinken gehe und fragte mich, ob ich mitfahren wolle. Ja, Volltreffer. Etwas Besseres hätte mir gar nicht passieren können, ein Malaysier, der die Sprache spricht, der sich in der Stadt auskennt und ein Auto hat. Gerne nahm ich an und fuhr mit ihm ins Herz der 1,2-Millionen-Einwohner-Stadt George Town. Der Name der Stadt ist wohl noch ein Überbleibsel der Engländer, die in Malaysia natürlich auch einmal mitgemischt hatten.

3 Minuten später saß ich umgezogen im Auto von Sam, so hieß der Gute, und wir fuhren in die Stadt. Dazu muss ich sagen, dass ich null Ahnung von der Insel Penang hatte. Ich hatte nie etwas von ihr gehört, bis mir der Mann auf Phuket davon erzähl-

te. Damals dachte ich schon, dass es eine Urlaubsinsel sei, hatte aber keine Vorstellung, wie es hier aussehen könnte. In meinen Gedanken existierte das Bild einer kleinen Insel mit einem beschaulichen Fischerdorf. Was ich aber nun sah, war eine fortschrittliche Stadt mit modernen Hochhäusern und gut ausgebauten Straßen. Das Zentrum bildete die Altstadt, wie man sie sich asiatischer nicht vorstellen kann. Sehr viele Stände säumten die engen Straßen, an denen es alle mir bekannten und auch unbekannten asiatischen Köstlichkeiten warm oder kalt zu kaufen gab. Sam und ich aßen uns an unzähligen Ständen mit Kleinigkeiten durch und steuerten danach eine Kneipe an. Es war nicht einfach, sich hier zu entscheiden, da in fast allen gute Live-Bands spielten, um damit Kundschaft zu fangen. Das Leben pulsierte in dieser Stadt, dass es eine reine Freude war. Wir nahmen Platz an einer Straßentheke, tranken etwas und redeten über Dinge, die mich interessierten. Malaysia wurde für mich an diesem Abend zu einem Geheimtipp.

Den nächsten Tag hatte ich frei und wollte mit dem Rad die Insel erkunden. Mittlerweile kannte ich die Vorzüge einer Stadt- oder Inselbesichtigung mit dem Rad. Man kommt schnell von Punkt A nach B. Wenn ich mich verfahren hatte, konnte ich das schnell korrigieren, und vor allem kam ich mit dem Rad an Stellen, die ich mit dem Auto nicht hätte anfahren können oder die ich gar nicht gefunden hätte. So war es auch hier. Zunächst fuhr ich nochmal durch die Stadt George Town und danach 75 km rund um die Insel. Ich hielt an zahlreichen Traumstränden an, die alle menschenleer waren, fuhr über einen Berg, an dem ich einen Wasserfall, eine Blumenfarm und vieles mehr sehen konnte.

Der Mann auf Phuket hatte nicht übertrieben. Der Abstecher hatte sich wirklich gelohnt. Die Insel Penang ist ein Traum.

Am Abend traf ich Sam leider nicht mehr, da Wochenende war und er nach Hause gefahren war. So machte ich mich am nächsten Morgen wieder auf den Weg, denn die nächste Metropole, Kuala Lumpur, die Hauptstadt, wartete bereits auf mich.

Eigentlich könnte man an dieser Stelle vermuten, dass es mir recht gut ging, doch schon einen Tag später traf es mich wieder hart.

Ich erwarte nicht, dass jeder Leser das versteht, was ich jetzt beschreibe, weil ich selbst davon überrascht wurde. Vollkommen unerwartet und aus heiterem Himmel fiel ich in ein drittes tiefes Loch, 10 Mal tiefer als das im Iran. Ich weiß bis heute nicht, an was es lag, aber auf einmal kam mir alles so sinnlos vor. Wieder erwachten starke Zweifel in mir, ob ich mein gestecktes Ziel erreichen konnte. Das Ganze war garniert mit einer Riesenportion Heimweh. Auf einmal waren die Gedanken, abzubrechen, fast stärker als der Wille, mein Vorhaben durchzuziehen. Ich konnte es nicht mehr steuern und kontrollieren. Das Wasser lief mir wie beim Duschen an den Wangen runter. Ich war schon so weit, dass ich auf meinem Handy nach einem Flug von Kuala Lumpur nach Frankfurt suchte, und das, nachdem ich bereits runde 12000 km hinter mir hatte. Kilometermäßig hatte ich also bereits die Hälfte geschafft, doch die Hälfte hatte ich mir in Australien gesteckt. Dort wäre ich dann wirklich auf der anderen Seite der Welt.

Ich hatte schon einiges durchgemacht und überstanden, Hitze, Berge, Durst, Verzicht, körperliche und psychische Anstrengungen, und alles zählte auf einmal nicht mehr. Auch nicht Erinnerungen an die schönen Orte und die netten Menschen, die ich gesehen hatte und kennenlernen durfte, konnten mich auf bessere Gedanken bringen. Plötzlich stand der Rest der Reise wie eine unbezwingbare, überhängende Felswand vor mir, und ich hatte keine Ahnung, wie ich da hinüberkommen sollte. Ich versuchte zu schlafen, weil ich wusste, dass der Morgen vieles wieder besser aussehen lassen würde, als ich es am Abend mit ins Bett nahm, doch es war eine unruhige Nacht.

Am Morgen dann strahlte die Sonne noch nicht so, wie ich es mir vorgestellt hatte, aber egal. Ich musste ja eh mindestens bis Kuala Lumpur, um nach Hause zu kommen, also radelte ich weiter.

Jeder Kilometer wurde an dem Tag zur Qual, und jeder Meter, den ich fuhr, kam mir vor wie 100 m. Am Abend erreichte ich Hulu Bernam, die letzte Unterkunft, 81 km vor Kuala Lumpur, ein kleines, schönes Städtchen. Ich setzte mich am Hafen auf eine Mauer, sortierte meine Gedanken und sah einem wunderschönen Sonnenuntergang zu. Langsam wuchs in mir die Kraft weiterzumachen, und eine ruhige Nacht brachte mich wieder einigermaßen ins Gleis.

Am nächsten Morgen war die Vorfreude, Kuala Lumpur zu erreichen, schon wieder riesengroß, und mein Rad lief wie gewohnt Kilometer für Kilometer in Richtung Hauptstadt. Das 3. große Tief war fast überstanden, und den Rest der Zweifel nahm mir dann diese Stadt, unter der ich mir genauso wenig hatte vorstellen können wie unter der Insel Penang. Auch war mittlerweile mein Visumantrag von den Australiern bestätigt und ließ mich wieder etwas beruhigter die Landschaft genießen.

Am frühen Nachmittag führte mich eine gut ausgebaute und schön angelegte vier- spurige Straße durch die Vorstadt und brachte mich von der ersten Bebauung an zum Staunen. Alles war sehr ordentlich und sauber, und schon von weitem konnte man die Skyline des Stadtzentrums sehen. Dazwischen ragten die Spitzen der Petronas Towers in den Himmel und wiesen mir den Weg zu meinem gebuchten Hotel. Da ich nur eine Nacht in dieser Stadt verbrachte, wollte ich nicht am Stadtrand wohnen und buchte mir ein Zimmer im Concorde Hotel, direkt im Zentrum. Es sah schon lustig aus, als ich mit meinem Rad vor dem Nobelschuppen vorfuhr und die Gesichter der ein- und ausgehenden Gäste beobachten konnte.

Dem Portier in absolut korrekter Uniform schien das allerdings egal zu sein. Er öffnete mir freundlich die Tür und zeigte mir den Weg zur Rezeption.

Nach dem üblichen Ritual, einchecken, auspacken, duschen und ein einigermaßen sauberes T-Shirt anziehen, stand natürlich gleich Stadtbesichtigung auf dem Plan.

Nach zwei Stunden Zentrumserkundung stand für mich wieder einmal fest: Bewerte ein Land niemals nach der Hauptstadt. Auch hier schien das ganze Geld des Landes geballt zum Einsatz zu kommen. Wer glaubt, dass in Malaysia nur ein mit Einbaum aufs Meer fahrendes Fischervolk lebt, sollte sich Kuala Lumpur einmal anschauen.

Moderne Gebäude, Parks und Gastro beeindruckten mich schwer, und die Tour zu Fuß machte mich hungrig und durstig. In einer irischen Kneipe fand ich alles, was das Herz begehrt. Den späteren Abend verbrachte ich im Hard Rock Café, das direkt neben meinem Hotel lag und wo eine sehr gute Band aufspielte.

Die schwarzen Wolken, die sich noch vor zwei Tagen über meinem Kopf gebildet hatten, hatten sich verzogen. Der nächste Tag war dafür wieder etwas anstrengender. Eine komplizierte Ausfahrt aus der Stadt, schwere Beine und ein leichtes Brummen unter meinem Radhelm machten die nächsten Stunden nicht unbedingt zu einem unbeschwerten Tourtag. Das war mir aber relativ egal, da es mir motivationsmäßig wieder spitze ging und meine Gedanken schon fast im 500 km entfernten Singapur angekommen waren.

Dazwischen passierte mir allerdings noch eine unglaubliche Sache. Auf der letzten Tagestour vor Singapur radelte ich so vor mich hin. Die Strecke war ziemlich langweilig, da die Straße schnurgerade durch einen Dschungel aus Palmen und dichtem Unterholz führte. An der Strecke lagen sehr wenige Häuser, die auffällig gewesen wären. Nach 55 km sah ich ein Hinweisschild, das eine Tankstelle nach 5 km ankündigte, an der ich dann auch eine Pause einlegen wollte. Sie befand sich jedoch auf der anderen Seite der Straße, und da der Gegenverkehr es gerade nicht zuließ, die Straße zu queren, fuhr ich ein Stück weiter und nahm quasi die obere Einfahrt. Nun stand mein Rad in die Richtung, aus der ich gekommen war.

Ich aß und trank etwas, und ein junger Tankwart interessierte sich sehr für mich. Die Unterhaltung war so lustig und intensiv, dass ich beim Weiterfahren keinen Meter daran dachte, dass ich in falscher Richtung weiterfuhr. Da am Straßenrand alles ziemlich gleich aussah, bemerkte ich dieses Missgeschick erst nach 29 km, als ich an einer Baustelle vorbeifuhr, wo vor drei Stunden gerade begonnen wurde, eine Bodenplatte für ein Haus zu betonieren. Da hatte ich ein kleines Déjà- vu und hielt an.

Meine App bestätigte mir meinen Fehler, der mir letztendlich drei Stunden und 58 zusätzliche Kilometer bescherte. Stocksauer über meine eigene Blödheit legte ich einen Gang zu und radelte, was das Zeug hielt. Gegen 21 Uhr erreichte ich an dem Tag nach 185 km mein gestecktes Tagesziel und sank erschöpft in meiner bescheidenen Behausung ins Bett. Einschlafen konnte ich jedoch nicht gleich. Der nächste Tag war wieder einmal ein Grenztag, Grenze von Malaysia und dem Stadtstaat Singapur. Auch jetzt ließ ich mir alles noch einmal durch den Kopf gehen, wie jedes Mal, wenn ich ein bereistes Land verließ.

Ich war in 11 Tagen 1203 km durch dieses herrliche Land gefahren. Auch wenn es nur kurz gedauert hatte, war ich mir sicher, dass ich eine intensive und ereignisreiche Zeit in diesem Land mit diesen netten Menschen erleben durfte. Den letzen Morgen ließ ich gelassen angehen. 95 km trennten mich noch von meiner letzten Unterkunft auf dem asiatischen Kontinent. Schon in Indien hatte ich ein interessantes Hostel gebucht. Das „Spacepot", ein außergewöhnliches Hostel, das kapselähnliche Schlafboxen, wie im Raumschiff eines Science-Fiction, zu bieten hatte. Doch dazwischen lag noch die Grenze, vor der ich immer einen großen Respekt hatte.

Bereits um 13 Uhr fuhr ich über den Johor-Singapore Causeway, über die Straße von Johor, die Singapur nicht nur zum Stadtstaat macht, sondern auch zu einer Insel. Dieser Damm wurde angelegt und verbindet die Stadt Singapur mit der malaysischen Halbinsel, hier sind Fußgänger, Radfahrer, Autos, Schwerlastverkehr und Züge unterwegs. Im Damm wurde gleichzeitig eine Pipeline angelegt, die den Stadtstaat mit frischem Trinkwasser aus Malaysia versorgt.

Singapur war für mich als Europäer genauso visumfrei wie Malaysia. Also rechnete ich nicht mit größeren Schwierigkeiten. Außerdem hatte ich ja meine Bestätigung für den Flug von Singapur nach Sydney auf meinem Handy. Als ich zur hochmodernen Grenzstation kam, war es auf der malaysischen Seite eine reine Formsache. Reisepass, kurzer Augenkontakt, Stempel und Abfahrt zu den Kollegen in Singapur. Dort waren mindestens 50 Terminals, von denen aber maximal 10 besetzt waren.

Vor diesen 10 war nur ein Terminal für den Zweiradverkehr zugelassen. Dieser bestand überwiegend aus Motorrädern. Es bildete sich eine mächtig lange Schlange bei heißen Temperaturen. Nur langsam ging es voran, und nach ca. einer halben Stunde Warten war ich an der Reihe. Ich musste ein Formular ausfüllen, persönliche Daten angeben, wo ich wohnen, wann und wie ich Singapur wieder verlassen würde. Ausnahmsweise wurde ich freundlich abgefertigt und konnte wenig später meine Reise auf der Insel Singapur fortsetzen.

Mein Navi zeigte mir einen Radweg durch die Stadt Woodsland bis nach Singapur, der sehr kompliziert schien. Vor mir lag aber eine gut ausgebaute dreispurige Straße, die ich mit meinem Rad eigentlich nicht befahren durfte, so besagte es das Schild, das gleich am Ausgang der Grenzstation stand. Ich hatte noch ungefähr 35 km bis zu meiner Unterkunft, und ich brannte darauf, mein letztes Ziel in Asien zu erreichen.

Erwischt, für Radfahrer gesperrt.
Brücke in Malaysia zur Insel Penang.

Neue Erfahrung für mich. An einem Imbiss wurde
der Orangensaft in einer Tüte serviert.

Altstadt auf Penang. Unzählige Stände,
die alle Köstlichkeiten Asiens anbieten.

Traumhaft mit dem Rad zu fahren.

Ankunft in Kuala Lumpur.

Petronas Towers bei Nacht.

Auf so einer Straße kann man schon mal die Orientierung verlieren.

Auch in Malaysia gab es immer wieder nette Begegnungen.

Letzter Sonnenuntergang in Malaysia.

KAPITEL 18

SINGAPUR MUSS MAN GESEHEN HABEN

Ich stieg also auf mein Rad und wählte die verbotene Straße, obwohl mir klar war, dass man in Singapur schon für kleinere Vergehen mit sehr hohen Geldstrafen zu rechnen hatte. So dauerte es auch nicht sehr lange, bis mich ein Abschleppwagen überholte, auf dem Seitenstreifen anhielt und mich zum Anhalten zwang.

Zwei Männer stiegen aus, kamen zu mir, sagten, dass ich hier nicht fahren dürfe und begannen wortlos, aber freundlich meine Satteltaschen vom Rad zu entfernen. Ich half ihnen dabei, und bevor ich noch fragen konnte, was jetzt passiere, standen mein Rad und mein Gepäck notdürftig angeschnallt auf dem Abschleppwagen. Ich stieg mit den Männern ein, und weiter ging die Reise ganz bequem auf der hinteren Sitzreihe des Abschleppwagens. Die Männer unterhielten sich weiter, als wäre ich überhaupt nicht da, als würden sie den lieben langen Tag nichts anders machen, als Fahrradfahrer von der Straße zu sammeln.

Nach ca. 10 km war der Zubringer zur Stadt zu Ende, und die beiden hielten an einem Parkplatz an, holten meine Sachen vom Abschleppwagen und verabschiedeten sich relativ wortlos, aber nett. Ging besser aus, als ich dachte, und das Ganze ohne Strafe. Ich schnallte meine Satteltaschen wieder auf und trat die letzten Kilometer auf überwiegend schönen Radwegen an.

Gegen 15 Uhr erreichte ich am 207. Tag meiner Reise, am 25. 10. 2019 und nach 12977 gefahrenen Kilometern mein Endziel in Asien, das Hostel Spacepot. Ein bisschen stolz war ich schon auf mich, denn ich hatte diese Unterkunft bereits Mitte August noch mitten in Indien gebucht und war auf den Tag genau in Singapur angekommen.

Das Spacepot muss ich an dieser Stelle erklären. Wie anhand der Bilder im Internet zu vermuten war, handelte es sich um ein Hostel, das einer Raumstation oder einem Raumschiff ähnelt. Leider war das nicht so. Die Rezeption befand sich gleich neben dem Eingang links, in einem recht kleinen Raum mit einem großen Tisch und einer kleinen Küchenzeile. Auf der linken Seite befanden sich mehrere kleine Schließfächer, für jeden Gast eins, in denen ich aber niemals mein Gepäck untergebracht hätte. 2 Türen am Ende des Raumes führten zu 2 schlauchartigen, hohen Räumen, in denen sich auf der rechten Seite die Schlafkapseln, zweistöckig übereinander, befanden.

Die Schlafkapseln waren dafür aber sehr spacig. Die Kapseln waren genauso groß wie die Matratze, und es gab sie für eine Person und für zwei Personen. Ein dünnwandiger Ziehvorhang trennte dich von der Außenwelt, und im Inneren sah alles so aus, als würde man in einem Raumschiff die Reise zum Mars antreten. Ich richtete mich auch so ähnlich ein, da ich ja 5 Tage in dieser Box die Nächte verbringen sollte, was hieß, alles Wichtige am Fußende der Box lagern und das Unwichtige ins kleine Schließfach im Vorraum stopfen. Hört sich alles ein wenig beengt an, es war aber doch recht gemütlich und entspannt in diesem Hostel. Am Morgen musste man lediglich den richtigen Zeitpunkt erwischen, um im Waschraum eines der beiden Waschbecken zu ergattern, da das Hostel mit 40 Betten, überwiegend von Weltenbummlern belegt war. Das Mädel von der Rezeption war sehr nett und hilfsbereit und zusätzlich auch noch für alles im Haus zuständig. Als morgens einmal der Ablauf eines Waschbeckens seinen Dienst versagte, war sie sich nicht zu schade, den Siphon abzuschrauben, ihn mit dem Mund durchzublasen und ihn wieder zu montieren. *Respekt, wer's selber macht*, dachte ich.

Den ersten Abend verbrachte ich erst einmal mit dem Üblichen, Geld wechseln, nähere Umgebung inspizieren und so weiter. Ich stellte bald fest, dass hier alles sehr sauber und geregelt war.

Direkt neben meinem Hostel befand sich ein Fahrradladen, in dem ich am nächsten Morgen gleich mein Glück versuchte, einen Fahrradkarton zu bekommen. Leider hatte der Händler keinen einzigen da, doch schien er für ein weiteres Problem, das ich hatte, eine Lösung zu haben. Ich hatte ja in Abu Dhabi meinen Sattel gewechselt und seither Probleme mit ihm. Anscheinend war er für mich in der Mitte etwas zu hoch, und ich hatte dadurch meine Schwierigkeiten, die sich immer wieder durch wunde Stellen und Bluten bemerkbar machten, Stellen, die ich oft nur mit viel Creme einigermaßen in den Griff bekam. In diesem Fahrradladen sah ich einen Sattel, an dem nur zwei dünne Zinken nach vorne gingen und dazwischen hol war. Ich dachte mir, dass das die Lösung für alle meine Probleme bezüglich des Sitzens auf dem Rad sei und kaufte mir den Sattel für viel Geld, aber der Sattel war für mich nun mal wie für einen Bergsteiger die Schuhe.

Wie es mit diesem Sattel weiterging, berichte ich am Ende des Kapitels „Mexiko". Einen Tipp, wo ich in der Innenstadt einen Fahrradkarton bekommen könne, nahm ich ebenfalls mit.

Dann war Stadt angesagt. 4 Stationen mit der U-Bahn entfernt lag das weltberühmte Hotel Marina Bay Sands, zu dem ich natürlich gleich wollte. Die U-Bahn-Station befand sich direkt auf der anderen Straßenseite, also gar kein Problem, auch kein Problem die Ticketautomaten. Auf einem Bildschirm werden alle Stationen angezeigt. Drauf drücken, wo du hinwillst, Fahrpreis erscheint, Geld einwerfen, und schon hast du dein Ticket. Keine Zonen, keine unnötig komplizierten Erklärungen, einfach easy. Der Bahnsteig war dann ein Erlebnis für sich, picobello sauber, alles neu und modern. Die Gleise sind mit undurchsichtigen Glasscheiben abgeriegelt, und die Zugangstüren öffnen sich erst, wenn der fahrerlose Zug angehalten hat. Alle zwei Minuten fährt ein Zug, also keine Panik am Bahnhof, wenn man mal einen Zug verpasst hat.

Nun genug des Lobliedes auf die öffentlichen Verkehrsmittel in Singapur und ab zur Marina Bay, von wo aus man die wichtigsten Dinge in Singapur zu Fuß erreicht, Gardens by the Bay mit den künstlich angelegten Stahlbäumen, die tagsüber etwas Majestätisches ausstrahlen und nachts, wenn sie beleuchtet sind, an einen Science-Fiction erinnern. Als ob gigantische Raumschiffe gelandet wären, stehen sie in mitten einer wunderschön angelegten Parkanlage.

Ich bewunderte die Helix Bridge, die einer DNS nachempfunden ist, die Skyline von Singapur und natürlich das berühmte Hotel Marina Bay Sands, auf dessen drei Türmen ein gebogenes „Schiff" liegt, mit einer Besucher-Aussichtsplattform und einer Poolanlage mit Restaurants und sonstigen Annehmlichkeiten für die Hotelgäste.

Natürlich zog es mich hoch, um die Stadt aus der 191 m hohen Perspektive zu besichtigen, und ich wurde nicht enttäuscht. Der Ausblick auf die Stadt und die umliegenden Sehenswürdigkeiten sucht seinesgleichen. Die Mischung aus Skyline, Bucht und Parkanlagen erregten in mir fast eine Schockstarre, und genau so stand ich wie angenagelt immer wieder mehrere Minuten an einer Stelle und genoss den Anblick dieser unfassbaren Stadt.

Ich teilte mir die Stadt auf, an jedem Tag immer wieder einen Abschnitt. Natürlich lief ich die Shoppingmeile „Orchard Road" ab und besuchte die Insel Sentosa, auf der sich zahlreiche Freizeitparks, Gärten, Strände und Hotels befinden. Die Insel ist über eine Brücke oder mit einer Seilbahn zu erreichen und erfordert mindestens einen Tag, um nur zu schauen, was es alles gibt.

Ich hatte auch noch Hausaufgaben zu erledigen. Ich war ja nicht mit dem Flugzeug in Singapur. Den Fahrradladen, den es in der Innenstadt geben sollte, fand ich auf Anhieb, und tatsächlich bekam ich dort einen richtig guten, stabilen Karton, mit dem ich quer durch die ganze Stadt mit der U-Bahn raus zum Spacepot fuhr. Ich schraubte mein Rad auseinander, verpackte es, so gut es ging, und freundete mich langsam mit dem Gedanken an, dass ich bald wieder in einem anderen Land ankommen würde. Dieses Mal war es aber nicht nur ein Wechsel in ein anders Land, sondern nun wechselte ich auch den Kontinent.

Gegen 22 Uhr am 30. 10. 2019 verabschiedete ich mich im Hostel und fuhr mit einem Freund des Mädels von der Rezeption zum Flughafen. Ich hatte genügend Zeit, da mein Flug nach Sydney erst morgens um 7.15 Uhr ging. Die Nacht schlug ich mir auf dem hochmodernen und einem der größten Flughäfen Asiens um die Ohren. Ich hatte aber auch nochmal genügend Zeit, um mir meine bisherigen Erlebnisse und Begegnungen ins Gedächtnis zu rufen. Unglaublich, was ich bis hierher alles erlebt und gesehen hatte.

Das Einchecken ging hier recht problemlos. Visum für Australien, vorhanden. Ticket nach Sydney, vorhanden, Weiterflug von Melbourne nach Houston, vorhanden, also alles im Lot. Dürfte nichts schiefgehen, und so war es dann auch. Pünktlich um 7.15 Uhr hob der Flieger von der Startbahn zum achtstündigen Flug nach Sydney ab. Etwas wehmütig blickte ich aus dem Fenster und sah den Kontinent Asien, der für eine lange Zeit meine Heimat gewesen war, hinter mir verschwinden.

Von Singapur verabschiedete ich mich mit dem Gedanken, der sich auch in der Überschrift dieses Kapitels wiederfindet:

Singapur muss man gesehen haben.

Mein Rad auf dem Abschleppwagen.

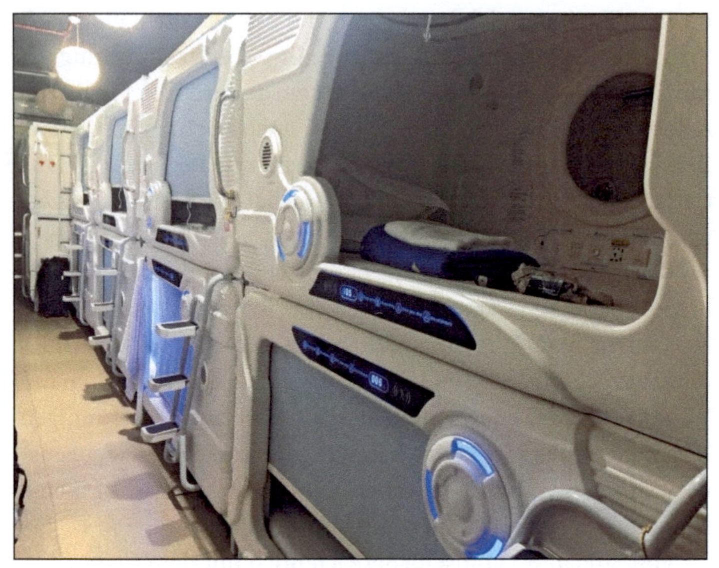

Schlafkapseln im Spacepot.

Blick vom Marina Bay Sands auf Singapur.

Treffen mit einem Mod-Fanclub.

Das Marina Bay Hotel. Davor das Art Science Museum.

KAPITEL 19

AUSTRALIEN, DAS LAND DER BACKPACKER UND AUSWANDERER

18.10 Uhr, Ankunft in Sydney, angenehme Temperatur und ziemlich genau auf der anderen Seite der Welt. 10 Stunden Zeitunterschied und mindestens 24 Stunden Flugzeit trennten mich von meiner Heimat. Hier in Australien, das eigentlich bei Beginn meine Routenplanung gar nicht auf der Agenda stand, wollte ich meinen alten Kumpel Krümel treffen, der vor 16 Jahren mit seiner heutigen Frau Claudia nach Australien ausgewandert war. *Wenn ich aber schon mal fast in der Nähe bin,* dachte ich mir, *nimmst du halt Australien mit.* Aber nur nach Melbourne fliegen, wo die beiden heute wohnen, und dann weiter nach Houston, war mir zu einfach. Außerdem hätte ich dann Sydney nicht erleben können.

Mein Plan sah so aus: 3 Tage Sydney, 7 Tage für rund 1000 km mit dem Rad nach Melbourne und 5 Tage bei Claudia und Krümel. So ging ich Australien also an. Aber zunächst lag erst einmal die Weltmetropole Sydney vor mir. Es war schon dunkel, als ich in meinem gebuchten Hostel ankam. Der Laden war bis auf das letzte Bett ausgebucht, lag natürlich aber auch vollkommen zentral. Mein Zimmer teilte ich mit 7 Jungs und Mädels, und wenn ich Jungs und Mädels schreibe, dann meine ich das auch so. Wie ich in den nächsten 3 Tagen bemerken konnte, war die Stadt vollkommen überlaufen mit Abiturienten/innen, die sich nach ihren anstrengenden Prüfungen eine Auszeit gönnten und sich so langsam von der Nabelschnur ihrer Mama trennten. In Sydney schien ein günstiger Ort dafür zu sein, da es an Partymöglichkeiten nicht mangelte.

Ich bin ja an sich nicht gerade derjenige, der mit der Jugend nicht klarkommt, aber hier war ich wirklich der Opa auf dem Zimmer. Es war mir jedoch wie überall nur wichtig, ein Dach über dem Kopf zu haben. Der nächste Tag brachte wieder was Neues. Tagsüber war ich auf Besichtigungstour, und nachts waren meine Mitbewohner in der hauseigenen Disco im Keller. Also null Probleme.

Zu Sydney und somit gleich wieder zum nächsten Hammer von Großstadtmetropole: Am ersten Morgen machte ich mich dann gleich auf die Socken und lief von meinem Hostel runter zum Port Jackson, von wo aus du so ziemlich die wichtigsten Sehenswürdigkeiten bestaunen kannst. Auf meinem Weg dorthin stand der Sydney Tower, und da nicht viel los war, fuhr ich erstmal hoch, um die Stadt von oben zu bestaunen. Wow, was für ein Überblick! Das Wetter war gut, schade, es war ein bisschen dunstig, aber dennoch hatte man einen guten Blick rundum auf die Weltmetropole. Danach machte ich eine kleine Hafenrundfahrt und war an verschiedenen Orten in der Stadt, die mit ihren Straßen und Stadtteilnamen wahnsinnig an London erinnert. Während bei mir zu Hause langsam der Winter einkehrte, war hier gerade Frühling, und die Temperaturen waren mäßig. Es war warm, aber lange nicht mehr so, wie ich es die letzten 5 Monate gehabt hatte. Den 2. Tag in Sydney widmete ich dann meinem fahrbaren Untersatz, der zunächst wieder einmal einer werden musste.

Viel Platz hatte ich dazu nicht, da das Hostel keinen Keller oder so was Ähnliches zu bieten hatte. Ich konnte im Flur zum Hinterausgang ans Werk gehen, war aber gezwungen, ständig dem Personal und Anlieferungen auszuweichen, was das Zusammenbauen in die Länge zog. Leider musste ich feststellen, dass wieder ein leichter Schaden an meinem Rad entstanden war. Das vordere Zahnrad, das aus Karbon bestand, war verbogen. Da ich keine Ahnung hatte, wie sich dieses Material beim Biegen verhält, war äußerste Vorsicht geboten. Ein Bruch dieser Scheibe hätte wahrscheinlich ein größeres Problem dargestellt.

Nach 4 Stunden Arbeit war es dann so weit, dass ich eine erste Testfahrt machen konnte. Die Scheibe lief wieder einigermaßen rund, so dass der Zahnriemen in der dafür vorgesehenen Führung geräuschlos seinen Dienst verrichtete.

Ich machte an einer Tankstelle die Reifen richtig voll und entschied mich, für eine kleine Probefahrt.

Als Testfahrt nahm ich mir die Strecke zum 8 km entfernten Bondi Beach vor. Der Bondi Beach ist der angesagte Stadtstrand in Sydney, wo sich alles trifft, die Schönen und die Reichen und die, die glauben, es zu sein oder es noch werden wollen. Hier siehst du die prallen, mit Silikon gefüllten Brüste, die nur bedeckt sind mit 2 kleinen Stoffdreiecken, genauso wie die solariumgebräunten Ballonmuskeln der Anabolika-Nascher. Einige wiederum zeigten zu Recht und mit Stolz ihren gut trainierten Body, während andere aber auch die jahrelang antrainierten Bier -und Lebensmittelschwellungen zur Schau stellen.

Ich schoss noch ein paar Bilder vom Strand und später in der Stadt vom Hafen, wo abends das Leben tobt. Ein tolles Flair hat diese Stadt. Ja, und Sonntagmorgen war es dann so weit. Mit großer Vorfreude und Spannung fuhr ich los, in Richtung Melbourne. Es war nicht viel Betrieb auf den Straßen, so dass ich sehr bald die M 31 fand, auf der ich bis Melbourne im Hinterland fuhr. Eine zweispurige Straße mit breitem Seitenstreifen für Radfahrer machte mir das Fahren einfach und gefahrlos. Das heißt, einfach war es nicht gerade. Tagestouren mit bis zu 1200 Höhenmetern und 145 km am Tag forderten meine Beine ganz ordentlich, doch mein straffer Zeitplan ließ keine Schwächen zu. Schließlich hatte ich schon in Indien den 9. 11. 2019 als Ankunftstag bei Krümel und Claudia berechnet.

Der Weg nach Melbourne ist sehr schön. Die Landschaft ist hügelig und unendlich weit, so wie man das aus diversen Australienfilmen kennt. Was mich aber noch mehr beeindruckt hat, waren die kleinen Städtchen, in denen ich übernachtet habe. Richtig ordentlich und mit einem unschlagbaren Flair. Manchmal hatte ich den Eindruck, hier sei die Zeit stehen geblieben. Die Menschen sind entspannt, und wenn ich irgendwo auftauchte, war es nicht mehr als ein kurzes Mustern, und dann wurde ich behandelt wie ein Hiesiger. Die Leute waren freundlich und legten eine sagenhafte Lässigkeit und Ruhe an den Tag. Die Motels waren einfach und sauber, kosteten aber ein ordentliches Geld.

Womit ich mich nicht so richtig anfreunden konnte, waren die Temperaturen. Da hier erst der Frühling begann, war es recht frisch. Solche Temperaturen hatte ich lange nicht mehr gehabt, und da ich alle Wintersachen Petra in Abu Dhabi mitgegeben hatte, musste ich jetzt mit meinem kleinen Repertoire so gut wie möglich improvisieren. Ich fror trotzdem jeden Tag, und je weiter ich in Richtung Melbourne fuhr, desto kälter wurde es. Ab dem 3. Tag kam dann noch der Regen dazu, und ein starker, kalter Gegenwind ärgerte mich schon die ganze Strecke, was Höchstleistung von mir forderte. Wenn es nicht regnete, dann gab es tausende lästige Fliegen, die mich dazu zwangen, total vermummt zu fahren. Ich habe herausgefunden, dass die australischen Fliegen genau 23 km/h schnell sind. Fuhr ich schneller, waren die Fliegen weg. Leider konnte ich das nicht immer machen, deshalb waren lange Anstiege doppelt lästig.

Eine ganz besondere Begebenheit ergab sich in dieser Woche auch noch. Am Dienstag lernte ich Garry kennen. Garry ist ein Australier, der seit 31 Jahren in Berlin lebt. Momentan allerdings war er auch mit dem Rad unterwegs und machte eine Erkundungstour in Australien, die 6 Jahre dauern sollte. 14 Monate war er schon unterwegs, und am Ende sollte ein Kinofilm geschnitten werden. Man kann sich nicht vorstellen, was der alles dabeihatte. Dagegen sah mein Rad aufgesattelt aus wie ein Rennbike. Leider darf ich das Gewicht seines Gepäckes nicht verraten, da er auf YouTube einen Wettbewerb laufen hatte. Wenn's euch interessiert, gebt mal auf YouTube „Garry Orriss" ein. Er ist bestimmt heute noch unterwegs, oder sicher findet ihr etwas über diesen interessanten und unglaublichen Typ. Ich wäre gerne 2 bis 3 Tage mit ihm gefahren, doch mit seinem Gewicht am Rad macht er maximal 50 km am Tag (oft auch nur

20 km), und so viel Zeit hatte ich leider nicht. Ich werde Garry aber ganz sicher wiedersehen, irgendwann, wenn er zurück in Deutschland ist.

So vergingen die Tage des Fahrens sehr schnell, schneller, als mir lieb war, denn die Landschaft und die kleinen Städtchen auf meiner Strecke waren allesamt interessant. Nur von den Tieren war ich etwas enttäuscht. Wenn man von Australien spricht, denkt man doch sofort an Koalas und Kängurus. Schon am ersten Tag nach Sydney sah ich 9 Kängurus, leider alle tot, am Straßenrand liegen, manche relativ frisch, andere in sehr verwestem Zustand. Schon lange kannte ich den ekligen und sehr markanten Geruch von verwesenden Tieren am Straßenrand. Deshalb war es auch nichts Neues mehr für mich. Schade war nur, dass ich kein lebendes, springendes sah, und so blieb es auch bis Melbourne. Nachdem ich am ersten Tag 9 Stück gezählt hatte, legte ich mir eine Strichliste an, um aufzulisten, wie viele es bis Melbourne noch werden würden. Am Ende meiner knapp 1000 km waren es 31 tote Tiere. Ich war mir sicher, dass ich lange nicht alle gesehen hatte, sondern nur die, die unmittelbar am Straßenrand lagen. Koalas sah ich leider gar keine.

Dann war es so weit. Samstag, 9. 11. 2019. Ich hatte noch 120 km bis zu Krümel, und es regnete fast so, wie ich es aus Indien kannte, nur waren es hier um die 5 Grad. Nicht schön zu fahren und schon gar nicht zum Anhalten. Wenn ich Rast machte, war ich in drei Minuten ausgekühlt und fror wie ein nasser Hund. Dörfer und Städtchen gab es fast keine, da ich mich auf einer Umgehungsstraße befand. Zum Übernachten fuhr ich immer ein Dorf oder Städtchen an. Heute hieß es aber, draufbleiben und durchfahren. Am Ende des Tages würde es ein heißes Bad geben.

Die Mittagspause verbrachte ich noch einmal auf einem Rastplatz. Unter dem 30 cm breiten Vordach eines kleinen Betriebsgebäudes der Straßenverwaltung suchte ich Schutz vor dem eiskalten Wind und dem Regen. Romantik Fehlanzeige, Abenteuer pur! Danach trat ich die letzten 50 km an, wovon schon ca. 40 km Stadtgebiet waren. Es tat gut, wieder Häuser und Menschen zu sehen und vor allem zu wissen, dass ich bald gute Bekannte treffen würde, die ersten nach über 7 Monaten.

Schon in Sydney hatte ich Krümel geschrieben, dass er mit mir so um 18 Uhr rechnen könne. Es war 17 Uhr, als ich an der Haustür der beiden in der Kenneth Street klopfte. Ich hatte mich tatsächlich um eine Stunde verschätzt, es lag aber wahrscheinlich daran, dass ich bei dem Wetter keine Lust hatte zu bummeln. Nach einer herzlichen Begrüßung quartierte ich mich im Gästezimmer der beiden ein und fand mich wenig später in einem heißen Bad wieder. Krümel und ich tranken nebenbei ein Willkommensbierchen und hatten uns viel zu erzählen.

Die nächsten Tage waren für mich wie Weihnachten. Bekannte Gesichter, unbeschwertes Badisch reden und nicht alleine sein. Was zu Hause selbstverständlich und dir gar nicht bewusst ist, empfindest du nach 7 Monaten schon als etwas Besonderes. Ein Tag davon war so schön warm, dass wir sogar den winterfest eingemotteten Grill im Garten ausgraben und einen gemütlichen Abend im Garten verbringen konnten, natürlich nicht, ohne ihn vorher auf giftige Spinnen zu kontrollieren. Im Freien einen Abend draußen zu verbringen war hier im Frühjahr genauso unsicher wie bei uns in Deutschland. In Melbourne sind die Temperaturen recht unbeständig. Claudia hatte in dieser Woche mit ihrer Tante telefoniert, die schon über 50 Jahre in Brisbane wohnte. Sie sagte zu Claudia, dass dies das kälteste Frühjahr sei, an das sie sich erinnern könne, und natürlich das musste ich erwischen. Welcher Europäer denkt denn an „kalt", wenn er über Australien spricht? Ich hatte das so zumindest nicht auf dem Schirm gehabt.

An diesem einen warmen Tag war ich auch mit dem Rad nicht ganz untätig. Claudia, die auch sehr gerne Rad fährt, fuhr mit mir an der Beach Line entlang, auf einem gut ausgebauten Rad- und Fußweg, der bis zum Zentrum der Stadt führt. Insgesamt kamen wir doch auch auf 25 km und das, obwohl wir viel anhielten, mal ein Eis essen waren und viele Bilder machten.

Leider mussten die beiden unter der Woche wieder arbeiten, und
so fuhr ich an einem Tag mit dem Zug alleine ins Zentrum der
Stadt. Ja, vielleicht hat Melbourne jetzt nicht gerade Gebäude,
die ständig in Filmen auftauchen, aber ich war beeindruckt von
den schönen Plätzen und Straßen.

An einem anderen Tag machte ich eine kleine Wanderung
an der Küste entlang. Schöne Strände luden zum Baden ein, nur
die Wassertemperatur nicht unbedingt. Mit großem Respekt
und konzentrierter Vorsicht lief ich manche Wege entlang, an
denen immer wieder Schilder vor Schlangen warnten. Von den
hochgiftigen Spinnen, vor denen auch immer wieder gewarnt
wurde, sah ich leider keine.

Wenn man im Internet die Reiseberichte anderer Leute liest,
könnte man meinen, dass es überall außer in Deutschland brandgefährlich ist. Vielleicht hatte ich bis hierher nur unglaubliches
Glück gehabt, selbst mit Hunden in Georgien, Armenien und
Aserbaidschan hatte ich fast keine Probleme. Gut, der überfah-
rene Waran, den ich in Thailand am Straßenrand liegen sah, hatte eine ungefähre Länge von 1,20 m. Dem wäre ich nicht gerne
beim Vespern begegnet. Aber wie schon erwähnt, hatte ich leider das Pech, die meisten Tiere tot am Straßenrand anzutreffen.

Einen Tag verbrachte ich natürlich wieder damit, mein Rad zu
verpacken. Außerdem musste ich den Reifen von meinem Hinterrad wechseln. Der hatte nun 13000 km härteste Prüfung hinter sich und zeigte schwerste Verschleißerscheinungen. Krümel
hatte mir einen guten Karton besorgt, und ich verpackte mein
Rad noch besser, da ich bei jedem Flug etwas dazugelernt hatte.
So vergingen die Tage in Melbourne recht schnell, und schon war
der Tag des Abschieds gekommen. Am letzten Abend bedankte
ich mich bei Claudia und Krümel noch mit einem Abendessen
in einem Restaurant ihrer Wahl. Claudia kannte ein Restaurant,
in dem es original Wiener Schnitzel gab. Da sagte ich natürlich
nicht nein, denn im nächsten Land auf meiner Route ernährte
man sich gerne und überwiegend von Burgern, das war mir klar.

Am 15. 11. morgens um 5 Uhr fuhr mich Krümel dann noch zum Flughafen, bevor er zur Arbeit ging. Schweren Herzens verabschiedete ich mich zuerst von Claudia und dann von Krümel. Von hier an war dann wieder alles wie immer. Alleine mit meinen Habseligkeiten, Gedanken und Erinnerungen, stand ich wieder da, am Flughafen in Melbourne. Ich hatte die Hälfte der Weltkugel hinter mir, und jetzt ging es wieder in Richtung Heimat, wenn auch noch nicht ans Heimkommen zu denken war. Dieses Gefühl ist schwer zu beschreiben, aber bis hierher hatte mir am meisten zu schaffen gemacht, dass ich immer weiter wegfuhr von zu Hause und der Zeitunterschied immer größer wurde.

Doch zunächst lag da wieder ein Einchecken mit meinem großen Paket vor mir, wovor mir wie immer grauste.

Wenig später wusste ich, dass ich mich wieder einmal nicht getäuscht hatte. Ich war zeitig am Flugplatz und wartete geduldig auf das Öffnen des Check-in-Schalters. Eigentlich hatte ich gedacht, dass ich alles beisammen hatte und es keine Schwierigkeiten geben könnte, doch ich wurde eines Besseren belehrt.

Es war 8 Uhr und der Check-in für meinen Flug nach Houston öffnete. Da begann eine neue Geschichte, die fast kein gutes Ende nahm. Jeder kennt den weltberühmten Funkspruch, den Apollo 13 im April 1970 absetzte: Houston, wir haben ein Problem. Der hätte am 15. 11. 2019 auch von mir kommen können, aber eins nach dem anderen.

Ich ging an ein elektronisches Check-in-Terminal und wollte einchecken. Nachdem es mich zweimal rausgeschmissen hatte, holte ich Hilfe. Eine Dame fragte mich dann, ob ich ein Visum für Kanada hätte, das Land, in das ich ausreisen wollte, nachdem ich in den Staaten gewesen war. Ab jetzt im Telegrammstil. Ich: Nein, mit deutschem Reisepass brauche ich kein Visum. Sie: Doch seit 2015 braucht man so was wie Esta für USA. Ich: Wow, wusste ich nicht und schon gar nicht, dass sie das in Melbourne schon checken. Was nun? Sie: In der nächsten Halle ist ein Office, wo man so was beantragen kann. Ich: Reicht die

Zeit dafür noch? Sie: Keine Ahnung, versuchen Sie es. Ich das Office gesucht, gefunden, beantragt und gefragt, wie lange das dauere. Er: In 10 bis 15 Minuten müssten sie eine Bestätigungsmail erhalten. Ich wieder zurück zum Check-in, gewartet. Nach 20 Minuten noch nichts da. Wollte gerade wieder zum Office, da kam die Dame wieder und fragte, ob ich denn einen Rückflug von Kanada nach Europa nachweisen könne. Ich: Nein, ich weiß noch nicht, wann ich wieder nach Europa fliege. Sie: Ja, dann geht auch nichts.

Ich verstand es zwar auch nicht, aber ich musste jetzt noch schneller handeln. Zum Diskutieren war keine Zeit, und es hätte wahrscheinlich auch nichts gebracht. Visum kam nicht, und einen Flug hatte ich auch noch nicht und schon gar keinen Termin. Während ich dann mit dem Herrn vom Office den Visumantrag nochmal stellte, suchte ich einen passenden Termin und einen passenden Abflugort in Kanada. Ich buchte, normalerweise bekam ich von Expedia immer spätestens 2 Minuten später die Buchungsbestätigung, doch dieses Mal hieß es: „Keine Verbindung zum Server."

Ich war kurz davor, mein Handy quer durch die Abfertigungshalle zu werfen. Dazwischen löcherte mich der Herr vom Office noch mit 100 Fragen auf Englisch, unter anderem wollte er wissen, ob ich von meinem Handy aus mein Konto bei der Bank checken könne. Wenn der Betrag für das Visum nicht abgebucht sei, dann sei es auch nicht durch. Also alles nochmal neu und nebenher die Buchung des Flugs von Kanada nach Europa, und die Zeit rannte. Da kam auf einmal, nach dem 5. Versuch, meine Bestätigung für den Flug. Dann das Warten auf das Visum. Schließlich kam dies auch, aber ich wollte mich nicht auf eine E-Mail auf dem Handy verlassen und bat ihn, mir das auszudrucken. Mit beiden Bestätigungen rannte ich dann wieder rüber zum Check-in, wohlgemerkt immer mit Gepäck und Fahrrad auf dem Rollwagen. Der Check-in wollte gerade schließen, da kam ich und hatte alles zusammen. Danach kam das Übliche, Aufpreis wegen übergroßen Gepäcks, lange Schlange bei der Sicherheitskontrolle und natürlich das Gate am hintersten Zipfel des Terminals. Als ich ins Flugzeug kam, stand keiner mehr. Ich war der Allerletzte, aber auch der Allerglücklichste, als ich meinen Platz 35 D einnahm. Als der Flieger pünktlich um 11.30 Uhr abhob, schnaufte ich durch und dachte: *Mane, das war knapp.*

Der Flug ging weitgehend über dieselbe Strecke bis Sydney, die ich auch mit dem Rad gefahren war, und ich konnte von meinem Platz aus gut die Waldbrände sehen, die zwischenzeitlich in Australien wüteten. Bei wolkenlosem Himmel sah man die riesigen Rauchfelder, die sich über das weitgehend unbesiedelte Land legten. Nicht lange danach verabschiedete sich dieses Land, und für lange Zeit war nur noch Wasser zu sehen. Mein Flug von Melbourne zunächst nach Los Angeles ging fast 15 Stunden und davon war 13 Stunden nichts anderes zu sehen als Wasser. Das Faszinierende an dieser Strecke ist, dass man die Datumsgrenze überfliegt. Das heißt, irgendwo im Pazifik ist der Tag zu Ende und derselbe Tag beginnt neu. Als ich in L. A. aus dem Flieger stieg, war Das zu genau derselben Zeit (6.45 Uhr) und am selben Datum (15.10.) wie am Vortag als, mich mein Freund Krümel am Flughafen in Melbourne abgesetzt hatte. Nach 3,5 Stunden Aufenthalt und weiteren 3 Stunden Flugzeit von Los Angeles nach Houston war ich gerade mal um 4 Stunden gealtert. Das war alles etwas verwirrend, aber eigentlich einfach zu erklären. Die Zeit, die ich gegenüber meiner Heimatzeit im Laufe der letzten 7 Monate vorausgefahren war, wurde mir jetzt wiedergegeben, und da der Tag an der Datumsgrenze erst begann, war ich in Houston sogar wieder 7 Stunden jünger als zu Hause.

Der Flug selbst war sehr gut. Es gab zwei warme Mahlzeiten und ein Frühstück während des insgesamt ruhigen Fluges. Das war mit fast 15 Stunden Flugzeit mein längster, den ich je gemacht hatte, aber ich hatte es geschafft. Ich befand mich auf amerikanischem Boden ...

Lange, gerade Straßen, aber sicheres Fahren.

*Weites, hügeliges Land zwischen Sydney und
Melbourne auf breitem Seitenstreifen.*

Treffen mit dem unglaublichen Garry Orris.

Ich besuchte Claudia und Krümel in Australien mit dem Rad.
Kann nicht jeder sagen.

KAPITEL 20

AMERIKA, DAS LAND DER UNBEGRENZTEN MÖGLICHKEITEN (TEIL 1)

Ja, richtig gelesen, Teil 1, und das muss ich an dieser Stelle gleich erklären, damit man versteht, wie die Reise nun weiterging.

Ich hatte mir schon in Indien ausgerechnet, wie weit ich vom 15. 11. 2019 bis zum 23. 12. 2019 kommen würde. Weihnachten und Silvester wollte ich mit meiner Frau und Nico verbringen und das an einem warmen Ort. Dabei kamen wir auf Cancún in Mexiko. Ich rechnete mir aus, dass ich in diesem Zeitraum ungefähr 3000 km mit dem Rad schaffen würde und kam dann auf die Stadt Houston, auch weil dazwischen noch ein Ort lag, den ich, laut einem Freund, auf meiner Reise unbedingt besuchen musste. Darauf komme ich aber später noch.

Also sollte die Route von Houston entlang der Küste vom Golf von Mexiko bis Cancún führen, und so ging es auch an. Nach Silvester und Neujahr sollte die Reise mit dem Flugzeug nach New Orleans weitergehen. Das wäre dann USA, Teil 2. Dass es noch einen ungeplanten Teil 3 geben würde, war mir zu dem Zeitpunkt nicht bewusst.

Wie schon beschrieben, hatte ich eine Zwischenlandung in L. A. Nun stand ich vor der Aufgabe, dem Immigrationsbeamten erst einmal zu erklären, dass ich jetzt mit dem Rad nach Cancún fahren, bei Brownsville die Staaten verlassen und 7 Wochen später wieder in New Orleans einreisen würde. Warum dies ein Problem war, beschreibe ich nachfolgend etwas genauer, für den Fall, dass jemand dieses Buch zur Vorbereitung einer ähnlichen Aktion nutzt. Das Problem ist in den Staaten, dass man bei der Einreise mit normalem Asta eine Aufenthaltserlaubnis von 90 Tagen hat. Den Trick, kurz in ein Nachbarland auszureisen und bei Wiedereinreise weitere 90 Tage zu erwerben, haben die Amis unterbunden, indem sie Kanada, Mexiko und verschiedene Karibikinseln nicht als Ausreiseländer anerkennen. Hätten mir die Amerikaner also die 7 Wochen Mexiko von meinen 90 Tagen abgezogen, so hätte mir das niemals gereicht für die Strecke von New Orleans bis Kanada. Aus diesem Grund hatte ich mich extra über meinen Experten Peter schlaugemacht, der für mich auf dem Auswärtigen Amt in Deutschland eine Anfrage gestellt hatte. Dieses antwortete folgendermaßen: „Ihr Freund soll es auf keinen Fall versuchen, da die Grenzbeamten bei der Immigration eher sauer reagieren und den verlängerten Aufenthalt nicht genehmigen."

Mit dieser Aussage stand ich dann also vor den Immigrationsbeamten, die sich von Haus aus sowieso wichtiger als Gott vorkommen, und erklärte ihnen mein Vorhaben. Ich bat einen Beamten um eine verlängerte Aufenthaltserlaubnis, worauf er schroff und verständnislos reagierte. Er erklärte mir unfreundlich, dass ich, wenn ich von Mexiko zurückkäme, in New Orleans wieder 90 Tage bekommen würde. Festnageln konnte ich ihn auf diese Aussage nicht. Ich musste mich mit dem Glauben begnügen, dass das auch wirklich funktionierte. Mit diesen widersprüchlichen Infos, die mich die nächsten 7 Wochen immer im Hinterkopf begleiteten, verließ ich dann den internationalen Ankunftsbereich.

Zum nächsten Ärgernis wurde, dass in L. A. mein Gepäck nicht automatisch weitergeleitet wurde. Ich musste es abholen und zum Inlandsflug nach Houston neu einchecken. Zwischen den beiden Bereichen, Abholung und wieder Einchecken lagen satte 45 Minuten Fußmarsch. *Ja*, dachte ich, *das ist das fortschrittliche Amerika.* Nach dem Sicherheitscheck ging dann aber alles sehr einfach. Bei einem Inlandsflug ist das eher, als ob man mit dem Bus irgendwohin fährt. Gegen 15.30 Uhr Ortszeit war ich endlich, nach 26 Stunden ohne Schlafen, in Houston und freute mich auf ein Bett. Im Motel angekommen, deckte ich mich noch mit Essen und Getränken ein und schlief danach wie ein Murmeltier durch.

Zwei Tage hatte ich mir für Houston vorgenommen und startete meine Besichtigungstour gleich frühmorgens.

Houston schien erst vor ein paar Jahren gebaut worden zu sein. Ich wohnte unweit vom Flughafen in einem Motel, das ca. 25 km vom Zentrum entfernt lag. Mit dem Linienbus brauchte ich 45 Minuten in die Stadt, was zu meiner Freude gerade mal einen Dollar kostete. Das Zentrum der Stadt ist angelegt wie ein Schachbrett. Schnurgerade, breite Straßen, ohne Schnörkel und Kurven, keine Unterführungen oder Brücken, alles Kreuzungen. Es gab sehr viele Obdachlose, und dennoch war alles sehr sauber. Die städtischen Angestellten waren ständig am Pflegen der Pflanzenkübel und Blumenbeete, während sich private Initiativen um die Reinigung von Gehwegen und Straßenrändern kümmerten. Es war alles sehr ordentlich, aber keineswegs spektakulär. Markante Gebäude wie in anderen Metropolen habe ich hier nicht gesehen. Also machte ich mich auf den Weg zum Hard Rock Café, was ich ja bis hierher in jeder Großstadt aufgesucht hatte. Mittlerweile war es Samstagmittag, und die ersten besorgten Meldungen kamen per WhatsApp, als ich im Hard Rock Café ins WLAN kam. Die ganze Zeitverschiebung und auch das Überfliegen der Datumsgrenze hatte meine innere Uhr durcheinandergebracht. Zu Hause warteten viele Freunde auf meinen Freitags-Reisebericht, und ich musste ab heute umdenken. Wenn ich auf der anderen Seite der Welt am Freitagabend meinen Bericht verschickte, war es zu Hause erst Freitagmorgen. Jetzt war es andersrum. Jetzt musste ich am Freitagmorgen verschicken, dann hatten sie zu Hause ihre Feierabendlektüre.

Gleich klärte ich das in meiner Follower-Gruppe und erntete Antworten von erleichterten Freunden.

Am 2. Tag wollte ich eigentlich das weltberühmte Space Center in Houston besichtigen. Nachdem ich gut und gerne eine halbe Stunde nach der richtigen Buslinie gesucht hatte, sagte mir die freundliche Busfahrerin dann, dass das Space Center sonntags geschlossen habe. Enttäuscht verbrachte ich den Rest des Tages dann in der eher uninteressanten Stadt und machte mich am Abend wieder einmal ans Schrauben. Am nächsten Morgen musste mein Rad wieder perfekt laufen, denn es lagen bis zu meinem nächsten größeren Stopp in Cancún lange 3000 km vor mir.

Der Blick aus dem Fenster meines Motels ging genau auf die Straße, die mich aus der Stadt bringen sollte. Mehrere Spuren, Brücken und Unterführungen konnte ich sehen, auf denen Tag und Nacht ein lebhafter Verkehr pulsierte. Auf welchen Straßen ich hier in Amerika fahren durfte und wo es verboten war, wusste ich noch nicht. Ehrlich gesagt hab ich mich auch nicht wirklich darum gekümmert. Ich dachte mir: *Wenn ich falsch bin, wird mich eine Streife schon anhalten, und dann stelle ich mich halt doof. Hat bisher immer geklappt, wird auch hier funktionieren.* Also startete ich am Montag, den 18. 11. 2019, zeitig und erwischte den dichtesten Verkehr des Tages.

Ich fühlte mich sehr klein und verwundbar auf dieser Hauptverkehrsader, die wie eine Ringstraße um Houston angelegt war und der immer wieder Fahrspuren von rechts angeschlossen waren, die ich natürlich kreuzen musste. Dies hört sich einfacher an, als es ist. Die Amerikaner sind auf solchen Straßen sehr rücksichtslos. Es kommt aber auch bestimmt nicht jeden Tag vor, dass sie einen Radfahrer einfädeln lassen müssen. Außerdem wusste ich noch immer nicht, ob ich hier überhaupt fahren durfte. Schön an der ganzen Sache war einzig und alleine, dass ich nach 6200 km Linksverkehr endlich wieder auf der gewohnten rechten Seite fahren konnte.

Nach 10 km auf dieser Ringstraße bog ich dann ab in Richtung Westen, und schon bald führten mich normale Straßen langsam aus der Stadt. Schlagartig änderte sich das Bild, vor mir lag Texas mit riesigen Weideflächen für Rinder und mit Straßen, die man sah, bis sie der Horizont verschlang.

Ja, Texas, jeder kennt den Namen. Da, wo es riesige Ranches gibt und wo man Öl fand, wo immer man ein Loch bohrte. Hier schien noch Geld vorhanden zu sein, wahrscheinlich war deshalb alles so sauber und gepflegt. Die Straßen waren sehr gut, und die Landschaft, so weit das Auge reichte, sah aus, als würde sie jeden Tag gemäht oder bestellt werden. Der Herbst, in dem ich mich gerade befand, war angenehm warm, wenn auch etwas windig. Höhenmeter bekam ich hier nicht viele zusammen. Die mächtigsten Steigungen waren Bahn- oder Straßenüberführungen. Auch wenn es weit und trostlos aussah, hatte es seinen Reiz. Die Straßen waren endlos, manchmal verliefen sie 60 km lang schnurgerade, so dass ich einige Male dachte, am Horizont die Erdkrümmung erkennen zu können. Der Gegenwind, den ich wieder einmal hatte, machte das Fahren richtig zum Training. Hin und wieder hielt ein freundlicher Ami an und schenkte mir Wasser oder wollte gar mein Rad auf seinen riesigen Pick-up legen und mich mitnehmen, was beim Kampf gegen den sch… Wind ein verlockendes Angebot war.

Auch mit völlig neuen Gegebenheiten hatte ich es nun zu tun. Wenn ich an der Tankstelle Luft pumpte, kostete es 1,75 Dollar, das Bier war teuer, und selbst ich musste die ID vorlegen, wenn ich was Alkoholisches bestellen oder einkaufen wollte. Im kleineren Supermarkt sah man kein Gemüse oder Obst (viel zu gesund), dafür gab es drei Regalreihen mit verschiedenen Chips, und beim Brot brachten sie es auf stolze zwei Sorten, ein helles und ein dunkles Toastbrot.

Vor einer Bar/Diskothek habe ich mit einem Security gesprochen. Hier war ordentlich was los, und die Leute, die reingingen, wurden abgescannt und untersucht wie am Flughafen. In einem Motel, wo ich übernachtete, hing ein Hinweisschild, dass Handfeuerwaffen nicht gestattet seien. Am Straßenrand sah ich sehr viele leere Patronenhülsen liegen. Ja, das ist Amerika.

450 km westlich von Houston erreichte ich dann das Städtchen Kingsville, das seinen Namen der gleichnamigen Kingranch zu verdanken hat. Hier wäre ich wahrscheinlich nicht gelandet, hätte mir mein Freund Karl-Heinz, der ein unfassbarer Texas-

Fan und natürlich auch Fan der Kingranch ist, nicht diese Mission aufgetragen. Die Kingranch ist mit 3340 qkm die größte Ranch im Bundesstaat Texas und wurde Mitte des 18. Jahrhunderts von Captain Richard King aufgebaut. So konnte ich meinem Freund nachfolgenden Bericht zuschicken.

„Hallo Karl-Heinz, heute war es so weit. Was ich schon lange mit mir rumgetragen und woran ich unzählige Male gedacht hatte, wurde heute wahr. Ich erreichte Kingsville um die Mittagszeit. Ich hatte die Tage davor meine Touren extra länger geplant, damit ich mir die Zeit für die Ranch rausschneiden konnte. Aber von vorne. Nachdem ich das Ortsschild passiert hatte, suchte ich mir ein Zimmer in der Stadt und fuhr dann gleich raus zur Ranch. Leider kann man nicht bis zum alten Ranchhaus fahren. Man kommt an einen Parkplatz mit alten Unterkünften, wo jetzt ein Info-Raum eingerichtet ist. Von hier aus starten die Bustouren um 11 und 13 Uhr. Leider war es schon 14 Uhr, als ich ankam, und ich konnte keine Ranchtour mitmachen. Das war vielleicht auch ganz gut, da man Internetberichten zu Folge auch nicht viel sieht, außer endloses Ranchland, und das für 80 Dollar.

Als ich mich im Infohaus ordentlich umgeschaut hatte, machte ich noch ein paar Bilder von den alten Unterkünften. Dabei traf ich eine der Busfahrerinnen, die gerade von einer Tour zurückkam. Ich sprach mit ihr, und sie erklärte mir, dass es nicht möglich sei, an das Ranchhaus zu kommen. Es wird sehr gehütet, und man darf auch nicht rein. Man kann es lediglich von außen fotografieren.

Etwas enttäuscht machte ich mich auf den Weg zum Kingranch-Museum, das in der Stadt ist. Ja, das war ein Eintauchen in die Zeit der alten Texas-Pioniere. Im Museum kann man unzählige Unikate aus vergangenen Tagen sehen, Kutschen, Autos, Waffen, Bilder und sehr viele Preise von Zuchtpferden und Rindern. Der Museumsbesuch war zu meinem Erstaunen kostenlos. Beladen mit sehr vielen Bildern, die ich dir schicke, und Eindrücken, die ich dir leider nicht schicken kann, verließ ich das Museum und machte das, was du mir geschrieben hattest.

Ich ging in ein echtes Steakhaus. Sie sind hier deutlich in der Unterzahl. Leider hat der Zeitenwandel auch nicht vor dem alten Kingsville haltgemacht, und so überwiegen hier die ganzen Fast-Food-Ketten, auch solche, von denen wir in Deutschland Gott sei Dank noch nichts wissen. Ich aß ein sehr gutes Steak mit Folienkartoffel und grünem Spargel. Danke für deinen Tipp Kingsville zu besuchen. Bis bald, Gruß von Rad Mane.

In diesem Steakhaus war sehr viel los, und mich interessierte brennend, wie es in so einer Küche zuging. Also gaukelte ich der Bedienung beim Begleichen der Rechnung vor, ich würde mit meinem Rad um die Welt reisen und gleichzeitig für eine große Zeitung in Deutschland Berichte über kulinarische Leckerbissen auf meiner Route schreiben. Sie solle den Chef doch bitte fragen, ob ich einmal einen Blick in die Küche werfen dürfte. Prompt kam er an meinen Tisch und erzählte mir aus der Historie dieses Steakhauses. Er war sehr nett und führte mich dann noch in die Küche. Fotografieren wollte er mir nicht erlauben, aber wir machten noch ein paar Fotos von uns und dem Personal.

Danach fuhr ich mit dem Rad noch ein bisschen durchs Städtchen.

Die Stadt selbst ist natürlich geprägt vom Namensgeber. So findet sich an jedem Eck ein Hinweis auf die alte Ranch. Straßennamen, Kirchennamen, Banknamen und Geschäfte beginnen oft mit „King".

Am nächsten Morgen verließ ich die Stadt wieder in Richtung Südwesten und bereute nicht, dass ich diesen kleinen kulturellen Abstecher gemacht hatte. Die Grenze zu Mexiko lag ca. 200 km von mir entfernt, also noch zwei Tage und schon würde ich wieder in eine andere Kultur eintreten, obwohl ich bereits seit 100 km manchmal das Gefühl hatte, ich befände mich in Mexiko. Restaurants mit den Namen El Gallo, El Paso oder El Sombrero vermittelten mir hin und wieder den Eindruck, dass der Altpräsident D. Trump diesen Landstrich schon lange an Mexiko verloren habe.

Am 23. 11. 2019 war es dann so weit. Ich erreichte die Grenzstadt Brownsville und bereitete mich wieder mal auf einen strengen Grenzübertritt vor. Überraschenderweise wurde von den Amerikanern bei der Ausreise überhaupt nicht kontrolliert. Kein Ausreisestempel, keine Kontrolle. Das Einzige, was auf dieser Seite des Rio Grande interessierte, war, dass ich für mich und mein Rad die Maut von 1,50 Dollar für die Brückenüberfahrt entrichtete.

Die Überfahrt über den Rio Grande war für mich enttäuschend, da ich gedanklich einen mächtig breiten Strom im Kopf hatte. Beschreiben würde ich ihn eher als kleinen Flusslauf, und so stand ich schon zwei Minuten später an der Grenzstation der Mexikaner.

Mexiko war für mich visumfrei. Ich hatte nicht wirklich Angst vor der Einreise. So war es dann auch. Ich ging zu einem Schalter, an dem ich meinen Reisepass abgeben musste, und bekam ein vorausgefülltes Formular, mit dem ich mich an einem anderen Schalter melden sollte. Dort durfte ich 32 Dollar Einreisegebühr bezahlen und mit der Quittung wieder dorthin, wo mein Reisepass lag. Ich bekam einen Stempel und eine Touristenkarte in meinen Reisepass, und die Sache war gelaufen. Mein Gepäck interessierte wieder keinen Menschen, und so stand ich früh am Tag in Mexiko, in dem Land, von dem ich bezüglich der Sicherheit noch nicht viel Gutes gelesen hatte.

Buenos días, Mexiko.

Ich hatte noch nicht den richtigen Adapter. Da hilft nur improvisieren.

In Texas sind die Straßen endlos gerade, aber eben.

Oldtimer im King-Ranch-Museum mit Winchesterhalter statt Außenspiegel.

KAPITEL 21

MEXIKO, EIN LAND ZUM VERLIEBEN

Die Stadt auf der anderen Seite des Rio Grande hieß Matamoros und sie unterschied sich krass von dem, was ich während der letzten 700 km in Texas gesehen hatte.

Die Häuser waren alt und heruntergekommen, die Straßen schlecht, und die Männer, die hinter dem Grenzübergang rumhingen, machten einen finsteren Eindruck, was meine Bedenken bezüglich der Sicherheit nicht gerade zerstreute. Am letzten Abend vor Brownsville hatte ich deshalb in meiner Unterkunft entsprechende Vorsichtsmaßnahmen getroffen. Mein Bargeld hatte ich bis auf ein Minimum in meinen Ersatz-Faltreifen eingeklebt, meinen Ehering und die Halskette im Säckchen mit den Zeltheringen versteckt und meinen 1. Reisepass, auf den auch das Esta-Visum für die Staaten lief, hatte ich zwischen die Kleider geschoben. Natürlich hätte das alles nichts genützt, wenn mir alles geraubt worden wäre, aber davon ging ich vorerst einmal nicht aus.

Das Hotel, das ich zwei Tage zuvor gebucht hatte, war auf Anhieb nicht zu finden, und so hatte ich gleich am ersten Tag eine nette Stadtrundfahrt hinter mir, bis ich meine Unterkunft fand. Zu meiner Zufriedenheit war das Hotel recht komfortabel für den Preis. Während ich mich in den Staaten bereits an Kosten von 50 bis 60 Dollar pro Nacht gewöhnt hatte, gab es hier wieder Zimmer für umgerechnet 10 bis 15 Euro.

Ich blieb dort über den Sonntag, um mich auszuruhen. Ich nutzte die Freizeit, um mich ein bisschen über Mexiko zu informieren und las Ernüchterndes. Von wegen, viva la Mexico. Das Land ist brandgefährlich, und das konnte ich auch gleich am Montagmorgen auf meiner ersten Etappe merken. Im Hotel sprach ich noch mit einem Mexikaner, der jetzt in Houston lebt. Er riet mir dringend davon ab, irgendwelche Nebenstraßen zu fahren, da diese nicht gesichert seien. Was das bedeutete, konnte ich sehr bald sehen.

Ich nahm also die 101 in Richtung Süden, die so was Ähnliches wie eine Umgehungsstraße ist. Schon nach der Stadtausfahrt kam die erste Straßensperre, wo das Militär schwerbewaffnet auftrat und jeden genauestens kontrollierte. Auf der gesamten weiteren Strecke, die ich danach fuhr, kamen mir regelmäßig gepanzerte Militärfahrzeuge, besetzt mit mindestens 3 Mann hinten auf der Ladefläche, entgegen oder überholten mich. Ein Mann stand immer hinter dem auf der Dachlafette aufmontierten MG, und zwei Mann sicherten nach hinten das Fahrzeug ab. Zudem folgte ein Mannschaftstransporter mit 8 bis 10 Mann, alle bis an die Zähne bewaffnet. Zusätzlich fuhr die Polizei, nicht viel schlechter ausgerüstet, auch noch Streife. Angesichts dieser Bilder machte ich mir dann schon meine Gedanken, zumal sich meine Bewaffnung zur Selbstverteidigung auf ein Vespermesser und eine halb volle Dose Pfefferspray beschränkte. Die andere Hälfte hatte ich ja in Aserbaidschan zur Abwehr der bissigen Hunde eingesetzt.

Die Wegkreuze, die an Unfalltote erinnern sollten, die in Thailand, Malaysia und Australien aus der Mode gekommen zu sein schienen, waren hier in einer Unzahl am Wegesrand präsent. Manchmal waren es richtig kleine Friedhöfe. An einer Stelle sah ich 11 Kreuze stehen, und ich hegte berechtigte Zweifel, ob es sich bei den Menschen wirklich nur um Verkehrstote handelte. Mich beschlich hier ein sehr ungutes Gefühl, wie ich es auf meiner gesamten Tour noch nicht gehabt hatte, nicht einmal im Iran.

Nach San Sebastian hatte ich die Umgehungsstraße verlassen und war auf einer kleineren Nebenstraße unterwegs, auf der recht wenig Verkehr herrschte, und schon kam die erste nicht einschätzbare Situation. Etwa 200 m vor mir hielt ein weißer Wagen am Straßenrand nach langsamer Fahrt an und wartete offensichtlich auf mich. Da niemand ausstieg, hielt ich ebenfalls ca. 100 m hinter dem Wagen an, trank einen Schluck und wartete ab. Dann gingen die Rückfahrscheinwerfer an, und der Wagen kam auf mich zu. Ich dachte: *Ach was soll's, abhauen kann ich mit dem Rad eh nicht, also dann Attacke und dran vorbei.* Ich trat in die Pedale, und als ich kurz vor dem Wagen war, hielt er an, und eine hübsche, junge Frau stieg aus. *Ha*, dachte ich, *alter Trick. Junge Frau stellt sich hilfesuchend, und dann bekommst du eine über den Pelz gezogen.* Also fuhr ich langsam an der schon hinter dem Wagen stehenden Frau vorbei und schaute, ob im Wagen noch jemand saß. Er war aber leer, und ich hielt an.

Es stellte sich heraus, dass auch sie eine begeisterte Radfahrerin war und ebenfalls schon längere Touren gemacht hatte. Sie hatte den klangvollen Namen Yoyis de la Fuente und erklärte mir, dass es in Mexiko ein gut ausgebautes Netzwerk von Radfahrclubs gebe. Diese Organisation hat weit über 200 Anlaufstellen in den mexikanischen Städten, und sie unterstützen Radfahrer aus aller Welt und natürlich auch die eigenen Landsleute.

Wir tauschten die Handynummern aus, und ab diesem Zeitpunkt bekam ich jeden Tag 2 bis 3 Anfragen von irgendwelchen Leuten aus allen möglichen Städtchen, wo ich denn gerade sei und ob alles klar sei.

Das schien eine gute Sache zu sein. Später sollte mir das noch zugutekommen. Ab hier war ich guter Dinge, dass ich Cancún erreichen würde. Ja, was hatte das Land noch zu bieten, außer Drogenbanden und sonstigen Kriminellen? Die Leute, die nicht kriminell sind, und die waren deutlich in der Mehrheit, sind furchtbar nett und hilfsbereit. Das Essen war hervorragend, und die Gegend begann erst mit unendlich weiten Feldern wie in Texas, bis es dann hügelig wurde. Hier erinnerte mich die Landschaft oft an die Toskana, nur dass die riesigen Weinplantagen fehlten, die aber im Verlauf der Tour durch Mexiko durch Orangenplantagen ersetzt wurden.

Die Städtchen und Dörfer waren primitiv, baufällig und heruntergekommen, und dennoch hatte ich den Eindruck, dass sehr viele einer geregelten Arbeit nachgingen. Die Zimmer, die ich die ersten Tage hatte, waren zum Teil grausam, aber billig. Was schön war: Es lief fast überall die mexikanische Gute-Laune-Musik. Die Überlandstraßen waren überwiegend sehr gut, und wäre da nicht mal wieder der übertriebene Gegenwind gewesen, den ich die letzten Tage hatte, wäre ich noch besser vorangekommen. Ja, meine Sorgen hatten sich extrem gewandelt. Da ich mir jetzt keine Gedanken mehr zu machen brauchte, ob ich was Vernünftiges zu essen bekam, war ich froh, wenn ich am Abend mein Ziel erreichte und eine Zimmertür zum Abschließen hatte.

Am späten Mittag des 29. 11. passierte, wonach ich schon bestimmt 100 Mal gefragt wurde. Ein kleiner, fieser Dorn bohrte sich genau zwischen den Profiltiefen meines Hinterreifens durch den zähen Gummi, was zur Folge hatte, dass ich enormen Druckverlust am Hinterrad hatte. Kurz gesagt, ich hatte nach 14996 km meinen ersten Plattfuß. Das Schlauchwechseln geht an so einem Trekking-Rad recht schnell, aber das Aufpumpen ist eine Knochenarbeit mit der kleinen Behelfspumpe. Glück für mich, das Ganze passierte 200 m neben einer Tankstelle. Pech für mich, bei denen war der Kompressor kaputt. Zufällig war aber ein LKW-Fahrer am Parkplatz dabei, seinen Reifendruck mit seinem eigenen Füllschlauch zu regulieren, und da konnte ich meine 5 bar Druck, die ich brauchte, nachfüllen.

Der eine oder andere wird jetzt wohl denken, dass sich das bis hierher das bisher Beschriebene nicht wirklich mit der Überschrift des 21. Kapitels deckt. Wo war hier bitteschön etwas zum Verlieben? Es waren bereits 4 Tage vergangen, und wie überall hatte ich mich in dieser Zeit an die veränderten Umstände gewöhnt. Ich kannte mich mit den Preisen besser aus und konnte abschätzen, ob mich einer übers Ohr hauen wollte. Ich kannte die Mentalität der Menschen, die alles andere als protzig, kriminell oder aufdringlich waren, und die Landschaft wurde mit den leichten, bewaldeten Bergen immer schöner. Obwohl ich relativ dicht an der Küste entlangfuhr, hatte ich vom Golf von Mexiko noch nichts gesehen. Da mein Geburtstag anstand, den ich unbedingt am Meer verbringen wollte, wurde es Zeit, dass ich mich auf den Weg an die Küste machte.

Am 2. 12. kam ich dann in der Stadt Veracruz an. Ich war recht früh in einer Unterkunft und hatte Zeit, mir diese Stadt genauer anzuschauen. Ich fand eine sagenhafte Uferpromenade vor, an der sich ein Restaurant an das nächste reihte. Alle waren durchweg urgemütlich eingerichtet, und jedes warb mit typisch mexikanischen Spezialitäten. Mit meinem hungrigen Magen war es schwer, eine Wahl zu treffen. Letztendlich entschied ich mich dann für ein Restaurant mit dem Namen „Palapa Reyna", ein farbenfroh geschmücktes Gasthaus, das für gut und gerne 150 Personen Platz bot, in dem ich jedoch der einzige Gast war. Dementsprechend wurde ich zuvorkommend und schnell bedient. Mit dem Kellner Michele hatte ich einen riesigen Spaß und er mit mir. Bevor ich ging, machten wir noch ein paar lustige Fotos, und der Gedanke, dass mir in diesem Land etwas passieren könnte, war längst verflogen.

Die Leute hier waren unglaublich nett. Das Land hatte mittlerweile auch die amerikanischen Einflüsse verloren und wurde immer karibischer. Deshalb und mit dem Wissen, dass ich meine Frau und meinen Sohn Nico nach über viereinhalb Monaten bald wiedersehen würde, verliebte ich mich mehr und mehr in dieses wunderschöne Land.

Am nächsten Tag ging es weiter an der Küste entlang nach Alverado. Dieses Städtchen muss man nicht unbedingt kennen, mir bleibt es aber für immer in Erinnerung. Hier verbrachte ich meinen 61. Geburtstag.

Die Unterkunft, die ich hatte, wurde privat betrieben. Die Familie baute nach und nach einige Zimmer an und aus. Von einer kleinen Schwimmterrasse, die aus Paletten und ein paar Balken zusammengenagelt war, hatte ich einen herrlichen Blick aufs Meer und einen atemberaubenden Sonnenuntergang. Die Gegend, in der sich das „La Casa del Jaibo" befand, war jetzt nicht unbedingt das Nobelviertel dieser Stadt, aber die Leute machten das Beste daraus. Zwischen den überwiegend einfachen mexikanischen Behausungen stand das ein oder andere schöne Haus. In der Straße, wo sich die Casa del Jaibo befand, waren die Leute einen ganzen Tag damit beschäftigt, alles gründlich zu reinigen und sämtliche Häuser mit Lichterketten zu dekorieren, als kämpften sie in einem Wettbewerb um die schönste Weihnachtsdekoration. Natürlich fand das Haus, das am farbigsten blinkte und glitzerte, die meiste Beachtung der Nachbarn.

Am Abend bekam ich dann wieder eine Nachricht vom Radclub. *Wie geht es dir und wo bist du momentan?* Ich antwortete, und wenig später bekam ich Post von Julio aus Alverado. Er war begeistert, dass er mich erreichte und wollte sich unbedingt mit mir treffen. Er lud mich zum Abendessen ein und holte mich um 20 Uhr ab.

Wir verbrachten einen lustigen Abend mit mexikanischem Essen zusammen. Danach zeigte er mir noch ein paar schöne Plätze, unter anderem eine Tanzschule, wo junge Menschen traditionelle, mexikanische Tänze einstudierten, in denen der gesamte Stolz, aber auch die Lebensfreude der Mexikaner zum Ausdruck kommt. Spät am Abend verabschiedeten wir uns und versprachen uns, in Kontakt zu bleiben, was bis heute funktioniert.

Nach diesem fahrradfreien Geburtstag ging es dann für mich noch einmal weg von der Küste. Irgendwo mitten in den Bergen kam ich in eine der schon oft gesehenen Militärkontrollen. Normalerweise wurde ich immer durchgewunken, doch nicht an diesem Tag. Eigentlich war ich schon fast durch, doch dem letzten Soldaten auf der anderen Seite kam ich verdächtig vor, und er schrie mir lautstark hinterher. Bevor mir eine Kugel aus seinem Gewehr folgte, hielt ich vorsichtshalber lieber an und drehte mich um. Ich dachte: *Hier kommst du mit „Ich Ausländer, ich nix verstehe" nicht durch,* und fuhr zu ihm rüber. Er informierte seine Kollegen über Funk und schickte mich zu ihnen, die ungefähr 100 m weiter hinten mit einem Tarnnetz etwas Schatten produzierten und auf einem Feldtisch Laptops und Scanner für Ausweise aufgebaut hatten.

Dort traf ich drei Männer an, einen Zivilisten und zwei schwer bewaffnete Soldaten. Zunächst machten alle einen sehr ernsten Eindruck, und der Zivilist forderte meinen Pass und die Touristenkarte. Da ich diese Papiere aber weit unten in einer meiner hinteren Satteltaschen versteckt hatte, dauerte es ein wenig, bis ich drankam. Während ich meine Hände in der Satteltasche zum Suchen hatte, richtete einer der Soldaten seine Waffe genau auf mich und senkte sie erst wieder, als ich nur den Ausweis aus meiner Tasche zog. Schließlich konnte ich ihm meine Papiere geben, die er genauestens kontrollierte. Nachdem er nur feststellen konnte, dass alles in Ordnung war, änderte sich der Gesichtsausdruck der drei Männer von ernst auf freundlich.

Ich musste ihnen erklären, wo ich herkam und was ich hier machte. Ich erläuterte ihnen anhand von Bildern und meines Streckenplans auf meiner Navi-App, was ich vorhatte und was ich schon hinter mir hatte. Begeistert wollten sie noch mehr sehen, doch die Autos und Lkw, die von ihren Kollegen zum Kontrollieren rausgewunken worden waren, stauten sich schon. Schließlich konnte ich wieder zusammenpacken und meines Weges ziehen. Das waren nette Menschen, ich wollte aber gar nicht wissen, wie sie reagierten, wenn etwas nicht in Ordnung war. Ich hatte mich im Laufe meiner Strecke in Mexiko längst an die Militär- und Polizeipräsenz gewöhnt, und es war mir eigentlich ganz recht, dass hier so viel kontrolliert wurde.

Wie gut das funktionierte, konnte ich an einem anderen Morgen feststellen. Gleich nach einer Ortsausfahrt fuhr ein Wagen langsam neben mir her. Ein junger Mann schaute freundlich zu mir rüber und forderte mich durch Handzeichen zum Anhalten auf, was ich auch tat. Es war ein junger Lehrer, der mich nach meiner Herkunft und so weiter fragte. Wir hatten keine drei Minuten miteinander geredet, als eine Streife mit genügendem Sicherheitsabstand hinter uns anhielt, beide Polizisten ausstiegen mit der rechte Hand an der Waffe. Sie fragten, ob alles in Ordnung sei, und erst als wir beide die Situation entschärft hatten, stiegen sie wieder ein und fuhren weiter. Ich war schon fast überwältigt von dieser Sicherheit und der Art, wie hier auch schon die harmloseste Situation ernst genommen und kontrolliert wurde.

Am 6. 12. übernachtete ich dann weit ab von der Küste an einem wunderschönen Bergsee in Catemaco. Es war ein traumhaftes Örtchen, dessen Zentrum einen großen Platz vor der Kirche hatte. Da das Weihnachtsfest vor der Tür stand, war auch hier schon alles geschmückt. Verschiedene Händler boten ihre Waren oder Essen an vielen Ständen an, die in einem Meer von Lichtern anmutig aussahen. In mir kam aber nur schwer ein weihnachtliches Gefühl auf, da mich die Temperaturen überhaupt nicht an Weihnachten erinnerten. Bei 25 Grad Nachttemperaturen und T-Shirt fand ich keine Verbindung zu unseren Weihnachtsmärkten. Trotzdem war es hier traumhaft schön.

Von dort aus ging es dann weitgehend an der Küste entlang, die immer wieder und immer häufiger Traumstrände vorzuweisen hatte. Das Land hatte sich längst, nicht nur in der Musik, mit karibischem Flair vermischt, und es machte jeden Tag mehr Spaß, hier unterwegs zu sein.

Im Internet hatte ich den Bericht eines Radkollegen gelesen, der eine Tour von Panama nach New York gefahren war. Das konnte ich überhaupt nicht mehr nachvollziehen. Er beschrieb katastrophale und selbstmörderische Bedingungen auf den mexikanischen Straßen. Ich weiß nicht, wo dieser Kollege langgefahren ist, aber ich konnte mich über die Rücksichtnahme der Mexikaner nur wundern und freuen.

Wenn ich auf einer Straße fuhr, wo kein Seitenstreifen vorhanden war, was selten vorkam, so nahmen alle beim Überholen äußerste Rücksicht. Die LKW, die es in Mexiko gibt, sind sehr viel länger als bei uns. Ein normaler Sattelzug mit einem Container hatte immer noch einen Anhänger mit einem weiteren Container hinten dran. Sah ich so einen von hinten in meinem Rückspiegel, bremste der rechtzeitig auf mein Tempo runter, schaltete die Warnblinkanlage ein und überholte mich erst, wenn er mit genügend Seitenabstand und mit freier Sicht nach vorne an mir vorbeikam. Da gab es aber vorher kein Gehupe, nach dem Motto, geh mal zur Seite.

Auf einem Rastplatz lernte ich so einen Trucker kennen. Er gönnte seinem riesigen Gefährt gerade eine Verschnaufpause und hatte den Motorraum offen. Gleich kam ich mit ihm ins Gespräch, auch über die Lenkzeiten, die es in Mexiko anscheinend nicht gibt. Er erklärte mir, dass er schon 3 Tage durchgefahren sei und heute Abend sein Ziel erreiche. Ich fragte ihn, ob er sich mit Kaffee wach halte, und er begann, laut zu lachen. „No", antwortete er mir, „con drogas de la farmacia", was ich mit meinen paar Spanischkenntnissen sehr gut verstand.

Es war ein netter Kerl, dennoch sah ich von jetzt an etwas mehr in meinen Rückspiegel.

Am 15. 12. erreichte ich dann Merida, ein weiteres Highlight auf meiner Tour durch Mexiko. Da ich nur noch ca. 450 km bis Cancún hatte, konnte ich mir in dieser Stadt gut einen Tag Auszeit gönnen, und es sollte sich lohnen. Ziemlich im Zentrum fand ich Unterkunft und machte mich gleich am Abend auf den Weg zum zentralen Marktplatz. Hier war mächtig was los und alles weihnachtlich geschmückt. Ein großer Weihnachtsmarkt mit mehreren mexikanischen Gesangs- und Musikdarbietungen. Unter der Arkade des Rathauses hatte sich eine 20 Mann starke Band stationiert, zuerst bot eine Tanzgruppe Traditionelles dar und danach schwang das Publikum das Tanzbein. Ich glaube, dass ich an diesem Platz gut eine Stunde stand und mir dieses Spektakel ansah. Die Musik erinnerte mich sehr an kubanische Klänge, und die Menschen tanzten, als gäbe es kein Morgen mehr. Das Flair dieser Stadt zauberte mir durchweg eine Gänsehaut auf den Körper.

Später ging ich dann noch in eine Bar, die eine offene Theke zur Straße hin hatte. In dieser Bar lernte ich innerhalb von 2 Stunden 6 ausgewanderte Amerikaner kennen, die mir alle versicherten, dass hier der Ruhestand wie im Paradies zu erleben sei. Für Amerikaner billig, niemals kalt und immer was los. Keiner von ihnen verschwendete einen Gedanken daran, wieder zurück in die Staaten zu gehen. Das beeindruckte mich doch sehr, da ich bis dahin immer nur von ausreisewilligen Mexikanern gehört hatte.

Ich genoss den freien Tag in dieser Stadt ungemein und freute mich nun richtig auf die letzten Kilometer bis Cancún. Leider regnete es ab hier eigentlich jeden Tag, entweder ganz lang oder kurz und flutartig, so dass ich täglich mindestens einmal richtig nass wurde. Schlimm war das allerdings nicht, da der Regen eine angenehme Temperatur hatte. Die Straße bis Cancún war schnurgerade und hatte nur etwas zu bieten, wenn ich von der Straße abbog und durch die auf der Strecke liegenden Dörfer fuhr. Aber gerade hier konnte ich in den erbärmlichsten Hütten am besten essen. Shrimps waren anscheinend die Hauptspeise, sie wurden bergeweise, nach Größe sortiert, am Straßenrand verkauft wie bei uns Kirschen oder Erdbeeren. Lustig daran war, dass zur Abschreckung der Fliegen und Moskitos vor dem Stand ein Blecheimer aufgestellt war, aus dem es fürchterlich qualmte.

Auf meiner Strecke zwischen Merida und Cancún befanden sich auch Chichén Itzá, die weltberühmten Treppentempel, und mehrere Cenoten, die riesigen Kalksteinlöcher mit Zugang zum Grundwasser, in denen man baden kann. Dies ließ ich aber alles unbesucht, da ich mir ja auch noch etwas mit meiner Frau und Nico anschauen wollte.

Am 19. 12. erreichte ich dann nach 2421 km durch Mexiko und 16959 gefahrenen Gesamtkilometern mein letztes Ziel in Zentralamerika, Cancún!!! Ich war 5 Tage zu früh und nahm mir ein günstiges Zimmer in der Stadt. Die nächste Zeit nutzte ich wie schon in Abu Dhabi dazu, alles vorab zu erkunden, damit die wenigen Tage, die mir mit Petra und Nico gegönnt waren, nicht mit Suchen vergeudet wurden.

Genug zu sehen und zu erleben gab es in dieser Stadt auf jeden Fall. Kneipen mit Live-Musik, Plätze mit Vorführungen, Essen, dass einem die Augen überliefen und Lebensfreude pur.

Am Morgen des 24. 12. 2019 fuhr ich dann bepackt raus zur Hotelroute. Das ist ein kleiner Landstrich, der sämtliche namhafte Hotels dieser Welt beherbergt. Hier hatten wir für die nächsten 10 Tage etwas gebucht. Ich checkte ein, füllte den Kühlschrank und verbrachte den Heiligen Abend alleine auf dem Balkon meines Zimmers. So schlimm war es gar nicht, wie ich mir das vorgestellt hatte. Der ganze weihnachtliche Trubel ging vollkommen an mir vorbei. Ich hatte was zu trinken, zu essen und schrieb bis spät in die Nacht mit einigen Freunden. Ein ruhiger Heiliger Abend, an dem ich mich ganz entspannt auf die Ankunft meiner Lieben vorbereiten konnte. Am Abend des 25. war es dann endlich so weit. Mit reichlicher Verspätung kamen die beiden endlich an. Der Urlaub konnte beginnen.

Nach erlebnisreichen Tagen, die ich aber in diesem Buch nicht näher beschreiben will, war es dann am 5. 1. 2020 schon wieder so weit. Abfahrt zum Flughafen und die beiden verabschieden, was dieses Mal um einiges besser ging als in Abu Dhabi. Ungefähr 10000 km lagen zwischen dem letzten Treffen und heute.

Das Ende meiner Reise war nun ein Stück nähergerückt, irgendwie war es einfach anders. Mein Flug nach New Orleans ging erst am 8. 1. 2020, deshalb mietete ich mich noch für drei Tage in einem Motel in der Nähe des Flughafens ein und wartete geduldig auf den neuen Abschnitt meiner Reise. Vor mir lag Amerika Teil 2 und die Ungewissheit, ob es bei der Einreise tatsächlich so funktionieren würde, wie mir der Beamte in Los Angeles versprochen hatte.

Am 8. 1. ging am Flughafen alles glatt. Alle Papiere waren vorhanden und in Ordnung, und so hob mein Flug planmäßig vom Rollfeld in Cancún ab.

Ich freute mich auf New Orleans, war mir aber trotzdem sicher, dass ich so etwas Schönes wie Mexiko nicht wieder haben würde.

Adiós, Mexiko, ich komme wieder.

Erster Plattfuß nach 14996 gefahrenen Kilometern.

Das Blickfeld aus diesem 40 m langen Vehikel war äußerst eingeschränkt.

Dieser Anblick ist schnell nichts Besonderes mehr:
Patrouille mit schussbereitem Polizist.

Freundliche Menschen überall.

In Mexiko waren die Pausen die schönsten.

Lebensfreude pur. Tanzen in Merida,
Sonntagabend auf der Straße.

KAPITEL 22

AMERIKA TEIL 2, BACK IN THE USA

Da es keinen Direktflug von Cancún nach New Orleans gab, musste ich mit einem Zwischenstopp in Miami vorliebnehmen. Dort ging es auch zur Immigration, was wie immer sehr lange dauerte in den Staaten. Eine riesige Schlange von Einreisenden hatte sich vor den einzelnen Schaltern gebildet, die alle geduldig auf ihre Abfertigung warteten. Da gab es kein Gemotze oder Beschweren, denn von allen hochnäsigen und arroganten Grenzbeamten, die ich je kennengelernt habe, sind die der US-Immigration die schlimmsten, sie stehen noch eine Stufe über Gott. Als ich endlich dran war, ging mein Puls wie nach einem Marathon. Jetzt kam es darauf an, wie meine Story bei dem Beamten ankam. Ich gab ihm meinen Pass, er scannte ihn und fragte mich etwas verdutzt, warum ich den schon wieder da sei. Nach kurzer Schilderung meiner Reise machte er mir mit erstauntem und respektvollem Blick zwar keinen neuen Stempel in meinen Pass, drückte aber dafür eine Taste und bestätigte mir, dass ich ab heute wieder 90 Tage Aufenthaltserlaubnis habe, welche nun im System gespeichert sei. Ein weiteres Mal fiel mir ein Stein vom Herzen. Das war's nun endgültig mit den Einreiseschwierigkeiten, denn für Kanada hatte ich ja bereits ein Visum.

Nach 5 Stunden Aufenthalt in Miami ging es dann weiter nach New Orleans. Das Gepäckholen lief problemlos, mit dem Taxi zum vorgebuchten Motel ebenso und schon war es nach 24 Uhr, als die Tür meines bescheidenen Zimmers ins Schloss fiel.

Es war ein anstrengender Tag gewesen, nach dem ich nur noch ein Bett sehen wollte. Als ich aufwachte und den Vorhang aufzog, strahlte mich die Sonne an. Es war ein herrlicher Tag, und ich war in New Orleans, was eigentlich schon seit den Abenteuern von Tom Sawyer und Huckleberry Finn (ich hatte die Verfilmung des Buches von Mark Twain gesehen) immer ein Kindheitstraum gewesen war. Ich ging vor die Tür und lernte gleich meinen Zimmernachbarn kennen, der sich gerade die erste Büchse Bier aufzog. Er hieß Maurice und wohnte mit seiner Schwester nebenan. Die beiden reisten durchs Land und schlugen sich mit irgendwelchen Internetgeschäften mehr schlecht als recht durchs Leben. Maurice war ein lustiger Mensch, so einer von der Sorte, mit dem man sicher gut Pferde stehlen konnte.

Es dauerte eine ganze Weile, bis er mir glaubte, was ich mit meinem Rad schon hinter mir hatte. Vorweg kann ich sagen, dass Maurice einer der vielen Amerikaner war, die ich noch in den USA kennenlernen sollte, die niemals etwas anderes gesehen hatten als die Staaten und auch davon noch nicht viel. Es machte keinen Sinn, ihm zu zeigen, durch welche Länder ich gefahren war, da Erdkunde nicht gerade das Steckenpferd der Amerikaner ist. Ein Blick von ihm ließ mich erkennen, dass er vielleicht schon mal eine Weltkarte gesehen hatte, aber keines der Länder gefunden hätte, die ich ihm beschrieb. Nachdem er mich noch seiner Schwester vorgestellt hatte, die um einiges seriöser wirkte, fragte sie mich, ob ich in die Stadt wolle, weil sie gerade eh dorthinfuhren. Gerne nahm ich an, da das Zentrum 20 km von unserem Motel entfernt war und ich keine Ahnung hatte, wie ich da hinkommen sollte.

Auf der Fahrt ins Zentrum hatten wir ein angeregtes Gespräch über Land und Leute, was sehr aufschlussreich war.

In der Stadt ließen mich die beiden direkt im Zentrum raus, und ich lief in der Bourbon Street geradewegs aufs Hard Rock Café zu. *Gut,* dachte ich, *schon der erste Punkt erledigt.* Es war noch früh am Morgen, und die Stadt schien gerade zu erwachen, zumindest dieser Teil der Stadt. Die Bourbon Street ist die angesagte Partymeile in Old Town. Hier wird bis spät in die Nacht gefeiert und getanzt. Das Leben beginnt erst wieder richtig gegen 15 Uhr. Genügend Zeit für mich, die wunderschönen Überbleibsel der guten alten Zeit zu besichtigen. Uralte Backsteinhäuser mit Rundbogenfenstern, reichlich verzierten Fassaden und meisterhaft geschmiedeten Balkongeländern. Dazu die in Amerika üblichen Feuertreppen, die überall zur Straße hin hingen, sowie die unübersehbaren amerikanischen Flaggen, die an jedem Haus majestätisch im leichten Wind wehten.

Richtung Flusshafen am Mississippi mischten sich unter diese alten Häuser mehr und mehr moderne Büros und Geschäftstürme, die eigentlich eher störend wirkten und gar nicht in diesen mit Flair behafteten Teil von Old New Orleans passten.

Ich lief kreuz und quer in der City umher, bis ich an die Bootsanlegestelle der Mississippidampfer kam, im Viertel, das man French Quarter nennt. Dort bot mir ein Typ an einem Stand ein Ticket für den Dampfer für null Dollar an, ich müsste nur an einer Präsentation teilnehmen, die ungefähr 2 Stunden dauerte. Ich willigte ein, und nach einem kurzen Bummel durch eine Food Mall holte man mich und ca. 10 andere Leute mit einem Bus ab, der uns zu einem Hotel brachte. Dort lernte ich ein Pärchen kennen, das in Berlin lebt, sie aus Frankreich, er aus Amerika. Sie konnten gut Deutsch und waren sich genauso unsicher wie ich, was hier gerade abging. Sie hatten allerdings wenigstens den Vorteil, dass sie alles verstanden, während ich nur zum Teil folgen konnte. (Hier muss ich aber zu meiner Verteidigung sagen, dass das Englisch, das in New Orleans gesprochen wird, gar nichts mit dem Schulenglisch zu tun hat.) Bald stellte sich heraus, dass die Jungs mir ein Haus oder eine Eigentumswohnung andrehen wollten. Da sie sehr schnell merkten, dass ich wirklich nicht der richtige Ansprechpartner für dieses Angebot war, bekam ich nach 10 Minuten meinen Gutschein für das Boot, und das war's. Richtig glauben konnte ich die ganze Geschichte noch nicht wirklich. Der Ticketpreis für die abendliche Bootstour mit Dinner auf der legendären Natchez lag immerhin bei 80 Dollar.

Ich hatte noch jede Menge Zeit und ging wieder in die Bourbon Street, die nun langsam zum Leben erwachte. Dort ließ ich mich in einer Kneipe nieder, in der Live-Musik vom Feinsten geboten wurde, und genoss den Nachmittag. Die Wahl der Kneipe fiel einem wirklich schwer, weil in jedem dieser Lokale etwas geboten wurde.

Bald war es 17.30 Uhr, und ich ging zum Pier. Mit meinem Gutschein bekam ich problemlos mein kostenloses Ticket für den Raddampfer. Mein Herz schlug schneller, als ich das Schiff betrat, denn ab diesem Zeitpunkt ging wirklich einer meiner Kindheitsträume in Erfüllung: einmal mit einem Raddampfer auf dem Mississippi fahren. Über das Innere eines solchen Schiffes hatte ich mir eigentlich nie große Gedanken gemacht, doch auch hier wurden meine Erwartungen übertroffen. Auf dem Schiff wartete ein sagenhaftes Dinner in einem ganz tollen Saal auf mich. Das Flair war unschlagbar, und wieder einmal bereute ich es, dass ich dieses Erlebnis nicht teilen konnte.

Am Heck des Schiffes hatte sich eine mehrköpfige Dixi-Jazz-Band aufgebaut. Man merkte diesen Jungs an, dass sie ihr Programm allabendlich abspielten, aber auch, dass sie den Spaß an der Musik dem Publikum professionell darboten. Das Essen selbst war nichts Außergewöhnliches, aber sehr gute Hausmannskost, was sich von dem üblichen Fast Food der Amerikaner stark unterschied. Die Fahrt dauerte etwa 3 Stunden. Die Aussicht auf das Flussufer war eher bescheiden. New Orleans hat leider keine so aufregende Skyline wie andere Städte. So sah man eigentlich nur die beleuchteten Industrieanlagen entlang des Rivers. Das Feeling auf diesem historischen Raddampfer entschädigte aber einfach für alles.

Danach ging ich wieder, Sie ahnen es schon, in die Bourbon Street und fand das Partyleben von New Orleans vor, denn die Dunkelheit hatte alle Nachtaktiven auf den Plan gerufen. Es war eine tolle und friedliche Stimmung in den Kneipen und auf der Straße, wo sich Jung und Alt traf. Ich hatte meine Schwierigkeiten, mich um 23 Uhr loszureißen. Da ich aber keine Ahnung hatte, wie ich wieder heimkommen sollte, musste ich abbrechen.

Ich suchte vergeblich eine Buslinie, die in die Richtung meines Motels führte. Auch die Einheimischen konnten mir nicht wirklich weiterhelfen, und so entschloss ich mich, ein Taxi zu nehmen. Problem dabei war, dass ich nicht wusste, wie viel es kostete und mir mein Bargeld knapp wurde. Zwei Versuche, an einem ATM-Automaten Geld zu holen, scheiterten. Ich hatte noch 40 Dollar. Glücklicherweise kostete das Taxi nur 34, und so war ich froh, als ich vor meinem Motel stand.

Glücklich über diesen wundervollen Tag im Herzen der Stadt, fiel ich ins Bett und machte ein gutes Schläfchen.

Der nächste Tag galt der näheren Umgebung meines Motels, das ja weit außerhalb des Zentrums lag. Ich besorgte mir in verschiedenen Läden Proviant und machte mich mit den veränderten Preisen und Umgangsformen für meinen Abschnitt Nordamerika vertraut, denn es lagen von New Orleans bis Kanada 4394 km im Land der unbegrenzten Möglichkeiten vor mir.

Am Abend ging ich noch in einen typischen Saloon, wo sich mehrere Männer mit viel Spaß an einem Billardtisch versuchten. Gegen 21 Uhr war der Laden gnadenlos voll, und jeder der Gäste fand offenbar meine Anwesenheit interessant. Erst später bemerkte ich, ich war der einzigste weiße und dachte mir, dass das wohl die Ursache war, warum ich wie ein Außerirdischer bestaunt wurde.

Am 12. 1. 2020 ging es dann früh morgens los. Mir war bewusst, dass es erst Januar war und ich Richtung Norden fuhr. Deshalb wollte ich so lange wie möglich im Süden bleiben. Also legte ich mir eine Zick-Zack-Route zurecht, die ich über Mobile, das noch am Golf von Mexiko liegt, nach Atlanta fahren wollte, von dort aus wieder westlich nach Memphis, dann in östlicher Richtung nach Nashville und von dort aus nach Washington, Baltimore und New York. In New York wollte ich dann am 20. 2. 2020 eintreffen, wo mich auch meine beiden ältesten Söhne Bastian und Fabian mit einem Kollegen besuchen wollten.

Zu diesem Zeitpunkt konnte ich aber noch nicht ahnen, dass ein Schicksalsschlag meine Pläne durchkreuzen würde.

Die Stadtausfahrt war sehr einfach. Schon nach 5 km kam ich ans Ufer des Pontchartrain Sees, an dem ein guter Rad- und Fußweg angelegt war. Am Ende des Sees war ich bereits aus dem Gröbsten raus. Es folgte ein langgezogenes Industriegebiet, das hässlicher nicht hätte sein können. Schrottplätze, Holzlager, Müllhalden und Gleisanlagen, alles war in saumäßigem Zustand. Daran schloss sich eine lange Durchfahrt durch Sumpf und Moorgebiete, wo auch zwischendurch mal ein See oder Flusslauf zu sehen war. Das ganze Gebiet um New Orleans besteht mehr aus Wasser als aus Land. Alle Häuser stehen hier auf 4 bis 5 m hohen Holzstelzen, was darauf schließen lässt, dass in diesem Gebiet oft Flutwellen oder Hochwasser vorkommen. Nicht verwunderlich, wenn man bedenkt, dass weit mehr als die Hälfte der Stadt New Orleans bis zu 1,6 m unter dem Meeresspiegel liegt. Zur Entwässerung der Stadt gibt es mehr als 20 große Pumpstationen, die das anfallende Regenwasser ins Meer befördern.

So fuhr ich also entlang der Küste und konnte am 2. Tag einen der größten und gepflegtesten Strände der Welt kennenlernen. Der Long Beach, nach dem auch die angrenzende Stadt benannt ist, ist ungefähr 48 km ohne Unterbrechung lang, ca. 100 m breit und, wie mir schien, ohne ein Steinchen im feinweißen Sand.

Das Wetter war schlecht. Leichter Nebel verhinderte eine weite Sicht, und immer wieder begann es zu regnen, so dass unzählige der eingesetzten Radlader und Siebfahrzeuge leichtes Spiel hatten, den menschenleeren Strand zu ebnen und zu pflegen. Damit dieser Strand ein Aushängeschild bleibt, stehen in regelmäßigen Abständen Verbotstafeln, die eigentlich alles verbieten, außer begehen und baden.

Dem Wetter entsprechend hatte ich meine Kleidung gewechselt. Während ich in Mexiko schon gar nicht mehr wusste, wo meine warme Kleidung in den Satteltaschen untergebracht war, musste ich sie nun nach und nach wieder nach oben packen. Die Regenkleidung wurde immer öfter meine Tagesgarderobe.

Am 15. 1. 2020 verabschiedete ich mich dann endgültig vom Golf von Mexiko und war nun im Inland Richtung Atlanta unterwegs. In den auf der Strecke liegenden Städtchen gab es sehr viele schöne, alte Südstaaten-Villen, die an „Fackeln im Sturm" erinnerten, aber auch die bekannten Baracken oder Wohnwagensiedlungen auf offener Strecke prägten von nun an das Landschaftsbild. Ob es für sie Bebauungspläne wie in Deutschland gibt, wage ich zu bezweifeln. Oft sah ich Menschen, deren Hab und Gut im Einkaufswagen eines Supermarktes Platz hatte. Ab und zu kam mir eine Fassade von schönen, alten Stores vor die Linse. Die Landschaft hier war ganz anders, als ich es mir vorgestellt hatte. Es war hügelig und schön, aber nicht atemberaubend. Die Leute unterschieden sich sehr von den Menschen in Mexiko. Ich hatte anfänglich meine Schwierigkeiten mit dem saumäßigen Dialekt, den sie hier sprachen. Erst wenn ich „Sorry?" sagte, sprachen sie so, dass ich auch einiges verstand. Das Alleinsein nahm hier eine ganz andere Dimension an. Den Ami interessierte es recht wenig, ob ich da war oder nicht. Nur schwer bekam ich Kontakt, und meine Reise bekam immer mehr eine Note von „Und täglich grüßt das Murmeltier": morgens aufsitzen, fahren, ab und zu an einer Tanke ein kleines Schwätzchen, was eher selten war, abends durchgefroren in ein Motel, essen und schlafen.

Was aber definitiv anders wurde, war das Wetter. Im Wetterbericht sah ich, dass eine große Kaltfront von Kanada auf mich zukam, und bald nur noch mit Minusgraden zu rechnen war. So ergab sich folgender Bericht in meinem Reisetagebuch, den ich hier gerne ungekürzt und ungeändert anhänge.

„Das Land oder die Landschaft, die ich momentan durchfahre, ist gleichbleibend langweilig. Außer Hügel an Hügel, die ich überquere, und Bäumen sehe ich nicht viel Interessantes. Zur Verteidigung der Landschaft ist allerdings zu sagen, dass hier auch Winter ist und die Bäume und Wiesen wie bei uns kahl und trostlos aussehen. Wäre ich hier im Frühjahr oder Sommer, hätte ich vermutlich über ein ganz anderes Bild zu berichten. Ja, das liebe Wetter hat sich nun total geändert. Die Temperaturen sind rapide gefallen, und die Regentage überwiegen. Am Montag musste ich meinen ersten Minuseintrag seit Beginn meiner Reise in mein Tagebuch schreiben. -4,3 Grad zeigte mein Thermometer am Morgen bei Abfahrt an. Auch im Tagesverlauf wurde es nicht viel besser, und ich musste feststellen, dass meine Sportschuhe, die mir nun fast 10 Monate gute Dienste geleistet hatten, für diese Temperaturen nicht geeignet sind. Bereits 20 km nach Abfahrt spürte ich meine Zehen nicht mehr, so dass ich mir schwor, in Atlanta die wärmsten Schuhe zu kaufen, die es gibt.

Heute kam jetzt noch zur Kälte (knapp über dem Gefrierpunkt) der Regen dazu, was das Fahren mit dem Rad nicht besonders attraktiv macht. Ich merke, wie meine Gedanken allzu oft zur angenehmen Fahrt durch Mexiko abdriften. Ab und zu taucht natürlich auch wieder mal die Frage auf, warum ich das tue, die aber gleich wieder verdrängt wird durch die Tatsache, dass ich jetzt gerade mal noch lächerliche 6500 km vor mir habe. Die Leute haben sich nicht verändert. Ich habe so gut wie keinen Kontakt, rede hin und wieder mal mit jemandem 2 bis 3 Sätze und fahre von morgens bis abends.

In einem Motel angekommen besteht mein weiterer Tagesablauf aus Kleiderwaschen und -trocknen, essen und Routenplanung. Das unbestrittene Highlight dieser Woche war natürlich die Ankunft in Atlanta. Die Stadt ist nicht besonders groß, aber schön. Es gibt ein paar sehr ansehnliche Gebäude, sehenswert auch der Olympiapark, und das gesamte Stadtbild wird durch ein paar Wolkenkratzer abgerundet. Was für einen Muslim Mekka, für einen Bayer die Weißwurst und für einen echten Badener der SC Freiburg, ist für mich Coca-Cola. In Atlanta, wo auch der Hauptsitz der Firma ist, gibt es natürlich ein schönes Museum, das erst 1990 am jetzigen Standort eröffnet wurde, World of Coca-Cola, eine Kultstätte für einen eingefleischten Coca-Cola-Trinker wie mich.

Der freie Tag, den ich mir nach 9 Tagen Fahrt gönnte, galt natürlich diesem Museum. Für 17 Dollar Eintritt hatte ich Zutritt zu einer Traumwelt. Sehr viele alte Utensilien sind hier zu bestaunen, aber auch alles, was sich im Laufe der Jahre bis heute so angesammelt hat. Hier alles aufzuzählen, würde den Rahmen dieses Berichtes deutlich sprengen. Nur so viel sei gesagt: Ich hatte 3 Stunden Gänsehaut. Im Shop am Ende der Tour musste ich mich unglaublich zusammenreißen. Viele Dinge, die ich gerne gekauft hätte, verließen ihren Platz nicht, da meine Satteltaschen durch die Winterkleider keinen Spielraum erlaubten. Der Besuch im Hard Rock Café hinterher war obligatorisch, und so ging sehr schnell nach dem Schuhkauf ein schöner Tag in dieser interessanten Stadt zu Ende. Nun bin ich von Atlanta nach Memphis unterwegs, und ich freue mich auf diese nächste große Stadt, die mit Sicherheit ihren Bekanntheitsgrad durch Elvis Presley erhalten hat."

Dieser Ausschnitt aus meinem Tagebuch beschreibt gut, denke ich, wie es mir zu diesem Zeitpunkt gerade ging. Zwischen den großen Städten war nicht viel Interessantes, und ich versuchte, aus jeder Kleinigkeit ein bleibendes Ereignis zu machen. Das traf auf alle Fälle auf die letzte Übernachtung vor Memphis.

Ich war in einer kleinen Ortschaft namens Tuscumbia untergekommen und hatte noch 237 km bis Memphis. Genau dazwischen lag Walnut, und mein Navi zeigte mir dort ein Motel an. Als ich in Walnut ankam und auch beschriebenes Motel fand, musste ich von der Besitzerin erfahren, dass sie schon seit längerem nicht mehr vermietete, da die Zimmer in einem katastrophalen Zustand waren. Ich beteuerte ihr, dass mir das egal sei und ich nur ein Dach über dem Kopf brauche. Sie ließ aber nicht mit sich reden, und so stand ich nachmittags um 16 Uhr in einer Gegend, wo sich Fuchs und Hase gute Nacht sagen.

Ich hatte kein Zelt mehr dabei, nur noch meinen Schlafsack, der bis minus 8 Grad geeignet sein sollte. Also beschloss ich, noch ein Stück weiterzufahren, bis es dunkel würde, und mich dann unter eine Brücke, ein Vordach oder eine Bushaltestelle zu schlagen. Am Eck der nächsten Kreuzung war eine große Tankstation mit Shop, in dem ich mir noch etwas Proviant einkaufte. Es war schon stockdunkel, als ich dann an eine Brücke kam, die mir geeignet schien, um mein Nachtlager aufzuschlagen. Der Fluss, der unter der Brücke durchfloss, hieß Wolf River. Nicht gerade ein beruhigender Name für eine Übernachtung, aber ich richtete mir mein Lager ein, so gut es ging, und suchte mir im schlechten Licht meiner kleinen Taschenlampe etwas Brennholz im Dickicht.

Leider fand sich keins, zumindest kein geeignetes. Alles war vom Regen klatschnass und verfault. Das einzig Brauchbare, was sich fand, waren dürre, dicke Blumenstengel, die zwar sehr gut, aber nicht lange brannten. Die Temperatur war zwischenzeitlich auf ein Grad gefallen, und ich versuchte, ein bisschen zu schlafen. Mein Schlafsack machte mir dabei aber einen Strich durch die Rechnung. Von wegen 8 Grad minus. Ich wälzte mich frierend von links nach rechts. Alle halbe Stunde stand ich auf und machte 20 Kniebeugen und 20 Liegestütze, um nicht völlig auszukühlen. Erst als ich gegen 3 Uhr auf die Idee kam, meine Regenkleidung noch über die Kleider zu ziehen, wurde es wenigstens so viel besser, dass ich bis 6 Uhr einigermaßen Schlaf bekam. Um 7 Uhr wurde es dann hell, da saß ich bereits wieder auf meinem Rad, um mich warmzufahren. Gegen Mittag wärmte die Sonne die Luft auf außergewöhnliche 23 Grad, und ich erreichte zwar müde, aber aufgeheizt die Stadt Memphis, in der ich einen freien Tag eingeplant hatte.

Über Memphis kann ich wieder nur Gutes berichten. Die Innenstadt ist sehr schön und hält als Musikstadt wie New Orleans eine Kneipenmeile, die Beale Street, bereit. Kneipe an Kneipe, von B. B. King bis natürlich zu Elvis. Da ich zwei Übernachtungen gebucht hatte, schwang ich mich am Morgen auf mein Rad und fuhr raus zum Haus von Elvis, „Graceland". Eigentlich hatte ich ja keine große Hoffnung, wirklich viel zu sehen. Aber hallo, für 50 Dollar bist du dabei und erwirbst eine Führung mit allen Details. Über ein iPad und Kopfhörer bekommst du alle Infos, die du haben willst. Dass Priscilla Presley die Führung nicht persönlich machte, war alles. Das Ganze ging ungefähr 3 Stunden und war sehr eindrucksvoll, auch wenn man. so wie ich, nicht unbedingt ein Elvis-Fan ist. Dennoch hatte ich Ehrfurcht, als ich vor den Grabplatten seiner Eltern, seines Zwillingsbruders und seiner eigenen einen Moment innehielt.

Den Abend verbrachte ich dann im Motel, in dem sehr viel geboten wurde. Zwei Zimmer neben mir nahm die Polizei einen Drogendealer mit seiner Freundin fest, was sehr spannend war. Mit 4 Streifenwagen und 10 Beamten stürmten sie das Zimmer, und ich fühlte mich in einem amerikanischen Krimi.

Mich führte der nächste Tag aber wieder zurück auf die Straße nach Nashville, das 380 km in Richtung Nordosten lag. Die Landschaft hatte sich noch nicht viel verbessert. Schnurgerade Straßen führten durch Waldgebiete, 100 Höhenmeter rauf, 100 m runter und direkt links und rechts neben der Straße dichter Wald, der einen Ausblick auf die Weite des Landes nicht zuließ.

Würde ein Maler diese Landschaft malen, käme er mit genau zwei Farben aus, ein dreckiges Braun und ein eingeschlafenes Grüngelb.

Auch wenn es zu den eher unterkühlten Amerikanern der Ostküste nicht besonders oft Kontakte gab, so möchte ich doch an dieser Stelle zur Versöhnung von 3 Ereignissen berichten, wie ich sie auf meiner bisherigen Reise noch nicht erlebt hatte.

Ich war ja nun schon durch einige Länder gereist und hatte nicht nur Schönes gesehen. Vor der Armut in manchen Ländern konnte ich die Augen oft nicht verschließen und gab, wo ich konnte.

1. Geschichte: Ich war in einem Supermarkt und kaufte mir mein Abendbrot, da ich keinen Bock auf Burger hatte. In meinem Einkaufskorb befand sich auch eine Dose Bier, ich hatte aber den Ausweis nicht dabei. Es war nichts zu machen, die Kassiererin gab mir das Bier nicht ohne Ausweis, obwohl ich ihr zu erklären versuchte, dass ich deutlich älter sei als 21.

Dies bekam ein Mann an der anderen Kasse mit, nahm der Kassiererin die Büchse wortlos aus der Hand, zog seine ID und bezahlte sie an der Kasse, wo er anstand. Ich wollte ihm dann die Dose am Ausgang bezahlen, es handelte sich immerhin um 2,50 Dollar, doch er weigerte sich, von mir Geld anzunehmen. Ich bedankte mich 10 Mal bei ihm und freute mich über diese kleine Aufmerksamkeit sehr.

2. Geschichte: Wieder war ich im Supermarkt und kaufte Brot und Wurst. Bier nahm ich keins mit, da ich meinen Ausweis wieder nicht dabeihatte. Als ich über den Parkplatz lief, rief mir ein Mann hinterher. Ich dachte erst, er wolle eine Zigarette oder sonst was. Er kam mir entgegen und drückte mir 5 Dollar in die Hand. Auf meine Frage, warum und für was, antwortete er mir, dass er mich heute Mittag an einer Tankstelle gesehen habe, streckte beide Daumen nach oben und wünschte mir viel Glück. Wieder konnte ich mich nur fassungslos bedanken und freute mich über diese kleine Fügung von oben.

3. Geschichte: Eines Morgens, als ich in einem Shop an einer Tankstelle mein Frühstück kaufte, stand ein junger Mann hinter mir an der Kasse und fragte mich, ob das draußen mein Bike sei. Ich antwortete ihm mit ja, er zückte seinen Geldbeutel, legte 10 Dollar auf den Tresen und sagte zur Kassiererin, dass mein Frühstück auf ihn gehe. Vor der Tür musste ich ihm dann noch einige Fragen beantworten. Er verabschiedete sich, und ich bedankte mich herzlich bei ihm.

Nicht dass ich so etwas in der Art je erwartet hätte, aber hat es mich doch gefreut und zeigte mir, dass nicht alle Amerikaner so waren, wie ich die meisten empfand. Vor allem in der ländlichen Gegend, wo die bevorzugte Wochentagskleidung tatsächlich aus Latzhose und Gummistiefeln besteht, erlebte ich solche Situationen.

Am 31. 1. 2020 kam ich dann in Nashville an. Nashville Tennessee ist zwar nicht die Geburtsstadt von Johnny Cash, viele bringen sie aber mit Sicherheit mit ihm in Verbindung. Ebenso wie New Orleans und Memphis bezeichne ich Nashville als Musikstadt. In allen diesen Städten gibt es eine Kneipenmeile, in der überwiegend junge, gute, aber unbekannte Musiker und Sänger versuchen, auf der Karriereleiter weiter nach oben zu kommen. Beeindruckend für mich daran war, dass diese Straßen tagsüber ganz normale Durchgangsstraßen waren. Um 20 Uhr kam die Polizei, stellte Absperrungen auf, und von da an waren es Fußgängerzonen für alle Arten von Nachtschwärmern.

Nashville konnte ich allerdings nur einen Abend genießen, da langsam die Zeit drängte. Ich hatte noch 1600 km bis nach New York und nur noch 19 Tage Zeit, bis ich meine Söhne nach über 11 Monaten wiedersehen konnte. Ich freute mich riesig auf die Zeit mit ihnen und wollte natürlich auf keinen Fall zu spät kommen.

Nichts, dachte ich, *kann mich davon abhalten, pünktlich in New York zu sein, höchstens das Wetter.* Doch schon 3 Tage später musste ich lernen, dass nicht immer alles im Leben nach Plan läuft.

Die Städte, die ich in den nächsten Tagen durchfuhr, endeten alle mit -ville, von Nashville nach Gordensville, von Gordensville nach Crossville, von Crossville nach Knoxville.

Am 3. 2. 2020 fuhr ich von Crossville nach Knoxville, 137 anstrengende Kilometer, und am Abend gab es eine Schreckensnachricht. Schon am Morgen ging es nervig los. Gegen 9 Uhr bemerkte ich, dass mein Handy ungewöhnlichen Stromverlust hatte. Auch die Stromversorgung meines Raddynamos konnte den Absturz nicht verhindern.

Da ich ausschließlich mit meinem Handy navigierte, war es sehr schwer, mein gebuchtes Motel in Knoxville zu finden. Es wurde Nacht, und ich musste noch quer durch die ganze Stadt, die mit vielen Baustellen und Einbahnstraßen zu einem echten Problem wurde. Um 21 Uhr kam ich dann an mein Motel und war unglaublich genervt, weil ich mir keinen Reim auf den Absturz meines Handys machen konnte.

Nachdem ich eingecheckt hatte, versuchte ich es nochmal mit dem Handy, und es zeigte mir tatsächlich wieder 3 % Ladung an. Als ich ins WLAN kam und meine WhatsApp anschaute, waren zwei von ihnen besorgniserregend.

Zuerst las ich von meiner Frau: „Ruf mich bitte an!", und dann die Nachricht meines Bruders: „Hat dich deine Frau schon erreicht?" Da wusste ich, es musste irgendetwas passiert sein. Mit meinen 3 % Strom konnte ich aber nicht viel machen und schrieb so zuerst an meine Frau:„Ich habe nicht mehr viel Strom und weiß nicht, ob mein Handy nachher noch funktioniert. Also bitte Kurzfassung, wenn ich jetzt anrufe."
    Dann rief ich an. Bei mir zu Hause war es bereits nach 2 Uhr in der Nacht, und meine Frau hatte gewartet. Auf meinen Wunsch fasste sie sich kurz und sagte mir ohne große Umschweife, dass meine 3 Jahre jüngere Schwester überraschend gestorben war. Noch bevor wir über Einzelheiten reden konnten, machte es piep, und mein Handy verabschiedete sich vollständig.

Ich habe lange überlegt, ob ich den Vorfall in diesem Buch beschreiben soll und habe mich dafür entschieden. Zum einen ist es ein Teil, der zu meiner Tour dazugehört, und zum anderen hatte es eine große Umplanung zur Folge. Noch am selben Abend hatte ich dann wenigstens über mein Tablet und E-Mail Kontakt zu meiner Frau. Ich schrieb ihr, dass ich über Nacht über alles nachdenken und dann entscheiden würde, wie alles weiterging.

Am Morgen hatte sich mein Handy an der Steckdose erholt und funktionierte wieder einwandfrei. Ich verlängerte den Aufenthalt in meinem Motel um einen Tag, der mit Telefonieren und Schreiben verging. Da der Beerdigungstermin nicht feststand, schrieb ich Folgendes an meine Freunde der WhatsApp-Gruppe:
    „Hallo an alle! Eigentlich ist das heute kein Reisebericht, sondern ein Situationsbericht. Mein Handy funktioniert wieder einwandfrei, das ist aber auch die einzige gute Nachricht, die ich heute verkünden kann. Wie einige von euch schon wissen, ver-

starb am Montag unerwartet meine Schwester. Dies hat mich und meine Reise total umgerissen. Mir geht es entsprechend schlecht, was die weite Entfernung zu meiner Heimat und meiner Familie nicht gerade besser macht. Da bis heute der Termin der Beerdigung nicht klar war, fahre ich nach einem Tag Pause weiter, um Washington zu erreichen. Dort bekomme ich auch einen besseren Flug als in der Pampa, wo ich mich zum Zeitpunkt der Schreckensnachricht befunden habe.

Jetzt ist klar, dass die Beerdigung am nächsten Donnerstag sein wird. Nun habe ich auf Montag gebucht, von Washington nach Frankfurt, und werde am Dienstagabend zu Hause sein. *Ja, wie geht es weiter?*, werden sich einige fragen. Ich werde es euch schreiben, damit nicht so viel Rückfragen an Petra oder andere Familienangehörige kommen. Für ein Unglück gibt es nie einen richtigen Zeitpunkt. In meinem oder unserem Fall ist es aber so, dass ja der Besuch meiner großen Söhne vom 20. bis 27. 2. in New York schon geplant, gebucht und bezahlt ist. Ebenso mein Flug von Montreal nach Lissabon am 5. 4. 2020. Dies alles ist fix. Was einem in so einer Situation alles durch den Kopf geht, könnt ihr euch nicht vorstellen.

So und nun habe ich mich dafür entschieden, dass alles so bleibt, wie es geplant war. Ich fliege am Montag nach Hause und werde meine Schwester auf ihrem letzten Weg begleiten, fliege am 20. 2. mit meinen beiden großen Söhnen und einem Kollegen zurück nach New York und fahre am 27. 2. mit dem Bus nach Washington, wo ich mein Rad und mein Gepäck deponieren werde. Dann widme ich den letzten Teil meiner Reise meiner Schwester Gisela, denn sie wäre die Allerletzte gewesen, die gewollt hätte, dass ich abbreche. Sie war so stolz auf das, was ich tue und sie hatte, wie ich jetzt erfahren habe, meine Ankunft in Elzach mit einer ,Welcome Party' schon geplant. Und während ich diese Zeilen schreibe, läuft mir das Wasser an den Wangen runter. Wie habe ich sie motiviert, als sie sich auf den Frankfurt-Marathon vorbereitet hat und ihr immer wieder geschrieben: ,Du musst nur einen starken Willen haben, dann kannst du alles schaffen.' Deshalb kann ich jetzt nicht aufgeben. Ich mache es jetzt nicht mehr für mich, fertig, ich mache es für Gisela. Wie geht es weiter mit den Reiseberichten?

Weit mehr als die Hälfte in dieser Gruppe ist seit Beginn meiner Reise dabei und hat nicht nur die schönen Dinge gelesen, die mir passiert oder begegnet sind. Ich hatte Höhen und ich hatte Tiefen, manchmal auch zwischen den Zeilen versteckt. Nun ist wieder so ein Tief da, das größte, das man sich vorstellen kann. Ihr wart immer an meiner Seite und habt mich oft aufgebaut, weiterzumachen. Dafür bedanke ich mich recht herzlich bei euch. Ich werde versuchen, ab Anfang März wieder objektive Berichte zu schreiben. Ich hoffe, es gelingt mir. Bis dahin, Gruß Mane.“

Ja, so war der Plan, aber er war kaum zu verwirklichen. Es war bereits Mittwoch, als ich mich auf den Weg machte, und es lagen bis Montagmittag und Washington noch ungefähr 780 km vor mir, mit normalen Tagestouren nicht zu schaffen. Ich kam zwar gut voran, doch Schnee, Kälte und Gegenwind machten es mir schwer.

Ich entschied mich, von Freitag auf Samstag durchzufahren, steckte mir ein Ziel, so dass ich pünktlich am Montag den Flug erwischen konnte.

Als ich am Freitagmorgen losfuhr, schneite es, und es ging ein bissiger Gegenwind. Mein Gemütszustand ließ nichts um mich herum interessant erscheinen, und so kann ich auch nichts über die Landschaft berichten. Es war ein reines Fahren, und die Gedanken an meine Schwester ließen mich sogar die Strapazen und die Kälte vergessen.

Stationen dieser Tour:

Freitag, 8 Uhr: Abfahrt in Bristol, 1,3 Grad, Schneefall; 15 Uhr: Von einer Streife auf einem Highway erwischt und mit Polizeischutz bis zur nächsten Ausfahrt begleitet; 16 Uhr: bei km 130 zweiter Plattfuß auf meiner Reise, natürlich am Hinterrad, starker Wind mit Schneefall bei -4 Grad, Schlauch wechseln und fast die Finger abgefroren; 17 Uhr: Anstieg über einen Pass, Schneefall immer stärker; 20 Uhr: Bergabfahrt auf verschneiter Straße, danach ein langes Tal mit leichtem Gefälle; 22 Uhr: Der Himmel reißt auf, und es hört auf zu schneien, bei km 200. Am Samstag, 1 Uhr, melde ich mich bei meiner Frau vor einem Supermarkt, wo ich freies WLAN habe, bei km 250. Ich schriebe: „Melde mich wieder bei Sonnenaufgang"; 3 Uhr: eine Stunde Pause in einer Tankstelle mit Imbiss, brauche dringend etwas Warmes zu essen; 5 Uhr: Ein Sattelzug übersieht mich und überfährt mich fast, danach bin ich wieder hellwach; 7 Uhr: Sonnenaufgang, nächste Meldung an meine Frau von einem Burger-Laden bei km 300: „Es geht mir gut, bin nur vollkommen fertig"; 10 Uhr: Ich erreiche eine Hochebene nach 3 Stunden Bergauffahrt; 12 Uhr bei Kilometerstand 380: Ich schlafe ständig ein, während des Fahrens, halbe Stunde Pause und nochmal 2 Dosen Energy Drink, 15.16 Uhr: Ich erreiche mein gestecktes Ziel und checke in einem Motel ein. Mein Tacho bleibt bei 412,9 km und 4335 überfahrenen Höhenmeter stehen.

Nach 31,16 Stunden unterwegs und einer reinen Fahrzeit von 22,43 Stunden habe ich meine längste Tour hinter mir.

Nach dieser Wahnsinnstour schlief ich 12 Stunden durch und machte mich auf den Weg zu meiner letzten Station vor Washington. Die Landschaft hatte sich auf den letzten 400 km auch sehr verändert. Ab hier hatte ich oft freie Sicht auf Berge und Wiesen. Es gab wieder etwas zu sehen, und das machte das Fahren mit dem Rad zu einem Erlebnis. Auf solchen Strecken konnte ich meine selbstgebastelten Spiele, wie zum Beispiel Autos zählen oder Entfernungen schätzen, ablegen und mich an der Gegend erfreuen. Wären da nicht ständig die Gedanken daran gewesen, warum ich nun von Washington aus heimfliegen musste, wäre es hier schön gewesen.

Zwei Bergrücken, die ich bis Washington noch überfahren musste, brachten mich zwar nochmal ordentlich zum Schwitzen, führten aber durch den Shenandoah National Park, der mir herrliche Bilder bei kühlem, aber sehr schönem Wetter offenbarte.

Am Montagmorgen hatte ich noch 51 km bis zum Flughafen, und mein Flug ging abends um 22.40 Uhr. Ich hatte mir genügend Zeit eingeplant, da ich noch irgendwo mein Rad und mein Gepäck unterbringen musste. Am Abend zuvor hatte ich alles so verpackt, dass ich nur eine kleine Satteltasche als Handgepäck mitnehmen konnte. Das Unterbringen meines Gepäcks und meines Rades hatte ich mir folgendermaßen vorgestellt: In einem Wohngebiet in der Nähe des Flughafens wollte ich versuchen, einen netten Menschen zu finden, in dessen Garage ich meine Utensilien unterstellen konnte.

So ging ich die Sache auch an und fuhr in dieses Wohngebiet. Es war eine vornehme Wohngegend mit vielen schönen, kleinen Einfamilienhäusern, wie man sie aus amerikanischen Filmen kennt. Also versuchte ich mein Glück und ging an die erste Tür. Irgendwie machte ich wohl keinen so guten Eindruck und kassierte einige Absagen. Ich wollte schon wieder abbrechen und es woanders nochmal probieren, als ich bei einer netten Dame Gehör fand. Sie hatte Verständnis für meine Situation und hatte in einer Doppelgarage auch einen Stellplatz frei. Ich zog mich schnell um, und da stand sie mit dem Autoschlüssel wieder vor mir und bot mir an, mich zum Flughafen rüberzufahren. Gerne nahm ich an und war bereits um 14 Uhr am Airport Washington DC. Leider war sie schon wieder weg, als ich bemerkte, dass ich in der Eile die falsche Satteltasche mitgenommen hatte. So stand ich mit der Satteltasche da, in der nur mein Werkzeug und Ersatzteile waren. Nie im Leben hätte ich diese Tasche durch die Sicherheitskontrolle gebracht. Also gab es nur eins, zurück zu Frau Seiver und die Tasche tauschen. Dieser kleine Patzer kostete mich 34 Dollar.
Der Flug klappte einwandfrei. Mit Zwischenstopp in Lissabon kam ich pünktlich am Dienstagabend um 22 Uhr in Frankfurt an, wo mich meine beiden ältesten Söhne abholten.

Der Anlass, weshalb ich die beiden 10 Tage früher zu Gesicht bekam, war natürlich traurig, dennoch freute ich mich nach 11 Monaten sehr.

Als mich die beiden vor meiner Haustür aussteigen ließen, hatte ich ein seltsames Gefühl. Nie auf der ganzen Strecke, die hinter mir lag, hatte ich jemals dran gedacht, dass ich nicht mit meinem Rad vorfahren würde. Nun war alles anders. Als ich unsere Wohnung betrat, kam mir alles sehr vertraut vor und doch so fremd, ein merkwürdiges Gefühl, das ich nicht beschreiben kann. Was ich sagen kann, ist, es war sehr schön, und ich fühlte mich seit langer Zeit wieder einmal richtig wohl und geborgen. Nicht nur Gast in einer Unterkunft zu sein, zauberte mir eine Gänsehaut auf meinen Körper.

Die nächsten Tage waren dann natürlich schön und doch nicht, vergingen aber wie im Flug, und so stand ich am 20. 2. 2020 wieder am Flughafen in Frankfurt und wartete mit Bastian, Fabian und Christoph auf unseren Flug nach New York. Da ich eine Stunde früher flog als die Jungs, konnte ich sie doch noch, wie ursprünglich geplant, am Flughafen in New York in Empfang nehmen.

Die nächsten 7 Tage in dieser Weltstadt waren natürlich super. Ich selbst war schon einige Male in New York gewesen, konnte aber wieder sehr großen Gefallen an dieser Stadt finden. Hier wird immer wieder etwas Neues geboten, und langweilig wird es einem nie.

Am 27. 2. 2020 war dann wieder einmal Abschied angesagt, und erneut stand ein Umplanen vor mir. Ich hatte bisher das Wort „Corona" bewusst nicht mit eingebracht, aber ab hier ist das leider unumgänglich.

Schon Anfang Januar schrieb mir Alex, eine gute Freundin, die mit ihrem Freund Mathias schon über ein Jahr in Australien war:

„Mane, hast du auch schon was von diesem neuen chinesischen Virus Corona gehört?" Ich schrieb zurück: „Was geht mich ein Virus in China an? Ich bin bereits in New Orleans."

Nun wurde es aber auch langsam in Amerika immer öfter im TV thematisiert. Wo normalerweise überwiegend Basketball und unglaublich ausführliche Wetterberichte ausgestrahlt werden, mischten sich immer häufiger Corona-Nachrichten darunter. Noch lief aber alles normal, und so fuhr ich mit dem Bus von New York nach Washington und holte mein Rad bei Familie Seiver ab. Drei Tage hatte ich mir für die Hauptstadt der USA verordnet und besichtigte natürlich alles, was ich bisher nur aus den Nachrichten kannte. Es war schon beeindruckend, vor dem Weißen Haus zu stehen, wo die Fäden der Weltpolitik gezogen werden, und an dem Platz, wo einst im Film „Forrest Gump" Forrest seine Rede hielt.

Die Fahrradreise neigte sich langsam, aber sicher dem Ende zu. Meine weitere Route legte ich so fest: von Washington über Baltimore und Philadelphia nach New York. Auch wenn ich schon die 7 Tage mit meinen Jungs dort verbracht hatte, wollte ich unbedingt mit meinem Rad durch diese Stadt fahren. Von da aus wollte ich ziemlich gradlinig zu den Niagara Falls und dann über Toronto nach Montreal.

Am 1. 3. 2020 kam ich in Baltimore an. Baltimore hat einen sehr schönen Hafen, und auch die Stadt selbst ist sehenswert. Am Abend hatte ich netten Kontakt mit Amerikanern mit irischen Wurzeln in einem irischen Pub. Die Vorfreude auf den anstehenden St. Patricks Day war den irischen Landsmännern ins Gesicht geschrieben. Auch hier traf ich wieder Leute, wie zuvor auf der ganzen Strecke durch Amerika, die von der Politik von D. Trump sehr überzeugt waren. Ich ließ mich aber nie auf ein politisches Gespräch ein. Mich interessierte nur, wie die Menschen hier ticken. Auf die Frage, was ich von Trump halte, antwortete ich nur mit: „Seine Frau sieht bedeutend besser aus als er", was immer als guter Scherz aufgenommen wurde.

Zwei Tage später war ich dann in Philadelphia, wo ich eigentlich nur einmal quer durch die Stadt fuhr. Meine Übernachtung wählte ich außerhalb, weil ich in der ganzen Stadt nichts Günstiges fand. Dennoch nahm ich mir die Zeit, die Innenstadt anzuschauen und entlang des Benjamin Franklin Parkway zu fahren, wo alle Landesflaggen dieser Erde aufgereiht stehen. Am Ende der Straße befindet sich das Philadelphia Museum of Art, mit der berühmten Treppe aus dem Film „Rocky". Das Denkmal, das sich im Film auf der Plattform oberhalb der Treppe befindet, steht allerdings rechts vor der Treppe und ist natürlich der Hingucker. Für ein Selfie musste man anstehen, was aber nicht so schlimm war. Ich lernte dabei zwei junge Burschen aus Argentinien kennen, die auf einer Rundreise durch Amerika waren. Es war geradezu auffallend und auch angenehm, dass ich mich wieder einmal mit Menschen unterhalten konnte, die auch andere Länder dieser Erde kannten. Nachdem ich meine Fotos hatte, machte ich mich wieder auf die Socken und fuhr noch gute 45 km stadtauswärts, bis es zu regnen begann, und nächtigte ein weiteres Mal in einem Motel.

Am 5. 3. 2020 kam ich wieder in New York an. Ich fuhr mit einer Fähre, die ausschließlich mit Berufspendlern besetzt war, über eine kleine Bucht, vorbei an der Freiheitsstatue, zum Pier 11, der sich ungefähr auf Höhe der Wall Street an der Südspitze von Manhattan befindet.

Während der Fahrt erlitt ich allerdings fast einen Herzstillstand. Mein Rad musste ich ganz vorne auf dem Schiff an einem Geländer festbinden, was ich auch gewissenhaft machte. Leider öffnete sich durch den starken Fahrtwind dieser Schnellfähre meine Lenkertasche, in der, ganz oben, meine Mappe mit all meinen Papieren lag. Ich beobachtete vom Fenster aus, wie sie sich im Wind bewegte und betete, dass sie nicht ins Wasser fiel. Dies geschah Gott sei Dank nicht, und so konnte ich erleichtert meine Reise fortsetzen.

Ich fuhr rund um die Südspitze, auf der Seite des Hudson River hoch bis zum Time Square, und machte auf dem noch vollen Platz schöne Fotos. Von dort aus radelte ich den Broadway hoch bis zum Central Park, durch den Central Park, längs durch Harlem bis zur George Washington Bridge, über die ich Manhattan wieder verließ. Einer meiner Träume hatte sich erfüllt. Einmal mit dem Rad durch New York.

Von nun an ging es nur noch nordwestlich in Richtung Buffalo, der Grenzstadt an den Niagara-Fälle auf der amerikanischen Seite. Doch vor mir lagen noch 750 km herrliche Landschaft. Die Menschen erinnerten mich vom Stil der Kleidung und von der Bauweise der Häuser immer mehr an Kanada. Einige Berge bremsten meinen Tagesschnitt und auch das Wetter hatte es in sich. An einem Tag hatte ich morgens bei Abfahrt -3,7 Grad. und spätnachmittags lag ich bei meiner Unterkunft bei 27 Grad in der Sonne.

Das war aber eher die Ausnahme, und dennoch hatte ich unwahrscheinlich Glück um diese Jahreszeit. Es regnete kaum, und vom Schnee, den es um diese Jahreszeit normalerweise sehr reichlich gibt, war nur stellenweise etwas zu sehen. Die Kleinstädte, die ich durchfuhr, hatten durchweg ein sagenhaftes Flair. Von der Armut, die mir im Süden bis New York begegnete, war hier nicht viel zu finden. Dies machte sich auch bei den Preisen in den Supermärkten und bei den Übernachtungen bemerkbar. Wenn ich mir im Supermarkt ein bisschen Obst, Wurst und Brot eingekauft hatte, war ich für ein Vesper am Abend gleich mal 15 bis 20 Dollar los. Versöhnlich stimmten mich aber die Tagestouren entlang schöner Seen und Flüsse. Die Berge machten mir schon lange keinen Stress mehr, nur mit dem stetigen Gegenwind hatte ich immer noch keine Freundschaft geschlossen.

Getrieben von Vorfreude erreichte ich dann am 7. 3. 2020 die kleine Ortschaft Bethel, wofür ich sogar einen kleinen Umweg fuhr.
Bethel?, werden sich jetzt einige fragen. Was wahrscheinlich nicht viele wissen, Bethel ist ein Dorf, das aus ca. 30 Häusern,

2 kleinen Stores und einer Kirche im Ortskern besteht, dort hat vor fast 51 Jahren das wohl berühmteste Open-Air aller Zeiten stattgefunden. Ja, ich rede von Woodstock, das eigentlich in Woodstock stattfinden sollte, 70 km nördlich von Bethel. Die Organisatoren entschieden sich damals jedoch dafür, dass das Festival wegen der angeblich besseren Bedingungen in Bethel stattfinden sollte. Warum auch immer, ich weiß es nicht, denn dieses kleine Dorf hat an Infrastruktur nichts zu bieten.

Nur der Austragungsort, die Wiese, war für dieses Ereignis genial gewählt, ein riesiger Platz auf einem Berg, der wie eine Naturtribüne dalag. Allerdings hatte man damals mit 50000 Besuchern gerechnet, und 450000 sind gekommen. So war es nicht verwunderlich, dass dem Veranstalter die Sache total aus den Fingern geglitten war und wegen der zugeparkten Anfahrtsstraßen die Versorgung der Menschenmenge mit Trinkwasser und Lebensmitteln letztendlich nur noch per Hubschrauber möglich war.

Als ich ankam, war davon nichts mehr zu sehen, dafür aber ein Museum, das leider in den Wintermonaten geschlossen hat, ein Platz mit Gedenktafeln der Musiker, die im August 1969 hier auftraten, und natürlich ein herrlicher Blick über den Veranstaltungsort. Es war für mich ein besonderer Augenblick, an diesem Ort zu stehen, und als ich die Augen schloss, konnte ich sogar die Menschen, damals als Hippies bezeichnet, sehen und im Hintergrund Janis Joplin „Mercedes Benz" singen hören. (Das kam natürlich von meinem Lenkerlautsprecher.) Das Festival lief übrigens unter dem Motto „Love and Peace", und man munkelt, dass damals sehr viele Kinder gezeugt wurden. Diese dürften sich dieses Jahr im Mai über ihren 50. Geburtstag freuen.

Als ich den Berg wieder runterradelte, ärgerte ich mich ein bisschen, dass das Museum nicht aufhatte, kam aber unten im Dorf an einer der beiden Stores vorbei und dachte mir: *Gehst halt da mal rein*. Es lohnte sich. Der Chef des Ladens war sehr nett. Er war damals 11 Jahre alt (also mein Jahrgang) und erinnerte sich noch genau daran, dass der Laden seiner Eltern restlos leergekauft war. Heute kocht er irgendwas zu essen in einer offenen

Küche und verkauft nebenbei noch ein paar Souvenirs. Was ganz wichtig war: Wenn jemand von weiter herkommt, macht er ein Foto, druckt es aus, lässt dich unterschreiben und hängt es an seiner Visitorwand auf. Da hänge ich nun also, in Bethel, quasi Woodstock, für mich ein wunderschönes Erlebnis an einem sonnigen Tag. Die letzten Tage in den USA begleitete mich dann wieder schlechtes Wetter mit sehr starkem Gegenwind. Einen Tag verbrachte ich damit, mein Rad 30 von 100 km zu schieben, weil ich nicht gegen den Wind ankam. Aber mein Wille war nun so stark, dass es kein Beschweren mehr gab, nur noch Kämpfen, um mein Ziel zu erreichen, und das hieß Montreal.

Mein Weg führte mich entlang des Seneca Lake, einer der sogenannten Finger Lakes, nach Geneva, Rochester und, als letzte Stadt in den Staaten, Buffalo. Schließlich verließ ich nach 5020 km durch die Staaten das Land bei den Niagara Falls am 14. 3. 2020 über die Rainbow International Bridge, die in weitem Bogen den Niagara River überquert.

Bammel hatte ich vor diesem Grenzübergang eigentlich nicht, da ich alles mit mir führte, was ich benötigte. Dass es jedoch so einfach würde, konnte ich mir, nach all meinen Erfahrungen mit Grenzen, nicht vorstellen.

Hinter der Brücke kam ein riesiger Platz, der sich in mehrere Fahrspuren aufteilte. An deren Ende befanden sich sehr viele Grenzhäuschen. An keinem Häuschen stand ein Auto. Ich hatte freie Auswahl und entschied mich für das linke. Der Grenzer scannte meinen Pass, klärte mit mir ab, wie lange ich blieb, und fragte mich dann noch, ob ich einen Stempel in den Pass haben wolle. Ich sagte ihm, sehr gerne, es machte Klack, und ich hatte freie Fahrt in Kanada. Da stand ich in meinem 18. Land auf meiner Reise und freute mich auf was Neues. Die Freude hielt leider nicht sehr lange an.

Der letzte originale Raddampfer in New Orleans.

Ankunft im Bundesstaat Mississippi.

*Tag der Glückseligkeit. Ein Treffen mit
Coca-Cola-Erfinder Dr. John S. Pemberton.*

Nachtlager am Wolfs River vor Memphis.

In den USA sollte man schon wissen, in welche
Himmelsrichtung man will.

Vor dem Capitol in Washington.

Beliebtes Fotomotiv in Philadelphia: Rocky-Statue.

Mit dem Rad am Time Square in New York.

Richtung Kanada wurde es immer frostiger.

Store in Bethel (Woodstock).

Die letzten Meter in Amerika vor der Grenze nach Kanada.

KAPITEL 23

KANADA, LEIDER VIEL ZU KURZ

Man muss schon ein bisschen verrückt sein, Mitte März in Kanada mit dem Rad unterwegs zu sein. Es war eiskalt, als ich im Hotel bei den Falls eincheckte. Zuerst interessierten mich die Nachrichten in Kanada, da ich in den Staaten immer mehr von den Corona-Geschichten mitbekommen hatte. In Deutschland spitzte sich die Lage ebenfalls weiter zu, und meine Frau hielt mich über die Situation auf dem Laufenden.

Während in Deutschland der erste Lockdown eingeleitet wurde, spürte man hier noch keine Weltuntergangsstimmung.

Ich hatte sehr viel Zeit, bis mein Flug von Montreal nach Frankfurt ging, und legte daher eine kleine Verschnaufpause ein, in einer Stadt mit demselben Namen wie die Niagara Falls. Es tummelten sich hier viele Touristen, aber lange nicht so viele, wie die Stadt in den wärmeren Jahreszeiten beherbergte. Es war deshalb auch kein Problem, ein anständiges Zimmer für einen günstigen Preis zu bekommen.

Mein erster Weg zu Fuß war natürlich gleich runter zu den Fällen, welche ein Naturschauspiel allererster Sahne waren. Ca. 3000 Kubikmeter Wasser pro Sekunde stürzen 57 m in die Tiefe und hinterlassen einen noch tieferen Eindruck. Ein Uferweg, der bis auf einen Meter an die Absturzkante führt, ist natürlich das absolute Highlight.

Die Niagara-Fälle muss man aber unbedingt zu verschiedenen Tageszeiten bestaunen. Die Wassermassen, die sich in die Tiefe stürzen, werden von Menschenhand gesteuert. So wird tagsüber nur die Hälfte der 5800 Kubikmeter, die der Niagara River führt, über die Absturzkante geleitet. Die andere Hälfte wird zur Erzeugung von Strom genutzt und fließt durch das Robert-Moses-Wasserkraftwerk, das im Mittel 2,4 GW Strom erzeugt. Nachts werden die Fälle mit riesigen Farbwechsel-Strahlern angestrahlt und erscheinen in der Dunkelheit um einiges friedlicher als am Tage.

Ansonsten gibt es in der Stadt noch einige Attraktionen, wie zum Beispiel den Skylon Tower, von dem man einen fantastischen Blick auf die ganze Stadt und natürlich auf die Fälle hat.

Einkaufszentren, Bars, ein großes Casino und natürlich ein Hard Rock Café gehörten zu den Orten, die ich besuchte. Im Casino wollte ich am Black-Jack-Tisch meine Reisekasse etwas aufbessern. Zunächst gelang das auch, doch am Ende hieß es wieder einmal, wie gewonnen, so zerronnen.

Einziger Fleck auf dem weißen Laken waren die vielen Obdachlosen, die man überall antraf und die in eisiger Kälte ein paar Cent zusammenbettelten.

Die zwei Tage in dieser durchaus sehenswerten Stadt vergingen, und so saß ich am 16. 3. 2020 wieder auf meinem Rad Richtung Toronto.

Auf dem Weg über Hamilton nach Toronto begegnete mir das gleiche Bild wieder, Obdachlose, Betrunkene und Drogensüchtige an jeder Ecke. Es waren wirklich auffallend viele. Gerade in Toronto, wo die Welt von weitem mit ihren unzähligen verglasten Hochhäusern rosig aussieht, ist der Klassenunterschied so derartig krass, dass ich ein bisschen geschockt war. Das hätte ich in Kanada nicht erwartet.

Das Gästehaus, in das ich am 17. 3. 2020 für 5 Tage einzog, lag in Old Town, einem Brennpunkt der Szene, wo es schrecklich aussah und zuging. Schon in den Bewertungen des Gästehauses war zu lesen, dass es sich nicht gerade in der besten Gegend von Toronto befand. Angst hatte ich dennoch keine. Ich hatte mittlerweile viel gesehen und auch überstanden, also würde ich auch dies überstehen. In was für einer Gegend man sich befand, konnte man auch hier, wie in den USA, daran erkennen: Wenn die Fenster der Häuser im EG und die Ladentüren der Geschäfte vergittert waren, wenn die Kassierer im Supermarkt oder kleineren Stores und Tankstellen hinter schusssicherem Glas saßen, so wusste ich, dass hier Vorsicht geboten war.

Das Gästehaus, in dem ich wohnte, war aber sicher. Von hier aus wollte ich 5 Tage später dann nach Montreal fahren, was noch ca. 600 km gewesen wären. Am Tage meiner Ankunft war in Toronto noch alles offen, und nichts deutete auf irgendwelche Schließungen hin. Fernsehen hatte ich in meinem Gästehaus nicht, und so startete ich am 1. Morgen meinen Streifzug durch Toronto ohne die neuesten Informationen. Es war nicht viel los, und das war verdächtig. Als Erstes wollte ich auf den CN Tower. Leider hatte der geschlossen, und ich dachte: *Na ja, vielleicht sind Renovierungsarbeiten im Gange.* Erst als ich in die Einkaufspassage CF Toronto Eaton Centre kam, bemerkte ich, dass sich über Nacht etwas getan hatte. In diesem Mega-Einkaufszentrum waren unzählige Geschäfte untergebracht, und einzig und alleine die Food-Läden hatten für To go geöffnet. Viele Mitarbeiter des Gesamthauses waren damit beschäftigt, Geländer, Handläufe der Rolltreppen und Glasscheiben zu reinigen und zu desinfizieren. Langsam schnürte es mir die Luft ab. Ich erfuhr, dass am Tag zuvor die Grenzen in Kanada dichtgemacht worden waren. Ich war also auf keinen Fall zu früh.

Später ging ich wieder auf mein Zimmer und machte mir meine Gedanken: *Was soll ich hier in Kanada? Ich kann nirgends hin, alles hat zu, und ob ich auf der weiteren Fahrt nach Montreal überhaupt Behausungen finde, ist nicht klar. Komm ich hier in einer oder zwei Wochen überhaupt noch weg, und wenn nicht, was soll ich hier alleine machen, auf unbestimmte Zeit? Wie lange sitze ich hier dann fest und werde meine Familie nicht mehr sehen?* Wie es bereits in

Europa aussah, wusste ich von meiner Whats-App-Gruppe. Das alles ging mir durch den Kopf. Dann fiel die Entscheidung. Ich stornierte alle Buchungen, die am Laufen waren, einschließlich des Fluges von Montreal nach Lissabon, und buchte gleichzeitig einen Flug von Toronto nach Frankfurt. Ja, so weit hatte es der Virus jetzt gebracht. Ich hatte immer mal Angst, dass ich wegen Krieg oder anderen Dingen nicht in ein Land rein- oder aus einem Land rauskomme, aber an so etwas hatte ich im Traum nicht gedacht. Ich fand mich mit den Tatsachen jedoch relativ schnell ab, da ich langsam darauf vorbereitet worden war. Ich nannte meine Verkürzung der Strecke auch nicht „Abbruch". Ich hatte 93 % meiner Strecke, die ich fahren wollte, geschafft und war damit mehr als zufrieden. Mein einziger Wunsch bestand jetzt nur noch darin, dass ich mit meinem Rad vor meiner Haustür vorfahren konnte (durfte) und nicht mit meinem bereits verpackten Rad nach Hause kommen musste.

Die letzten drei Tage in Toronto verbrachte ich hauptsächlich damit, immer wieder zu schauen, ob mein Flug noch nicht gecancelt war. Ich fütterte Eichhörnchen und Waschbären, die mein Brot, das ich auf dem Balkon auslegte, prima fanden, und versuchte, im Stadtkern doch noch etwas Interessantes zu sehen oder zu finden.

Ein richtiger Spaß kam hier allerdings nicht mehr auf, da sich die Situation von Tag zu Tag immer mehr verschlechterte. Es war wirklich alles zu, und die wenigen Leute, die sich noch auf den Straßen befanden, gingen sich aus dem Weg, als hätte jeder die Pest. Eine kleine Ansammlung von Menschen lauschte in respektvollem Abstand den Worten eines Predigers, der am zentralen Platz in Toronto über eine Verstärkeranlage lautstark das Ende der Menschheit prophezeite. Der Versuch, mein Leergut im Getränkemarkt abzugeben, scheiterte ebenfalls kläglich am Virus, da aus Angst vor Ansteckung nicht einmal mehr Flaschen angenommen wurden. So fieberte ich angespannt dem 22. 3. 2020, dem Tag der Rückreise nach Deutschland, entgegen.

Dann war es so weit, Sonntagmorgen bestellte mir Paul, der Manager des Gästehauses, ein Taxi. Es funktionierte prima, und 45 Minuten später stand ich am hochmodernen Flugplatz, das heißt, technisch gesehen war er mit Mängeln behaftet. Dies war mein 6. Flug mit verpacktem Rad, und ausgerechnet hier in Toronto ging mein Karton nicht durch den Röntgenapparat. Da half das ganze Drücken und Schieben von mir nichts, es fehlten ca. 2 cm in der Breite. Auf meine Frage „Was nun?", sagte die herrische Spaßbremse, ich müsse aufpacken. Aufpacken bedeutete für mich, eine Stunde Karton zusammenpacken und zusammenkleben sowie zu einem Pack wickeln lassen (40 Euro), zum Teufel! Widerwillig öffnete ich die Kartons, und nachdem sich das Mädel davon überzeugt hatte, dass da tatsächlich nur ein Rad drin war, konnte ich mich beruhigt zurücklehnen. Das Boarding, der Flug und die Ankunft in Frankfurt verliefen ruhig und wie geplant.

*Grenzübergang nach Kanada. Im Hintergrund
die Stadt Niagara und die Wasserfälle.*

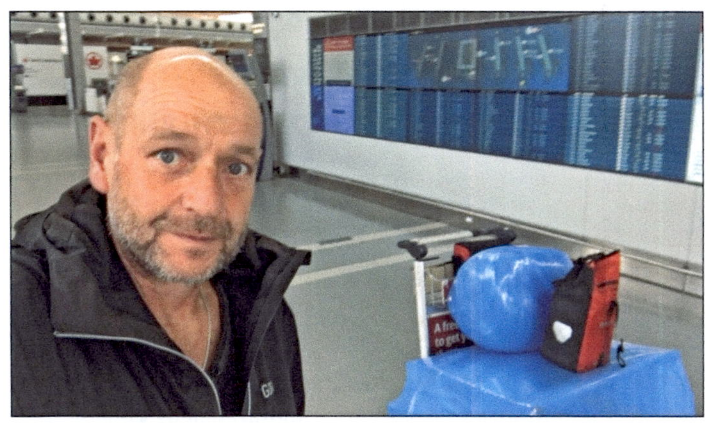

Schluss und aus. Das Ende meiner Weltumrundung.
Alles verpackt für die Heimreise nach Deutschland.

KAPITEL 24

DIE RÜCKKEHR NACH DEUTSCHLAND

Mein Flug kam eine halbe Stunde früher als angegeben in Frankfurt an, ich verlor die Zeit allerdings am Kofferband wieder, da an diesem Montagmorgen am Flughafen sehr viel los war. 1,5 m Abstand, Fehlanzeige. Die Leute standen in Dreierreihen dicht an dicht nebeneinander und zerrten ihre Koffer, die nur spärlich und in Etappen kamen, hektisch vom Band. Als ich meine Sachen nach eineinhalb Stunden zusammen hatte, ging ich durch die große Ausgangstür und freute mich, meinen Bruder Uwe in die Arme schließen zu können. Er hatte schon ungeduldig mehrere Stunden im Empfangsbereich ausgeharrt. Uwe war am Samstagmorgen mit seinem Rad losgefahren, um mich pünktlich am Montagmorgen in Frankfurt abzuholen. Eigentlich wollte er 2 Wochen später nach Lissabon kommen, um mit mir gemeinsam den letzten Teil meiner Reise anzutreten.

Dies fiel aber gewaltig ins Wasser, und so machten wir wenigstens die letzten drei Touren auf meinem Heimweg miteinander. Nach unserer Begrüßung suchten wir uns ein freies Plätzchen am Flughafen, und zwei Stunden später war aus meinem Fahrradbausatz wieder ein fahrbereites Fahrzeug geworden. Wir traten zusammen die letzten 320 km an. Die Reise endete am Montag hinter Mannheim. Nachdem wir am ersten Hotel wegen der Corona-Verordnung abgewiesen worden waren, fanden wir in einem nächsten Gästehaus ein Zimmer für die erste Nacht. Wir kauften uns in einem Supermarkt ein deftiges Vesper mit gutem deutschem Brot und aßen im Zimmer, für mich ein Hochgenuss, mal wieder richtige Wurst und vor allem gutes BROT.

Am Dienstag nahmen wir 145 km in Angriff und kamen bis Offenburg, wo wir wieder eine Unterkunft fanden. Die Leute betrachteten uns als Härtefall und nahmen uns auf.

Dann war er gekommen, der Tag, an dem ich meine Satteltaschen zum letzten Mal packte, zum letzten Mal auf meiner langen Reise zum Himmel schaute und flüsterte: „Lass es gut gehen." Die Strecke bis Elzach ließen wir gemütlich angehen, da wir genügend Zeit und zudem noch leichten Wind im Rücken hatten. In Sexau stieß dann noch mein ältester Bruder Werner mit seinem Rad dazu. Auf den letzten Kilometern das Elztal hoch hatten wir jedoch noch einmal etwas Pech. Ein starker und kalter Wind schlug uns ins Gesicht, doch das machte mir nichts mehr aus. Nach so vielen Kilometern und harten Strecken konnte mich dieser Wind nicht mehr aufhalten. Ich mobilisierte noch einmal alle Kräfte und raste förmlich nach Elzach. Der Empfang hielt sich angesichts der Corona-Situation natürlich in Grenzen, aber das war mir letztendlich egal. Einmal mit dem Fahrrad um unseren Planeten, das war mein Traum gewesen, und dieser Traum ging genau am 360. Tag in Erfüllung. Übermannt von Hormonen und Emotionen stand ich an dem Punkt, an dem ich vor fast einem Jahr losgefahren war, ohne zu wissen, was es bedeutet, ein Jahr die Heimat nicht zu haben, ohne zu wissen, welche Strapazen, aber auch schöne Erlebnisse auf mich zukommen, welche Steine mir in den Weg gelegt würden, aber auch ohne zu wissen, dass ich des Öfteren das Glück haben würde, wunderbare und hilfsbereite Menschen kennenzulernen.

Keinen Meter bereute ich, auch wenn es manchmal noch so schwer war, denn die Erfahrungen, die ich auf dieser Reise mitgenommen habe, kann mir keiner mehr nehmen.

Das war meine Geschichte über eine ungewöhnliche Reise, auf die ich sehr stolz bin.

Hallo Elzach, ich bin wieder zu Hause, nach 21748 gefahrenen Kilometern, und 118062 überwundenen Höhenmetern mit meinem Fahrrad!!!

Mein Rad nach 352 Tagen wieder auf deutschem Boden.
Abfahrt am Frankfurter Flughafen.

Letztes Mal gerichtet. Letzte Unterkunft im Adler in Griesheim.

Dieses Foto hatte ich schon längst in meinem Kopf gehabt.

ZAHLEN UND FAKTEN

- » Reine Fahrtage: 218
- » Pausen, Urlaub, Flug oder Fährtage: 142
- » Reisezeit insgesamt: 360 Tage
- » Gefahrener Durchschnitt/Fahrtage: 98,28 km/Tag
- » Höhenmeter: 538 m/Tag
- » Durchfahrene Länder: 18
- » Gewicht bei Abfahrt: 97,2 kg
- » Gewicht bei Ankunft : 70,2 kg

Pannen und Verschleißteilwechsel:

1. Plattfuß nach rund 15000 km
2. Plattfuß nach rund 19000 km

- » Reifenwechsel nach 13879 km in Australien (Hinterrad)
- » 4 Sätze Bremsklötze
- » Bremsflüssigkeitswechsel nach 19500 km (Hinterrad)
- » Pedalwechsel in Mexiko (linkes Pedal, Lagerschaden, Neubeschaffung, 2 neue Pedale in Veracruz Mexiko, Kostenpunkt 2,50 € das Paar)

- » Tiefste gemessene Temperatur am Rad: -6,3 Grad (vor Kanada)
- » Höchste gemessene Temperatur am Rad: 60,0 Grad (Iran bei Shiraz)

» Krankheitstage:
  ein Tag leichte Erkältungssymptome in New York

» Körperlicher Zustand vor Abfahrt:
» ständige Muskel und Gelenkschmerzen
» ständiges Sodbrennen
» Kreuzschmerzen

Körperlicher Zustand nach Ankunft:

» Muskel und Gelenkschmerzen vergingen nach 4 bis
  5 Wochen langsam, Sodbrennen war nach 2 Wochen
  komplett verschwunden.
» Kreuzschmerzen verschwanden im Iran und Indien auf
  zum Teil brettartigen Schlafgelegenheiten.

NOCH EINMAL

DARÜBER NACHGEDACHT

Nach meiner Rückkehr kamen natürlich viele Fragen von Freunden und der Familie auf mich zu.

Die häufigste war: „Wie war es?" Diese Fragen konnte ich niemals mit ein paar Sätzen beantworten. Kurz geantwortet, wäre richtig: „Es war ein gelebter Traum. Natürlich war nicht jeder Tag schön, aber auch diese Tage gehören dazu und bleiben mir immer in Erinnerung, da sie im Nachhinein auch viel von ihrem Schrecken verloren haben."

„Was hat die Reise aus dir gemacht?", ist die nächste Frage, die ich immer wieder höre.

Ich denke, dass so eine Erfahrung bei jedem anders wirken würde. Der eine wird zum Umweltaktivisten, der andere findet vielleicht zu einem anderen Glauben. Ich dagegen halte mich für großartige Veränderungen für zu alt. Ich sah viele schlechte Dinge, die ich gerne ändern würde. Ich sah viele gute Dinge, die ich gerne übernehmen würde, und doch ist heute alles so wie vor der Reise. Ich bin kein Weltverbesserer, ich bin glücklich mit dem, wie es momentan ist.

Die ein oder andere Erfahrung hat meinen Lebenswandel nicht geprägt.

Der Blickwinkel für manche Dinge hat sich lediglich etwas erweitert.

Ich denke heute nur für mich des Öfteren: *Warum arbeitet die Menschheit nur so hartnäckig daran, die Welt zu zerstören, egal ob mit Umweltsünden oder Kriegen?* Der gesunde Menschenverstand müsste doch dafür ausreichen, um unsere schöne Erde zu pflegen und zu erhalten.

„Wo war es am schönsten, und würdest du es wieder machen?"

In Mexiko hat es mir am besten gefallen. Die Menschen und das Flair waren der Hammer, und die Temperaturen waren für Radfahren einfach genial.

Ja, ich würde es wieder so machen, einschließlich meiner Route und meiner Zeiteinteilung, doch ob ich mit dem Wissen von heute noch einmal die Kraft hätte, um die Welt zu radeln, ich weiß es nicht ...

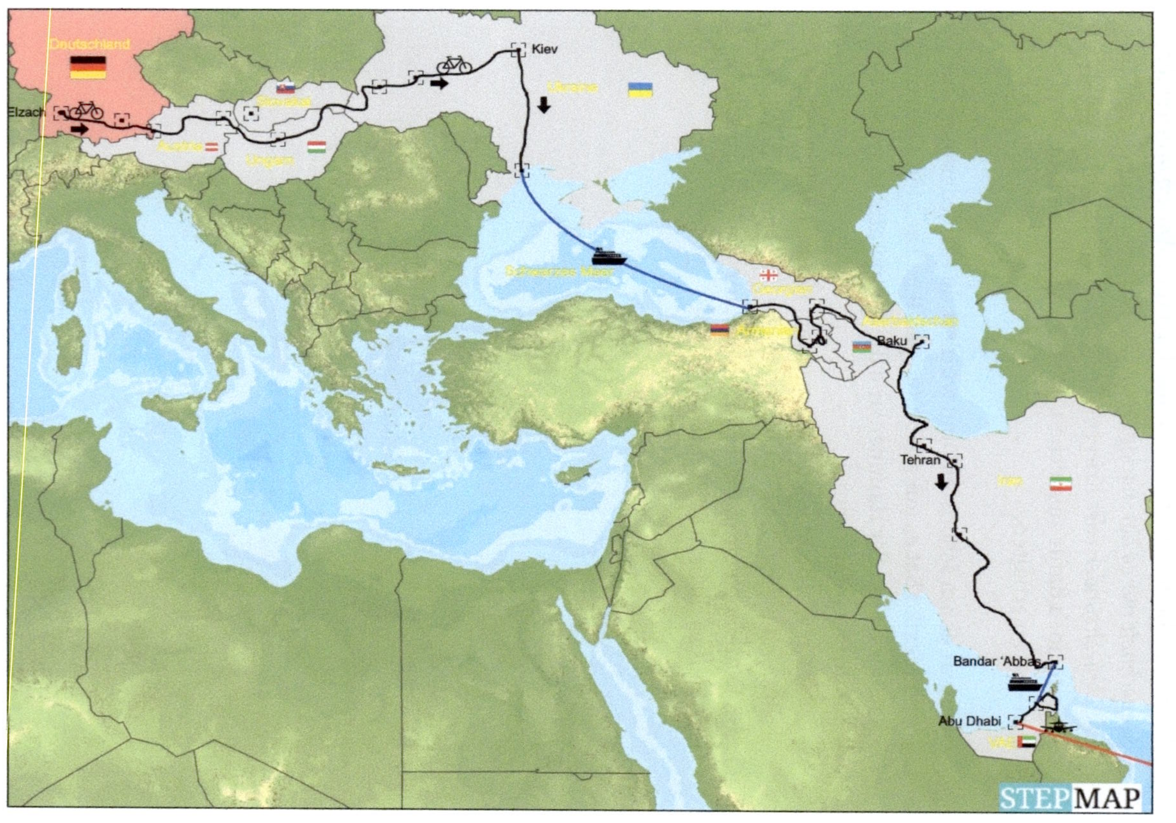

Deutschland
Elzach
Österreich
Slowakei
Ungarn
Kiev
Ukraine
Schwarzes Meer
Georgien
Armenien
Aserbaidschan
Baku
Iran
Tehran
Bandar 'Abbas
Abu Dhabi
VAE
STEPMAP

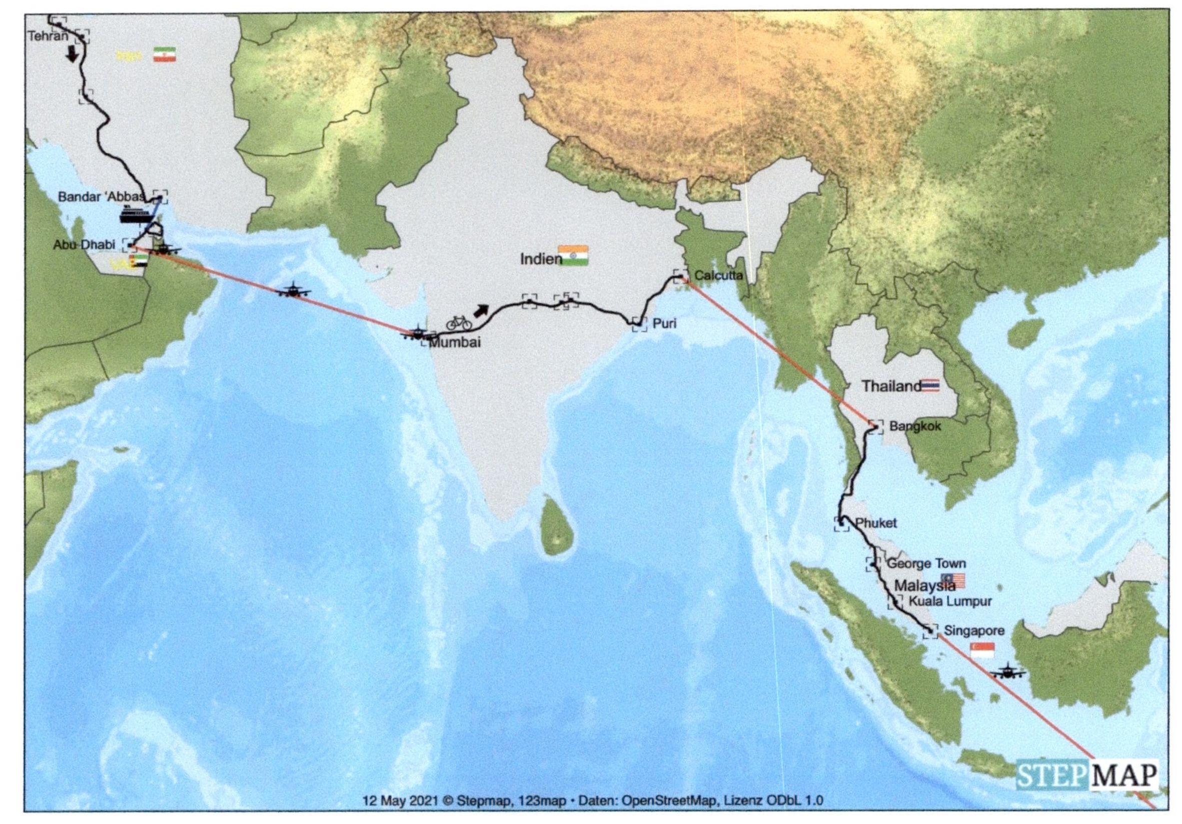

Tehran
Bandar 'Abbas
Abu Dhabi
Indien
Calcutta
Mumbai
Puri
Thailand
Bangkok
Phuket
George Town
Malaysia
Kuala Lumpur
Singapore
STEP MAP
12 May 2021 © Stepmap, 123map • Daten: OpenStreetMap, Lizenz ODbL 1.0

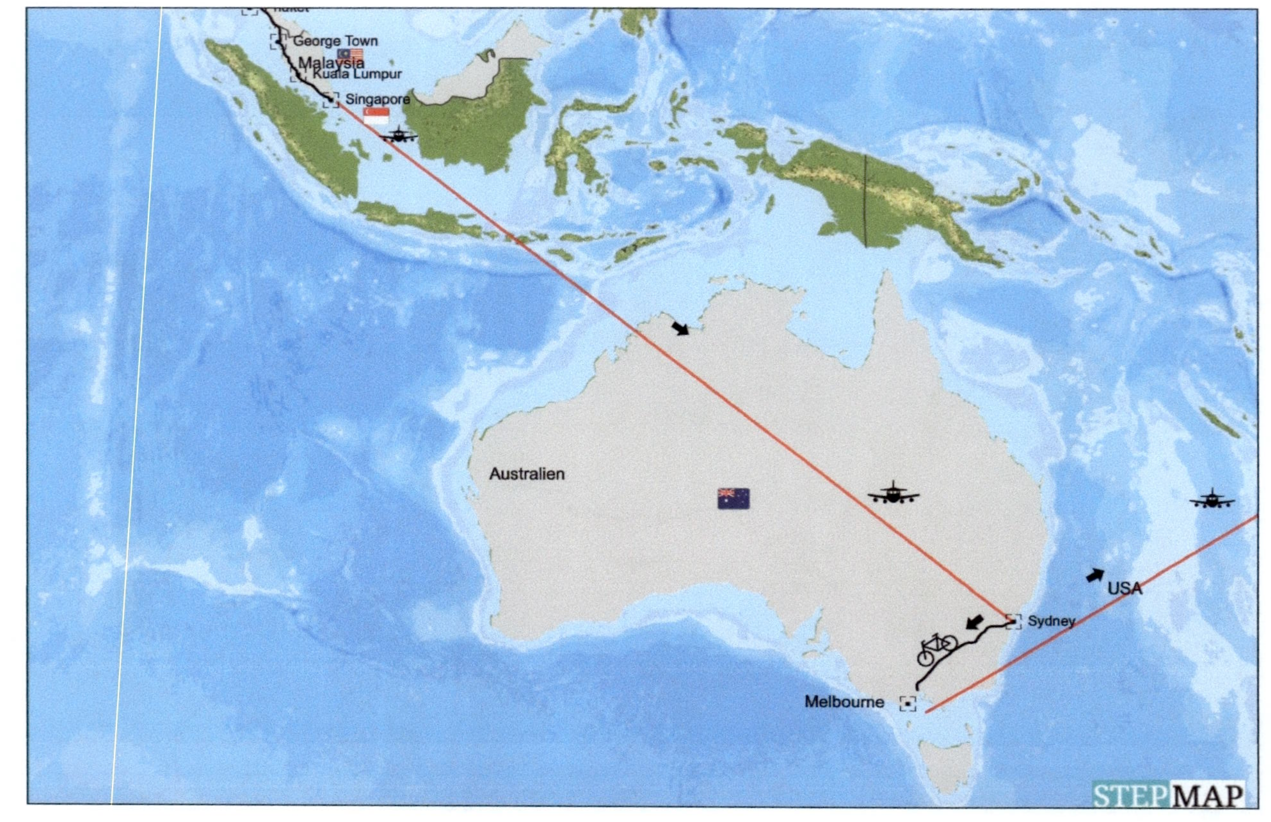

Phuket
George Town
Malaysia
Kuala Lumpur
Singapore
Australien
USA
Sydney
Melbourne
STEPMAP

Kanada
Zurück nach Deutschland
Toronto
Buffalo
New York City
Washington, D. C.
Knoxville
Memphis
Atlanta
Mobile
USA
New Orleans
Houston
Matamoros
Cancún
Mexiko
von Melbourne
STEPMAP

Der Autor

Rad Mane, Jahrgang 1958, kam im baden-württembergischen Kollnau (Schwarzwald) zur Welt, bis heute lebt er in dieser Gegend. Er machte eine Ausbildung zum Elektroanlagenbauer und Fliesenleger. Nach seiner Meisterprüfung war er 34 Jahre lang selbstständig. Er liebt es, zu basteln und mit dem Motorrad unterwegs zu sein. Zu seinen großen Stärken zählt er seine Entschlossenheit: Hat er sich ein Ziel gesteckt, tut er alles, um es auch zu erreichen. Rad Mane ist verheiratet und hat drei Söhne.